日本労働法学会誌105号

情報と労働法

日本労働法学会編
2005
法律文化社

目　次

《シンポジウム》
情報と労働法

《報　告》
情報と労働法…………………………………………島田　陽一　3
企業の財産的情報の保護と労働契約……………………石橋　　洋　16
労働者による企業への情報アクセス……………………竹地　　潔　34
　　──労働条件の決定・変更に際しての情報アクセスを中心に──
情報化社会における労働者の個人情報とプライバシー…砂押以久子　48
内部告発の法的諸問題……………………………………小宮　文人　70
　　──公益通報者保護法に関連させて──

《シンポジウムの記録》
情報と労働法……………………………………………………………　87

《回顧と展望》
2004年育児介護休業法改正の内容と問題点……………内藤　　忍　119
男女雇用平等の新段階へ…………………………………相澤美智子　129
　　──男女雇用機会均等政策研究会報告書──
産後休業・育児時間取得を理由とした賞与
　不支給および減額措置の適否…………………………丸山　亜子　140
　　──東朋学園事件・最一小判平15・12・4労判862号14頁──
じん肺訴訟における規制権限不行使と国家賠償責任…新谷　眞人　149
　　──筑豊じん肺訴訟・最三小判平16・4・27民集58巻4号1032頁──

i

《特別企画》
座談会　法科大学院における労働法教育……………………………… 159

日本学術会議報告………………………………………… 浅倉むつ子　193
日本労働法学会第108回大会記事………………………………………… 196
日本労働法学会第109回大会案内………………………………………… 201
日本労働法学会規約……………………………………………………… 202
SUMMARY ………………………………………………………………… 205

《シンポジウム》
情報と労働法

情報と労働法 ……………………………………………………………………… 島田　陽一
企業の財産的情報の保護と労働契約 ……………………………………………… 石橋　　洋
労働者による企業への情報アクセス
　　──労働条件の決定・変更に際しての情報アクセスを中心に── ……… 竹地　　潔
情報化社会における労働者の個人情報とプライバシー ………………………… 砂押以久子
内部告発の法的諸問題──公益通報者保護法に関連させて── ……………… 小宮　文人

情報と労働法

島田 陽一
(早稲田大学)

I　本シンポジウムと本報告の趣旨

　現代において「情報」という言葉は，時代のキーワードとも言われ，まさに世に氾濫している[1]。今回のシンポジウムでは，この情報という用語をキーワードとして，現代の労働法の課題を検討しようと試みた。
　「情報と労働法」というテーマは，漠然としており，どのような狙いがあるのかは，必ずしも一義的な理解を得られるわけではないだろう。もっとも各論報告は，どれも労働法学において，すでに重要と認知されている課題であるので，このような全体テーマの趣旨など不要であるかもしれない。実際，今回の各論報告は，もともとこれまで，学会の企画委員会において，個別報告またはミニ・シンポジウムのテーマとして希望のあったものばかりである。それらを束ねるかたちで，大シンポジウムにおいて議論しようというのが，今回の企画の出発点であった。
　しかし，これらの各論的課題を一つのシンポジウムで行うために準備を進めていくうちに，これらの諸課題がどれも「情報」に関連するテーマであり，それらが期せずしてこの時期に多くの関心を集めている状況は，単なる偶然ではないと考えるに至った。すなわち，これらの各論は，それぞれ独自な議論を要する問題群ではあるが，情報をキーワードに考えてみると，全体に流れる共通の要素があるように思われたのである。すなわちこれらの各論は，それぞれ情報という角度から労働法の現代的課題を検討するものであって，それらを通じて労働法学としての新しい視点を提供できる可能性があるのではないかという

---
1) 中山信弘「はじめに」『岩波講座　現代の法10情報と法』(1997年, 岩波書店) v頁。

ことである。

この新しい視点からの問題提起の可能性を探ること，これがこのシンポジウムの趣旨といってよいだろう。そして，この点を多少敷衍して，このシンポジウム全体の趣旨を説明し，各論の位置付けを行うこと，これが，私の総論報告の役目である。

Ⅱ 情報および情報化社会という概念について

「情報」という用語に関心が集まるということは，現代が「情報社会」または「情報化社会」と呼ばれる状況にあることの反映である。この場合，「情報社会」または「情報化社会」とは，情報テクノロジーの社会的浸透をつうじて，情報の価値が高まり，情報が物質やエネルギーと同等以上の資源とみなされ，その価値を中心にして機能・発展する社会と考えておきたい。

情報化社会という問題をストレートに取り上げて，それがもたらす労働関係の変容と労働法の課題というテーマを設定するのであれば，すでにいくつかの優れた業績がある。例えば，労働省（当時）の『企業の情報化と労働』という実態調査を踏まえた報告書では，情報化が労働関係にもたらす変化として「情報システム導入に伴う仕事内容の高度化」，「情報システムの活用による仕事の成果の向上」，「自律的なワークスタイルへの移行」および「情報通信ネットワークの発達に伴う人的能力活用機会の拡大」が指摘されている。そして，この状況に対応して，労働者の能力開発，健康管理，労使のコミュニケーション，在宅勤務・テレワークの増加，情報管理，個人情報保護などが労働関係において新たに検討すべき課題として提起されている。[2] この切り口は，情報化を情報コミュニケーション技術の普及による労働および労働関係の変容と捉えるという意味で，情報化の技術的な側面に注目したものといえる。これはこれで一つの重要な問題の捉え方であり，「情報と労働法」というテーマについて，この

---

[2] 労働大臣官房政策調査部編『企業の情報化と労働』（1996年，大蔵省印刷局）66-70頁。また，村中孝史「情報化社会と労働法」日本労働法学会編集『講座21世紀の労働法第1巻』（2000年，有斐閣）47頁も，情報化による労働関係の変化に着目して，そこで提起される課題を網羅的に分析している。

ような問題群が想定されたとしても不思議ではない。

　しかし，今回はこのような角度から課題を設定しなかった。もちろん，情報化の技術的側面も今回のシンポジウムが念頭におくべき重要な事実である。ただ，問題をそこに限定するのではなく，もう少し広い意味で情報化ないし情報という問題を捉えることにした。それは，「情報化社会」という以上，単に技術的な情報テクノロジーの浸透の直接的な影響だけではなく，それによって影響を受けた社会関係の編成のあり方をも，検討の対象とすべきと考えたからである。この視点からすれば，単に情報テクノロジーの社会的浸透の問題だけではなく，社会のあらゆる分野で「情報」という用語がキーワードとして用いられるということ自体も「情報化社会」の特質に含めて考えるべきであるということになる。そして，この視点を持つことによって，情報テクノロジーの導入とは直接的には無関係な問題も，「情報と労働法」というテーマの中に掬い上げて論じることが可能となるのである。

　「情報化社会」という概念が「ひとつの社会概念」であるとするならば，人間の社会性の根本に根ざす要素を秩序原理として含んでいるはずである。この秩序原理に基づく社会編成は，労働関係のあり方自体に変容を迫るであろうし，労働関係の捉え方に新しい視点を提供するものであるはずである。そうでなければ，「情報化社会」とは単なる流行語にとどまるか，一種の幻想ということになるであろう。そこで，情報という言説が社会的に浸透することによって，労働関係に提示された新たな視点を確認し，それによって，これまでの労働法および労働法学を見直してみたときに可能となる問題提起を探りたいと考える。

　この作業では，まず「情報」という用語の定義を明らかにする必要があろう。しかし，情報という用語が必ずしも一義的な定義が形成されているわけではないので，これがなかなかの難問である。

　日本で初めて「情報」という用語が用いられたのは，軍事用語としてであり，それは今日一般に理解されているように 'information' の訳語ではなく，諜報

---

3)　この点については，伊藤守・花田達朗「『社会の情報化』の構造と論理」児島和人編『講座社会学8 社会情報』(1999年，東京大学出版会) 193頁参照。
4)　この点については，桂木隆夫「情報社会と人間」前掲注1) 書『岩波講座　現代の法10 情報と法』3頁参照。

という意味のフランス語の 'renseignements' の訳語であったといわれている
が，現代に至るまで様々な学問分野において多様な定義がとられている。情報
概念は曖昧とならざるを得ないのは，社会と情報の係わりが多様であるためと
も指摘されている。

実際，情報概念の定義は，通信工学において確立された，価値や意味を離れ
た量として定義する技術論的なものから，比較文化論における人間間で伝達さ
れるすべての記号系列という定義など多様であり，また自然界まで対象を広げ
て理解することもあり，情報という概念はまさに多相的なレベルにおいて用い
られている。そこで，情報の概念定義そのものが報告者の分析視角を示すとも
いわれるのである。

社会学者の整理によれば，情報という用語は四つのレベルで規定されている
という。この整理によれば，レベル1は，「情報を環境内に存在する刺激の配
列ないしパターンとして把握する」レベルである。ここでは，情報は，自然界
をも対象に含めた定義がとられる。レベル2は，「環境内の要素でかつ人間が
特定の働きかけを行ったり，あるいは働きかけを受けたりする対象とするレベ
ルである。このレベルでは，知覚の対象を情報と定義している。レベル3は，
「記号配列とそれにそって指示されたメッセージの合体」というレベルである。
ここでは，人間が環境内の要素を記号化することが情報の定義の前提とされて
いる。そして，レベル4が「情報をある行動選択のための評価をになったり，
指令を果たし，意思決定のうえで有用性を発揮する記号列として把握するレベ
ル」となる。この定義が日常的な用語法にほぼ一致するものとされている。

また，広辞苑によれば，情報とは，「①あることがらについてのしらせ。②
判断を下したり行動を起したりするために必要な，種々の媒体を介しての知
識」とされている。これは，前述の情報の定義のレベルでいえば，レベル4の

---

5) 児島和人「現代における社会情報の多相的生成」児島和人編・前掲注3)書16-17頁。
6) 中山信弘「財産的情報における保護制度の現状と将来」前掲注1)書『岩波講座 現代の法10情報と法』268頁参照。
7) 多様な情報概念については，児島・前掲注5)論文2頁以下参照。
8) 伊藤・花田・前掲注3)論文194頁。
9) 橋元良明「ミクロ的視野からみた『情報』と『意味』」東京大学新聞研究所編『高度情報社会のコミュニケーション』(1990年，東京大学出版会) 92-94頁。

定義ということができる。ここでは，情報について，このレベルの定義を採用する。そして，より単純に，情報を「人が何かを判断するための素材」と定義しておきたい。法律学では，一般にこのレベルでの定義が採用されているが，それは，法律学が情報そのものを扱うのではなく，情報に媒介されて成立している法律関係という人間の社会関係の一部を扱うために，このレベルの定義がもっとも適切と判断されているからであると思われる。

Ⅲ 労働関係における情報の流通

このように「情報」を「判断のための素材」と理解したときに，労働法もしくは労働法学とはどのような繋がりが出てくるのであろうか。実際，労働法もしくは労働法学では，情報という言葉は，これまであまりなじみのない用語であった。わずかに労働者の個人情報の保護が議論の対象となったり，求人情報という用語が使われたりする程度であったといえる。もっとも最近では，労使の非対等性を経済学で用いられる「情報の非対称性」という用語で説明する議論も登場している[10]。さらには民法学で議論されている情報提供義務の発想を労働法学に取り入れようという議論もある[11]。

いずれにしても，これらの情報という用語の使用例をみると，ごく最近の用語法であるという特徴が浮かび上がる。ここには，「情報」という言説が現代のキーワードとなっていて，社会に浸透している事実，そしてそれが労働法の分野にも及んでいるという事実を見ることができる。このことが，本稿において情報という問題を単に情報テクノロジーの導入という技術的側面に限定すべきではないと考えた理由である。

情報という用語を単なる流行語と捉えるならば，それは一過的なものであり，労働法学もそれに多少影響を受けたに過ぎないことになる。しかし，例えば労働法の基本的認識ともいえる労使の非対等性を「情報の非対称性」という用語

---

10) 例えば，土田道夫「日本型雇用制度の変化と法」日本労働法学会編集・前掲注2）書30頁参照。
11) 竹地潔「労働者による企業への情報アクセス」日本労働法学会誌本号所収参照。

シンポジウム（報告①）

で説明しようとする言説が登場してくることについて，単なる経済学の影響であるという認識にとどまっていて，特に重要な意味がないと考えるという姿勢が妥当なのであろうか。確かに，労使の非対等性という問題は，情報という概念によらずしても，語ることができる。しかし従来，情報という用語を使用せずに議論できた事柄を，敢えて情報という用語によって説明しようとすることには，その用語を使う当人が意識しているか否かに係わらず，一定の意味が含まれているはずであり，またその意味を探ることは，あながち無意味ではないだろう。

さて情報という視点から労働法および労働法学を検討するということは，これまで労働法学においてあまり採用されてこなかった視角である[12]。そこで，この視角からの議論の端緒としては，法律学の他の分野の成果を参考にするのが適当であろう。

情報と法についての関心が高いのは，憲法学のうちでもメディアを対象とする研究分野である。例えば，この分野の代表的な研究者の一人である浜田純一教授は，すでに10年以上もまえに『情報法』というモノグラフィーを著している[13]。この著書によれば，情報法という新しい法分野について，私の理解に誤りがないとすれば，概ね次のように説明されている。

情報に関する法的問題は，従来はマスコミュニケーション法の分野で議論されていた。これが，情報テクノロジーの発展により，情報の流通形態が双方向的になるなどの変化を受けることによって，情報流通をめぐる法的問題を広く統合的に捉える必要が生じてきたところに，「情報法」という概念が成立する根拠がある。つまり，マスコミュニケーション法では，情報発信の主体は，マスメディアに限定されていたが，この状況が大きく変化したのである。すなわち，すべての人が発信主体となることによって，情報法という法分野を形成する必要性が生まれたというのである。情報の発信主体の根本的な拡大が生み出した情報の流通過程の変化によって，「情報法」という新しい概念が登場した

---

12) 日本労働研究機構『労働者の個人情報保護と雇用・労働情報へのアクセスに関する国際比較研究』JIL調査研究報告書155号（2003年）は，この視角からの端緒的な業績である。
13) 浜田純一『情報法』（1993年，有斐閣）。また，同「情報法」東京大学社会情報研究所編『社会情報学Ⅰシステム』（1999年，東京大学出版会）21頁も参照。

というわけである。

　すべての人間が情報の発信主体となることによって，情報という客体を軸とする法分野が形成されようとしているということは，情報という問題の特徴を把握するうえで重要な点である。情報を何らかの判断の素材であると考えるということは，その判断主体の存在が前提とされている。この意味において，情報をめぐる法的問題というのは，情報それ自体の問題を越えて，実は，その判断主体の有様に係わる問題であるということができるのではないだろうか。

　情報法は「情報の自由」という観念を基本理念とするとされる。そして，この情報の自由には，人間としての基本的欲求という側面があると指摘される。人間は，情報にかかわることによって人格を獲得していくのであるから，情報をわが物にしようとする衝動は，人間存在の本質に根ざすものとされるのである。判断主体である人間が「情報の自由」を享有すると認識することによって，情報をめぐる問題は，法的な問題と捉えることができるようになる。

　また，表現の自由に比べて，意見表明の確保ということにとどまらず，それに先立って十分な情報を得ることが不可欠であることが情報の自由の観念の基礎にあるともされていることも重要な論点となる。

　さらに，情報の自由は，表現の自由のように表現主体に着目するものではなく，情報自体の流通を通じて社会構造に開放性を与えることに意味があるともされていることも，企業という従来閉じた共同体と考えられてきた組織内部における情報の流通という問題を考えるうえで非常に参考になる[14]。

　以上のように情報法に関する議論は，情報という観点から労働法の課題を考えていくうえで，重要な示唆を与えるものといえる[15]。このことを踏まえて，ここで，労働関係における主体である労働者と使用者との間にどのような情報が流通しているかを整理しておくことにしよう。このことによって，情報という観点から労働法を見直すべき課題が明らかとなるからである。

　まず使用者は，労働者を自らの労務指揮下で労働させるために，労働者に関

---

14) 浜田・前掲注13)書5-7頁。
15) その他本稿が示唆を受けた議論としては，花田達朗「情報化時代における公共空間の可能性」前掲注1)書『岩波講座　現代の法10情報と法』27頁がある。

シンポジウム（報告①）

する多様な情報を得ているし，得ようとしている。他方で，業務の効率化の点から，経営情報などを労働者に共有させることもある。また，労働者は，自らの雇用・労働条件あるいは職業能力の適切な発揮のために，労働条件情報や経営情報を使用者から得ようとする。この点では，労働者個人では限界があるので，労働関係のもうひとつの主役である労働組合が大きな機能を果たすことになる。さらに，仕事の過程では，労働者は，労働を通して多様な情報を得ていくであろうし，また経営の財産的な情報を含めて多様な情報に接し，またそれらを生産している。

　以上のような労働関係における情報の流通をめぐる問題は，労働関係もしくは企業が共同体として捉えられた限りにおいては，その内部に埋め込まれており，少なくとも法的には大きな問題となることは多くなかったといえる。わずかに，団体交渉における使用者の労働組合に対する情報提供の問題が不当労働行為法の領域で議論された程度であったといってよい。つまり，企業の共同体的性格に揺らぎが生じてきた段階となって，労働関係において「情報」のあり方が問題となってきたのである。企業が閉じた共同体から，多様な自発性のある主体の織り成す開放的な空間に向かうとき，情報をめぐる問題が重要な課題として意識されることになる。これは企業組織内部にも，市場原理が浸透しつつあることに照応していると考えることができる。[16]企業組織内部での情報の流通を考えるという視点が登場するのは，企業組織内部に対する市場原理の浸透の反映といえるのである。

　情報化社会では，労働関係において，労働者と使用者のそれぞれが，情報を素材にして判断する自律した主体として行動するという観念が生じてくる傾向にある。しかし，情報化社会になったからといって，自動的に労使の非対等性が解消されるわけではない。したがって，労働関係をただちに情報が自由に流通する場と考えることは適当ではない。情報化社会における労働関係に対する市場原理の浸透を前提として，それをどのように適切に制御するかがまさに検討されるべき課題となるのである。

---

16) 情報と市場経済の関係については，桂木・前掲注4）論文16頁以下が示唆に富む。

Ⅳ　情報という視点から見た現代労働法の諸課題

　現代の労働関係においては，成果主義的な賃金制度に代表されるように市場原理の浸透が著しいことには異論のないところであろう[17]。その意味では，情報という視点によって，労働関係を説明することは，この動きに照応しているといえる。しかし，それだけでは単なる説明のための議論であり，法的課題を析出することはできないのである。

　もともと労働法は，労働契約関係における非対等性を克服して，対等な労使交渉を通じて労働条件を決定していくことを目的としている。すなわち，労働法は，市場原理を前提として，これを部分的に修正するものと捉えられてきた。労働法が対象とするのは，情報の自由という視点から捉えれば，その前提である情報における平等が成立していない世界と考えられる（情報の非対称性）。しかし，情報化社会になると，使用者だけではなく，労働者も労働関係における自分の生活のために，自己責任において情報をコントロールする自由を有する主体であることが強く規範的に要請されてくる。つまり，情報化社会では，労使ともに，共同体の成員というよりは，他者であることを意識して，適切な距離をもって信頼関係を構築していくという新しい労働関係像が求められているといえる[18]。そして，この場合に，労働関係における情報の不平等という問題をいかに適切に調整するのかが法的な課題となるのである。

　また，労働法では，単なる労働契約関係の集合体であることを超えた企業組織の論理がこれまで大きな影響を持ってきた。企業という組織が必要である限りにおいては，単なる共同体的な論理が後退しても，企業組織の論理が労働関係において重要な機能を果たしていくであろうが，労働法に情報という視点を

---

17)　ピーター・キャペリ『雇用の未来』（若山由美訳，2001年，日本経済新聞社）は，最近のアメリカにおける労働関係の変容について，労働関係に対する市場原理の浸透という切り口から分析している。
18)　桂木教授は，社会関係を形成する合意には，他者性を深めようとする合意と他者性を解消しようとする合意があるが，後者が他者と距離をとりながら相互理解に努める姿勢であり，ネットワーク社会に適合的な合意であるとされる（桂木・前掲注4）論文14頁）。ここでいう新しい労働関係像については，この桂木教授の指摘に示唆を受けている。

導入した場合，市場の論理と組織の論理との調整が大きな論点となる。以下ではこの二つの論点を意識しながら個別の論点を提示し，シンポジウムの各論の位置付けをしておきたい。

　労働関係の主体である労働者が自己責任を持った判断主体と考えたときに，まず問題となるのは，自分の情報を保護する自由，プライバシーの保護である。主体である労働者が自己の分身である自己情報という客体を自己責任において管理できないならば，情報化社会の主体とはなり得ないからである。労働者の自己情報のコントロールという問題は，共同体的な企業論理のなかでは，重要視されてこなかったが，今後は，重要な課題となってくる。労働関係という社会関係のなかでは，労働者の自己情報は，多様な側面で使用者の手に渡ることになる。その意味で，労働関係にけるプライバシーは神聖不可侵な権利ではなく，相対的なものであろう。情報化社会における新しい労働関係像のなかで，労働者に自己情報のコントロールをどの範囲で認めていくかを確定していくかが重要な課題となっているのである。そして，企業自体の共同体的要素が揺らぎ，労働者を他者として意識せざるを得なくなると，使用者としては，セキュリティの確保を強化する必要に迫られるという状況とも衝突する問題となる。この問題を取扱うのが砂押報告である。

　さて，前述のように情報の自由には，十分な情報を得ることが不可欠であるという前提を含む。この点を労働関係について考えるならば，労使の非対等性を反映して，労働者が十分に使用者から情報を得ることができないという構造が注目されるべきである。情報の平等の達成が公正で活力ある情報社会の前提とされるが，その点で，労働関係は，当然には情報の平等が達成されない構造がある。労働法では，この点で，団体交渉権が保障され，また労働条件の明示義務を定めるなどの支援措置がとられてきた。しかし，労働者の雇用および労働条件に密接に係わる経営情報については，これに十分にアクセスすることが保障されていない。情報の自由の議論では，情報アクセスの問題は，主として民主主義国家の成員としての権利として議論されている。[19]それは，政府の行為を国民が監視できることが民主主義あるいは国民主権に適うという発想にほか

---

[19] 戸松秀典「情報の公開」前掲注１）書『岩波講座　現代の法10情報と法』163頁参照。

ならない。従って，労働関係において，労働者の経営情報に関するアクセスを論じるためには，企業という組織において，労働者がどのような成員であるかということが明らかにされる必要がある。日本の労働法は，個別労働関係においても，集団的労働関係においても，企業組織の成員という観点ではなく，労働条件の交渉に関する側面を中心に規制してきた。これは，どちらかといえば，市場原理に照応し，それを部分的に修正する考え方である。このような考え方にのみ依拠するならば，労働者の経営情報アクセスの権利を導き出すのは困難であろう。

これに対して，ヨーロッパでは，欧州理事会の労使協議会指令に見られるように，労働者に対する経営情報の提供が制度的に保障される労働法システムが形成されている[20]。このような労働者に対する経営情報の提供は，労働者に経営参加の権利を認める考え方に基礎付けられている。なぜこのような権利の承認が可能であったかといえば，企業という存在を社会のなかで単なる私的な利益追求のための団体ではなく，公的な機能を有する団体と位置付けており，その有様が社会にとっての重大な関心事であり，また，労働者のその重要なステークホルダーであるとの認識が基礎にあるからといえる。

日本では，経営情報の共有は，安定した労使関係のもとでの労働組合と使用者による労使協議会という制度によって実現されてきた。しかし，この制度は，労使自治の産物であり，その意味で，使用者の意思を超えて強制されるものではない。共同体的な閉じた世界では経営情報の共有が図られたのであろうが，それでは法的なアクセス権の保障を導くことは困難であろう。今後，開放的な組織としての企業が展望されるときに，労働者が経営情報にアクセスできることが企業の活力の発揮にも資すると思われるが，労働者の経営情報アクセス権の法的根拠を明らかにし，その内容を明確にしていくことは極めて重要な課題となっていると位置付けることができる[21]。

企業という組織は，株主よりも労働者にとって退出が困難な組織である。このことは，どのように外部労働市場が整備されても，多くの労働者にとっては

---

[20] この点については，例えばマルコ・ビアジ，ミケーレ・ティラボスキ「欧州における企業内労働者代表に対する情報提供・協議義務」日本労働研究雑誌495号56頁（2001年）参照。

事実であり続ける。そうであれば、労働者に企業組織についての情報を与え、企業に対する発言を認めることが企業組織にとっても合理的であるはずである。そして、企業という社会的に公的な機能を果たす組織から退出の自由が事実上大きく制約されている労働者に対して、経営情報に対するアクセス権を承認していくのが、この時代に適合した労働法のあり方ではないだろうか[22]。つまり、この領域では、団体交渉などのような市場原理に対応する支援措置だけではなく、今後は、組織法的な企業の成員としての権利としての情報アクセス権の観点が重要になっていくと思われる。この課題を担当し、特に現行制度のなかで解釈論的に情報アクセスの問題を検討するのが竹地会員の報告である。

　労働過程では、労働者は、多様な財産的な情報に接し、また財産的な情報を生み出すことになる。情報には、消費によって消滅しない公共財的な側面がある。したがって財産的な情報は、法的に保護する仕組みがないと第三者からの侵害を防ぐことはできない。この状態を放置することは、情報を生産したコストを負担したものにとって不公正な結果をもたらすことになろう。そこで、財産的情報を保護する多様な法制度が築かれてきたのである。労働関係に関わっても、職務発明、職務著作、営業秘密などについては、それぞれ立法的な手当がなされてきた。これに加えて、労働者は、多様な職務上のノウ・ハウや顧客などの情報を得たり、または有用な情報を生産している。このような労働者が労働を通じて得た情報、または生産した情報に対して、労働者がどのような立場に立つのかを整理することは今日の重要な課題といえる。特に労働者が転職する場合には、それまでの労働関係で得た財産的情報を発信することにより、自己の雇用を得ていくことが可能となるのであり、これと企業の財産の保護との適切な調整が必要となる。労働者は、企業で得た情報をどの程度企業外部に

---

21) この点に関する議論はまだ十分に展開されていないが、例えば土田道夫教授は、「情報もないまま企業変動に直面し、雇用の変動や失業を余儀なくされる事態を避けるためには、企業による情報開示を促進し、実質的な経営参加（コーポレート・ガバナンス）を確立する必要がある。特に組合のない企業については、この観点から労使協議制や従業員代表の導入を検討すべきであろう。」（土田・前掲注10)論文42頁）と指摘している。今後は、この経営参加の権利に関する憲法上の規範的根拠を明らかにすることが課題となろう。

22) この退出と発言に関しては、ハーシュマン『組織社会の論理構造』（三浦隆之訳、1975年、ミネルヴァ書房）に示唆を受けている。

発信することができるかが重要な論点となるのである。企業を共同体的に考えている限りにおいては，財産的情報は意識のうえでは労使に共有されていると理解できる。しかし，今後は，そのような想定の非現実性があらわにならざるを得ないと予想されるのである。この課題を検討するのが石橋報告である。

さらに，労働関係においては，違法もしくは不当な企業情報に接することがある。企業の自浄能力が機能しないときに，自己の得た企業情報を自己の信念に基づいて，社会に発信することが許されるかという，いわゆる内部告発の問題も企業の財産的保護と同様の系列の課題として注目される問題である。この課題を検討するのが小宮報告である。

以上のように，情報と労働法について，私なりの問題提起を試みた。もっとも，例えば集団的労働関係法の課題など，この視点から今後論ずべき多くの問題が残されているなど，言うまでもなく未完成なものである。情報と労働法に関する議論が，この問題提起を一つの契機として，さらに発展することを期待するものである。

（しまだ　よういち）

企業の財産的情報の保護と労働契約

石 橋　　洋

(熊本大学)

I　はじめに

　「情報と知識が付加価値の源泉となる社会」(e-Japan-2003 (IT 戦略本部))への転換が国家戦略とされるなかで，企業活動における営業秘密などの機密情報の財としての重要性が高まる一方，情報化や人材流動化の進展にともなって，企業はその機密情報流出のリスク拡大に危機感を強めていることが指摘されている[1]。こうした状況は，企業の財産的情報の保護を強化するための不正競争防止法の改正の動きとなって現れるとともに，企業自らによる財産的情報の管理強化が求められることとなる。本稿は，企業によるその財産的情報の管理強化のなかにあって，対人的管理の法的道具となる労働契約を通じて，企業の財産的情報[2]がどのように保護されることになるのかを，労働契約関係における財としての情報の特質及び秘密保持義務と競業避止義務の保護法益，そして双方の義務の理論的関係に焦点をあてて検討しようとするものである。

---

1)　やや旧聞に属するが，主要製造業191社を対象として行われた企業機密の防止策に関する調査結果 (150社回答) を報じた日本経済新聞2002年8月20日日刊「機密漏えい防止に動く」では，次のことが指摘されている。まず企業の機密情報の漏洩を防止するための対策として，社員の「電子メールの監視」を実施済みの企業が42％であり，導入予定，検討中も加えるとほぼ80％にのぼるとのことである。また，人材の流動化にともない，社員との日本的な信頼関係を前提としていては，漏洩を防げないとの見方も広がり，回答企業のうち，「退職社員との守秘義務契約」を採用した企業は67％，「社員や派遣社員との守秘義務契約」の導入も64％に達している，とされている。この記事でいう守秘義務とは，本稿でいう秘密保持義務と同じ意味であると思われる。

2)　本稿でいう財産的情報とは，企業において財産的価値があり，かつその侵害に対して何らかの法的対処が可能な情報を意味する。中山信弘「財産的情報における保護制度の現状と将来」『情報と法』(岩波書店・1997年) 所収271頁。

そこで，問題を限定しておかなければならないのは，企業の財産的情報が，二通りに分類されることである。この分類は，知的財産法における情報保護のための法的枠組みが権利付与法制と行為規制法制とに区分されることにほぼ対応している。すなわち，一つは，発明や著作物のように，特許法や著作権法が創設した所有権類似の効力を付与することによって保護される情報と，もう一つは，使用者が資金，時間，労力という経済的投資をすることによって開発した情報であるとしても，一般に知られることになると経済的価値や競争優位性が失われるために，秘匿や秘密管理によってのみ保護される情報である。本稿は，後者の「秘匿又は秘密管理」によって保護される情報を対象とする。この「秘匿又は秘密管理」によって保護される情報のなかでも，特に営業秘密については，不正競争防止法による保護の対象とされるとともに，労働契約の保護の対象ともなるので，保護方法が重なり合うことになるが，営業秘密以外の財産的情報は労働契約によってのみ保護されることとなる。また，不正競争防止法は，結果的にとはいえ，労働者に一定範囲の秘密保持義務と競業避止義務を課すことになるので，労働契約による財産的情報の保護を考えていく場合，さまざまな点で参考に値する法律である。

II　情報の財としての特質

企業の財産的情報が労働契約を通じてどのように保護されるべきかについては，労働法学において比較的早い時期から論じられてきたが，特に不正競争防止法の改正が論議され始めた1990年前後の時期から，労働契約上の労働者の誠実義務，秘密保持特約や競業避止特約の有効性をめぐって本格的な検討が開始されることとなった。そこでの理論的成果が，企業の財産的情報の保護の重要

---

3) 中山・前掲注2)論文276〜277頁。
4) 山口俊夫「労働者の競業避止義務—とくに労働契約終了後の法律関係について」石井照久追悼論集『労働法の諸問題』(勁草書房・1974年) 所収409頁以下，後藤清『転職の自由と企業秘密の防衛』(有斐閣・1974年) など。
5) 小畑史子「営業秘密の保護と雇用関係」日本労働研究雑誌384号38頁 (1991年)，土田道夫「労働市場の流動化をめぐる法律問題 (上)」ジュリスト1040号53頁 (1994年)，石橋洋「会社間移動と競業避止義務」日本労働法学会誌84号105頁 (1994年) など。

性は認めつつも、その保護が労働者の職業活動の自由や転職の自由を抑止・萎縮させるおそれがあることから労働者の職業選択の自由の最大限尊重を踏まえた法益調整がなされなければならない、という学説・裁判例上のコンセンサスであったことは周知のとおりである。ただ、企業の財産的情報と労働者の誠実義務、秘密保持特約や競業避止特約をめぐる従来の学説・裁判例の論議のなかで見過ごされてきた点として指摘されなければならないのは、情報の財としての特質についての問題意識が希薄であったことであり、そのことを踏まえて秘密保持義務と競業避止義務、そしてその法的関係を分析していくアプローチが十分でなかったところにあると思われる。そこで、企業における情報の財としての特質がどこにあるのかを考えてみると、次の三点を指摘することができるように思われる。

　第一に、情報の財としての価値は、時間の経過又は公知化によって大きく減殺され、あるいは喪失されることである。そのため、使用者は財産的情報の公知化を防止し、その財としての価値、すなわち同業他社に対する経済的優位性や競争的優位性を一定期間守るためには、労働者に情報を秘匿させ、情報を労働者本人又は他企業の利益のために使用又は開示させない秘密管理という手段しかないこととなる。そうした「秘匿や秘密管理」の法理論的反映が秘密保持義務（「守秘義務」とも呼ばれる）である。もちろん、企業のあらゆる情報が秘密保持義務の対象となるわけではなく、秘密保持に値する法益性を備えていなければならないことはいうまでもないところである。したがって、財産的情報が、時間の経過又は公知化にともなって保護法益性を喪失した場合には、秘密保持義務の必要性は失われることとなる[6]。そこで問われるのは、いかなる財産的情報が秘密保持に値する法益性を備えているのか、あるいはその賞味期限をどのように考えるかである。

　第二に、情報は、排他性がなく、一度記憶されると強制的に消し去ることができないのみならず、また他の情報と融合し、他の情報と明確に区別できなく

---

6) 同旨として田村善之『不正競争法概説』（有斐閣・2003年）461頁。
7) 通商産業省知的財産政策室監修『逐条解説不正競争防止法・営業秘密』（有斐閣・1990年）59頁。

なる可能性が大きいことである[7]。これを労働契約関係でいうと、企業が保有する財産的情報は、事業活動を展開し、労働契約の締結目的を実現するためにも、労働者の教育訓練や能力開発をはじめ、さまざまな業務遂行のなかで労働者に開示されることになるが、こうして使用者から開示された情報は業務を遂行するなかで労働者によって記憶され、加工され、あるいは新たに創造されるなどして、労働者が業務上知り得た財産的情報のうちどこまでが使用者の情報であり、どこまでが労働者のものか、見分けがつかなくなってしまうことになる。その意味では、企業の財産的情報は、常に「使用者のみが有する特殊的知識」と労働者の「一般的知識・技能」とに截然と区分しうるものではなく[8]、むしろ渾然一体としており、使用者にとって財産的価値があることはもとより、労働者の職業能力にとっても財となる情報（以下「職業能力としての情報財」ともいう）をなしているということができよう。労働者の職業能力としての情報財は、労働者にとって職業活動や転職をするにあたっての重要な財産となることはいうまでもないが、同時に消費者や国民にとっての利益であり、国民経済上の利益であるという公共財的性格も有していることである。こうして、企業の財産的情報は、その財としての性格から、労働者の情報財や公共財との調整の必要性を内在させているということができる。

　第三に、情報という財が無体物であり、第二で述べたように排他性もないことから、労働者による有体物の製作のように、労働者が業務遂行のなかで加工し、開拓し、創造した技術情報や営業情報についての所有権を当然に使用者が原始的に取得するとはいえないことである。そこで、労働者が業務遂行のなかで加工し、開拓し、創造した技術情報や営業情報を使用者の財であるというためには、そのことを労働者に明認する必要がある。例えば、不正競争防止法が営業秘密概念を定義し、保護要件としているのも、財産的情報が保有者の財であるかどうかはそのことが客観的に明認されない限り、財であることが不明確であるからに他ならない。企業の財産的情報も、一定の財産的情報は使用者の財であることが労働者に明認される必要があるが、次の二つの方法が考えられよう。すなわち、一つは、特約や就業規則などにより明示的に使用者の財とし

8）　フォセコ・ジャパン・リミテッド事件・奈良地判昭45・10・23判例時報624号78頁。

て特定される場合であり，もう一つは，特約や就業規則などの存否にかかわりなく，秘匿されるべき財産的情報として管理され，使用者の財であることが客観的に認識できる状況にある場合である。ただし，企業の財産的情報が使用者の財であると明認されるとしても，明認された財産的情報が労働者の職業能力としての情報財と区分しえない場合には，秘密保持義務の保護法益たりえないこととなる。というのは，秘密保持義務が労働者の職業能力としての情報財を使用させないこととなり，秘密保持義務の範囲を超えて労働者の職業活動の自由や転職の自由それ自体を奪うことになってしまうからである。

　以上述べてきた情報の財としての特質を踏まえて，企業の財産的情報の労働契約による保護を検討する際にまず問われるのは，いかなる企業の財産的情報が労働契約上の秘密保持に値する法益性を備えているかである。労働法上にはこの点に関する法令は存在していないことから，労働契約関係を直接の法規制の対象とした立法ではないが，1990年（平成2年法律第66号）・1993年（平成5年法律第47号）に改正された不正競争防止法（以下「1990年・1993年改正法」ともいう）を導きの糸として労働契約上の秘密保持に値する法益性を考える手がかりとすることとする。

III　不正競争防止法と営業秘密の保護

　1990年・1993年の不正競争防止法の改正は，企業における財産的情報の高まりや不正競争防止法の国際的ハーモナイゼイションといった国内的・国際的状況を背景として，企業の財産的情報のなかでも，特に営業秘密の法的保護を強化することを目的として行われたものである。[9]

　1990年・1993年改正法は，労働契約関係に関連する二つの不正競争を禁止している。一つは，使用者（保有者）から示された営業秘密を労働者が「不正の競業その他の不正の利益を図る目的で，又はその保有者に損害を加える目的」

---

9)　1990年・1993年改正法の背景と概要については，経済産業省知的財産政策室編著『逐条解説不正競争防止法〔平成15年改正版〕』（有斐閣・2003年）8〜12頁参照。本文中の条文引用は，2002年改正法による。

(同法2条1項7号。以下「図利加害目的」ともいう)で使用又は開示する行為である。したがって,労働者の職務発明,あるいは労働者が営業活動を通じて開拓した営業情報などのように,使用者から示されたのではない営業秘密は不正競争防止法の適用対象とはならないが,労働契約上の秘密保持義務によってカバーされることとなる。不正競争防止法の立案者によれば,この不正競争は信義則違反型と呼ばれ[10],ここでいう「不正」とは当事者間の信頼関係に反する行為を指し,その具体的判断は,①当事者間の信頼関係の程度,②営業秘密の保有者の利益,③営業秘密を示された者の利益,④営業秘密の態様などを勘案してなされることとなる[11]。もう一つの不正競争として,営業秘密を取得する際に,図利加害目的があること,あるいは労働者が法令又は労働契約上の秘密保持義務を負っていることを知りながら,不正開示者である労働者から営業秘密を取得し,あるいは取得して使用又は開示する転得者の行為も規制対象とされている(同法2条1項8号)。この不正競争は,他企業による労働者の引抜きなどが関連してくることとなる。

以上二つの労働契約関係に関連する不正競争からの保護法益とされている営業秘密とは,「秘密として管理されていること」(秘密管理性),「事業活動に有用な技術上又は営業上の情報」(有用性)であること,「公然と知られていないもの」(非公知性)という三つの要件を満たす財産的情報をいうものと定義されている(同法2条4項)。

労働者が信義則違反型の不正競争を行って使用者の保有する営業秘密を使用又は開示した場合,あるいは労働者が労働契約上の秘密保持義務に違反しているのを知りながら他企業が営業秘密を取得する場合には,営業秘密の保有者である使用者は,営業秘密の侵害又は予防のための差止請求(同法3条),損害賠償請求(同法4条),信用回復請求(同法7条)などをなしうる。

こうして,不正競争防止法が労働者による営業秘密の使用又は開示を禁止したことによって,結果的にではあるが,労働契約関係においても労働者は在職中のみならず退職後も実定法上の営業秘密に関する秘密保持義務を負担するこ

---

10) 通商産業省知的財産政策室監修・前掲注7)書86〜87頁。
11) 通商産業省知的財産政策室監修・前掲注7)書90頁。

シンポジウム（報告②）

とになり，営業秘密の使用又は開示をともなう競業をなしえないこととなった。なお，2002年の不正競争防止法の改正（平成15年法律第46号）にともなって，使用者から正当に取得した営業秘密を在職中の労働者又は派遣労働者が労働契約上の秘密保持義務に違反して営業秘密を不正な目的で使用又は開示した場合には，3年以下の懲役又は300万円以下の罰金に処せられることとなった（同法14条6号）。ただ，退職者については，転職の自由への配慮から，退職者が身につけた営業秘密を記録媒体の不法領得を伴わずに使用又は開示する行為は処罰の対象から除外されている。[12]

Ⅳ 労働契約上の秘密保持義務

1 保護される財産的情報の範囲

Ⅲで述べてきた1990年・1993年改正法が労働契約上の秘密保持義務や競業避止義務を検討していくうえでもたらした重要な理論的寄与の一つは，営業秘密の概念を明らかにし，秘密保持義務や競業避止義務の保護法益となる使用者の財産的情報を分析する糸口を与えたことである。そこで，これを有力な手がかりとするとともに，情報の財としての特質も考慮しながら，労働者が業務遂行中に知り得た財産的情報のうち，労働契約上の秘密保持義務により保護される情報の範囲を考えると，大別して次のように分類することができよう。

すなわち，①不正競争防止法の三要件（秘密管理性・有用性・非公知性）を満たし，かつ使用者から示された営業秘密（以下これを単に「営業秘密」と呼ぶ），②業務遂行中に知り得た不正競争防止法の三要件を満たす営業秘密であるが，使用者から示されたのではない営業秘密（以下これを「営業秘密と同等の保護に値する機密情報」と呼ぶ），③①と②に該当しないその他の業務遂行中に知り得た機密情報（以下これを「その他の機密情報」と呼ぶ），に分類することができよう。①と②が不正競争防止法にいう営業秘密の三要件を満たす財産的情報であり，企業にとって事業活動上の財としての価値が高く，しかも秘匿されるべき財産的情報として管理され，使用者の財であることが客観的に認識できることから，

---
12) 経済産業省知的財産政策室編著・前掲注9)書147頁，154頁。

在職中と退職後たるとを問わず,使用者の営業上の利益として労働契約上も保護法益性を備えていると考えられる。もしこの三要件を満たす営業秘密が労働者の職業能力としての情報財との区分が不可能である場合には,不正競争防止法のみならず,秘密保持義務によっても保護されず,営業上の利益として競業避止義務を設定する特約又は就業規則の保護法益として考えられることとなる。

③については,例えば,(1)使用者による研修・能力開発などで知り得た技術上又は営業上の機密情報をベースとして労働者が業務遂行中に開拓した機密情報,(2)使用者から開示されることにより知り得た機密情報をベースにして労働者が業務遂行を通じて創造・加工した機密情報などのような場合,労働者の身についてしまっており,労働者の職業能力としての情報財と混在していることが予想される。こうした場合には,その他の機密情報が,秘密管理性,事業活動上の有用性,非公知性などの観点から総合判断して秘密保持に値する法益性を備えていること,そして機密情報が労働者の職業能力としての情報財と区分して明認されることを要件として,労働契約上の保護法益性を備えるものと考えられる。

なお,企業の財産的情報は,①,②,③のいずれも,時間の経過などにより公知化した場合には,保護法益性を喪失し,秘密保持義務又は競業避止義務を終了させることとなる。

2 在職中の秘密保持義務

在職中の労働者が使用者の正当な利益を不当に侵害してはならないという労働契約上の信義則によって導き出される誠実義務の一内容として秘密保持義務を負うことは,学説・裁判例においてほぼ異論のないところである[14]。ただ我が国では一般に,在職中の労働者の秘密保持義務は,入社時に誓約書で秘密事項を特定せずに包括的に合意され,あるいは就業規則で服務規律の一部として一般的・包括的に規定する事例が多くみられる。そこで,信義則上の秘密保持義務と誓約書又は就業規則に定められた一般的・包括的な秘密保持義務との関係をどのように理解するかが問題となるが,誓約書又は就業規則に定められた一

---

13) 通商産業省知的財産政策室監修・前掲注7)書139頁。

般的・包括的な秘密保持義務は信義則上のそれを確認的に規定したものであると解することができよう。[15]

問題は、労働者が業務遂行中に知り得た財産的情報のうち、どの範囲まで使用者の正当な利益として秘密保持義務を負うのかである。

この点について概ね異論がないと思われるのは、労働者が業務遂行中に知り得た財産的情報のうち、営業秘密、そして営業秘密と同等の保護法益性を有する機密情報について労働者が秘密保持義務を負うと考えられ、これに対して、労働者に帰属する財産的情報について秘密保持義務を負わないこと、そして労働者が入社以前から保有する財産的情報について秘密保持義務を負わないと考えられることである。残されたのは、その他の機密情報であるが、同業他社での兼業や将来の転職のための準備活動などの労働者の職業活動の自由と抵触しないことと、秘密保持に値する法益性を備えていること、そして秘匿されるべき情報として管理され、使用者の財として客観的に認識しうる状況にあること

---

14) 学説として、我妻栄『債権各論〔中巻二〕』（岩波書店・1972年）568頁、有泉亨『労働基準法』（有斐閣・1963年）122頁、三島宗彦「労働者・使用者の権利義務」『新労働法講座7』（有斐閣・1966年）139頁、本多淳亮『労働契約・就業規則論』（一粒社・1981年）73～75頁、幾代通=広中俊夫編『新版注釈民法(16)』（有斐閣・1989年、幾代執筆部分）46頁、早川徹「営業秘密の保護と役員・従業員の守秘義務・競業避止義務」『知的財産の保護』（関西大学法学研究所研究叢書第15冊・1997年・関西大学法学研究所）185～186頁、香川孝三「競業避止義務・秘密保持義務の現代的課題」下井隆史先生古稀記念『新時代の労働契約法理論』（信山社・2003年）213頁、田村・前掲注6)書347頁、菅野和夫『労働法（第6版）』（弘文堂・2003年）78頁など。裁判例として、古河鉱業足尾製作所事件・東京高判昭55・2・18労民集31巻1号49頁、美濃窯業事件・名古屋地判昭61・9・29判例時報1224号66頁など。

以上のような信義則上の秘密保持義務を肯定する学説・裁判例に対して、「不正競争防止法が信義則上の秘密保持義務を認知した以上、在職中・退職後を問わず明示の合意（労働契約上の特約やそれに付随する秘密保持契約）又は就業規則を要するとの解釈が整合的である」（土田・前掲注5)論文54頁）として、在職中の信義則に基づく秘密保持義務を否定する見解がある。たしかに、在職中の秘密保持義務であっても、労働者にとって何が利用可能又は利用不可能な情報であるのかが明確化される必要性があるという観点からすれば傾聴に値する見解である。しかし、秘密保持義務を設定する特約や就業規則が一般的・包括的なものにとどまるとするならば、利用可能又は利用不可能な情報の明確化の要請は必ずしも期待し難いし、そのような特約又は就業規則は本文に述べるように信義則上の秘密保持義務を確認的に規定したものと解するほかない。（同旨として、早川・前掲注14)論文188～189頁）。

15) 早川・前掲注14)論文188頁。

を要件として秘密保持義務を負うことになる。いずれの財産的情報の場合にも，労働者の職業能力としての情報財と区分して明認しえない場合には，信義則上の秘密保持義務の保護法益となりえないこととなる。

特約や就業規則でもって財産的情報の範囲を特定する場合には，前述した信義則上の秘密保持義務のカバーする範囲を狭めることも可能となるが，信義則上の秘密保持義務の適用を排除する趣旨でない以上，特約や就業規則によってカバーされない財産的情報は信義則によってカバーされることとなる。

信義則上の秘密保持義務違反の判断基準についてであるが，不正競争防止法上の「不正」の判断基準[16]を労働契約上援用することが可能であろう。そこでは，労働契約上の信頼関係に反する行為かどうかが，①当事者の信頼関係の程度，②財産的情報の保有者の利益，③財産的情報を示された者の利益，④財産的情報の態様などを勘案して判断されることとなる。具体的には，①は，在職していることを踏まえて，労働者の地位や秘密保持手当支給の有無，②は，秘密管理の適切さや財産的情報の使用又は開示が機密情報の保有者の事業活動にもたらす影響，③は，労働者が当該財産的情報を使用できないことによって被る職業活動上の不利益（在職中の同業他社での兼業，あるいは転職のため準備活動という競業に関わる場合以外には問題となる余地は小さいと考えられる），④は，財産的情報が労働者の職業能力としての情報財と渾然一体となっており，財産的情報と区別して使用することが困難かどうか，という判断要素が総合的に考慮されることになろう。④に関わるが，いずれの財産的情報の場合にも，労働者の職業能力としての情報財との区分が不可能である場合には，信義則上の秘密保持義務の保護法益たりえず，信義則違反は成立しないこととなる。

3　退職後の秘密保持義務

退職後の労働者が秘密保持義務を負う法的根拠についても，信義則による場合と特約や就業規則による場合の二つが考えられる。

まず信義則による場合であるが，退職後の秘密保持義務の存否をめぐって学説上の見解が対立している。すなわち，特約がない限り秘密保持義務は消滅す

---

16)　通商産業省知的財産政策室監修・前掲注7）書90頁。

るとする多数説と，信義則上の義務として退職後も存続するとする有力説である。裁判例は，1990年・1993年の不正競争防止法改正以前には，多数説と同様に，特約などがない限り，労働契約の終了後はあらゆる権利義務から解放されて秘密保持義務を負わず，退職後の労働者は営業秘密などを自由に使用又は開示しうるという立場を採用していた。しかし，不正競争防止法施行後には，裁判例の立場は変化し，信義則に基づく秘密保持義務を肯定する方向に動いているものと思われる。

　筆者も，在職中の信頼関係に基づいて示された営業秘密，そして営業秘密と同等の保護に値する機密情報については，①それらを秘匿しておくことの「正当な利益」が退職後も存続していること，②職業選択の自由と抵触しないこと，の二つを要件として信義則上の秘密保持義務を肯定できると考えている。その「正当な利益」の範囲は，退職後の労働者の職業活動の自由や転職の自由への抑止・萎縮効果への配慮から，営業秘密，そして営業秘密と同等の保護に値する機密情報に限定されるべきである。問題は，信義則上の秘密保持義務違反の判断基準をどう考えるかである。秘密保持義務違反の判断基準については，不正競争防止法が主観的要件を図利加害目的に限定しているのを有力な手がかりとすると，これと同程度の要件，すなわち社会通念上許される自由競争の範囲を明らかに逸脱する行為でなければならないと解されるべきである。

　次に，退職時に誓約書や特約によって秘密保持を約定する場合，あるいは就業規則に退職後の秘密保持義務に関する規定がおかれている場合，そしてその

---

17) 山口・前掲注4)論文417頁，三島・前掲注14)論文139頁，小畑・前掲注5)論文48頁，和田肇「労働市場の流動化と労働者の守秘義務」ジュリスト962号（1990年）55頁，土田・前掲注5)論文54頁，香川・前掲注14)論文213頁など。
18) 我妻・前掲注14)書595頁，盛岡一夫「ノウハウの防衛―雇用関係終了後の競業禁止」日本工業所有権法学会年報5号（1982年）36頁，西谷敏「日本における企業秘密の労働法的保護」西谷敏他編『インターネット・情報社会と法』（信山社・2002年）所収192頁，194頁，菅野・前掲注14)書79頁。
19) 久田製作所事件・東京地判昭47・11・1労働判例165号61頁，退任取締役について，三和化工事件・大阪地判平3・12・16 LEX/BD28033546。
20) バイクハイ事件・仙台地判平7・12・22判例タイムズ929号237頁。退任取締役に関して，三和化工事件・大阪高判平6・12・26判例時報1553号133頁があり，最高裁判決（最二小判平10・6・22）によって高裁判決は是認されている。

双方による場合が考えられる。いずれの方法によっても、秘密保持義務の対象となる情報を特定する場合と、一般的・包括的に規定する場合とが考えられる。こうした秘密保持義務の約定は、転職の自由や職業活動それ自体を奪うものではないが、やはり秘密保持の範囲において労働者の転職の自由や職業活動の自由が制約されることになることは疑いないところである。したがって、秘密保持特約は、労働者の転職の自由や職業活動の自由を制約しうるに足りる合理的なものでなければ、有効と考えられないことはいうまでもない。この合理性の判断は、ダイオーズサービシーズ事件判決が述べるように、「秘密の性質・範囲、価値、当事者（労働者）の退職前の地位」などに照らして総合的な利益調整がなされることになるが、企業の財産的情報の「秘密の性質・範囲、価値」という保護法益性を基軸におく本件判旨は妥当なものと考えられる。その理由は、秘密保持義務の約定は、保護法益が存在しなければ、約定それ自体の合理性を失わせることになるからである。秘密保持に関する一般的・包括的な就業規則も、労働者に秘密を保持させるに値する法益たる財産的情報の存否が、有効・無効の判断の分岐点となる。

　こうして、就業規則で規定された一般的・包括的な秘密保持義務に関する定めが合理的であると判断される場合には、これを信義則上の秘密保持義務との関連でみるならば、信義則上の秘密保持義務を確認的に規定したものと解されるべきである。したがって、秘密保持義務が特約又は就業規則において設定されているかどうかを問わず、営業秘密、そして営業秘密と同等の保護に値する機密情報が保護法益たりうることとなる。ただ、特約又は就業規則において明示の特定をすることによって保護法益の範囲をその他の機密情報まで拡張する

---

21) 前掲注20)裁判例参照。バイクハイ事件判決では、「従前の顧客をも含めて開業の挨拶をすることは」自由競争の原理に照らして許容されるとする。これに対して、三和化工事件高裁判決では、「従業員ないし取締役であった者が、これ（営業秘密保持義務―筆者）に違反し、不当な対価を取得しあるいは会社に損害を与える目的から競業会社にその営業秘密を開示する等、許される自由競争の限度を超えた不正行為を行うようなときには、その行為は違法性を帯び、不法行為責任を生じさせる」として、不正競争防止法が職業選択の自由との絡みで図利加害目的という違法性の強い主観的要件を備える場合に限定を加えているが、本判決もこれに近い立場を採っている。

22) 東京地判平14・8・30労働判例838号32頁。

ことは可能である。繰り返しになるが，いずれの使用者の財産的情報も，労働者の職業能力としての情報財と区分しえない場合には，秘密保持義務の保護法益とはなりえないこととなる。

　ちなみに，ダイオーズサービシーズ事件判決では，誓約書に定められた秘密の範囲が「顧客名簿及び取引内容に関わる事項」並びに「製品の製造過程，価格等に関わる事項」と限定されていること，そして前記情報が「経営の根幹に関わる重要な情報」をなしていること，しかも被告労働者が前記情報を熟知し，その利用方法・重要性を十分認識する者として秘密保持義務を負わされてもやむをえない地位にあったと具体的な判断をしている。本件の保護法益となる財産的情報は，本件が不正競争防止法違反の成否が争われた事案ではないので，営業秘密の三要件に該当するかどうかの判断がなされておらず，必ずしも明確ではないが，筆者のいうその他の機密情報に該当し，秘密の範囲が明示に特定された場合に該当するということができよう。

V　労働契約上の競業避止義務

　労働者は，在職中も退職後も程度の違いはあるとはいえ，自分の利益のために競業の自由をもち，あるいは同業他社に転職し，競業に従事する自由をもつことについて異論はないと思われる。そのことを踏まえた上でのここでの問題は，使用者がその財産的情報の使用又は開示の防止，すなわち秘密を保持させるために労働者の転職の自由や競業の自由を制限することができるのかである。また，秘密保持義務と競業禁止との関係は，①秘密保護のための競業禁止，②競業とは関係のない純粋の秘密保持，③秘密保持とは関係のない競業禁止，との三つに分類することができようが，[23]ここでは①の秘密保護のための競業禁止に限定して検討することとする。

1　在職中の競業避止義務

　在職中の労働者が信義則上の競業避止義務を負うことは，就業規則に兼業又

---
23)　西谷・前掲注18)論文193頁。

は競業を規制する規定が定められていると否とを問わず,学説・裁判例において異論のないところである。[24]

既に述べたように,在職中の労働者は信義則又は特約や就業規則によって秘密保持義務を負っているのであるから,秘密保持義務に加えて競業避止義務を課しうるのはどういう場合であるのかが,特に信義則上の秘密保持義務と競業避止義務との関係で問題となる。この問題は,従来ほとんど論議されることのなかった論点である。筆者は,在職中における同業他社での兼業や転職のための準備活動の場合であっても,秘密とされる財産的情報が明認できるときには秘密保持義務で足り,競業避止義務を加重することは労働者の転職の自由又は競業の自由を過度に制約することになると考えている。したがって,在職中の競業避止義務が課されるのは,明認された財産的情報が労働者の職業能力としての情報財と渾然一体としているために,労働者が同業他社での兼業や転職のための準備活動に従事すると,財産的情報の使用又は開示の防止が期待できない場合に限定されることになると考える。[25]

2 退職後の競業避止義務

退職後の競業避止義務については,退職後の信義則上の秘密保持義務の範囲において競業避止義務が信義則上残存するという見解[26]と,退職後の競業避止義務を設定するためには特約または就業規則を必要とする見解[27]とが対立している。たしかに,退職後の競業避止義務が信義則上の秘密保持義務の範囲内において残存するということは,理論的には可能であろう。[28]しかし,競業の禁止は,第

---

24) 学説として,我妻・前掲注14)書568頁,有泉・前掲注14)書122頁,三島・前掲注14)論文138頁,140頁,山口・前掲注4)論文411頁,幾代・広中編・前掲注14)書46頁,土田・前掲注5)論文56頁,早川・前掲注14)192頁,根本渉「労働者の競業避止義務」判例タイムズ719号114頁,菅野・前掲注14)書79頁など。裁判例として,ラクソン等事件・東京地判平3・3・25労働判例588号74頁など。

25) 田村善之『競争法の思考形式』(有斐閣・1999年)71頁で「技術上のノウハウや顧客名簿等のノウハウを利用する立場にある従業員には,職務の性質から,……ノウハウの利用行為と不即不離の関係にある競業行為を控える義務」と述べるのは,同旨と思われる。

26) 学説として,我妻・前掲注14)書568頁,盛岡・前掲注18)論文36頁,西谷・前掲注18)論文196〜197頁など。裁判例として,チェスコム秘書センター事件・東京地判平5・1・28判例時報1469号93頁など。

一に業務遂行中に知り得た使用者の財産的情報が労働者の身についてしまっており，労働者の職業能力としての情報財と渾然一体として区分できない場合に限られること，第二に信義則上の競業避止義務の場合には職業選択の自由と抵触することはありえないことから，代償措置を想定せずに労働者の転職の自由や職業活動の自由とそれを通じて生活の糧を得る道を奪われることになってしまうこと，以上の二つの理由から退職後の競業避止義務を肯定しうるものではないと考える。

　こうして，退職後の労働者は，不正競争防止法上の営業秘密に関する不正な競業と，信義則上の秘密保持義務による制約を除いて，使用者に対する転職の自由や競業の自由をもつことになる。[29]それにもかかわらず，使用者は財産的情報の秘密保持のために労働者の転職の自由や競業の自由とそれを通じて生活の糧を得る自由を特約や就業規則[30]によって制限・禁止することができるのかがここでの問題である。もちろん，秘密保持のために労働者の転職の自由や競業の

---

27) 学説として，有泉・前掲注14)書122頁，幾代＝広中編・前掲注14)書47頁，山口・前掲注4)論文429～432頁，後藤・注4)書32頁，本多・前掲注14)書75～77頁，土田・注5)論文57頁，菅野・前掲注14)書80頁など。裁判例として，中部機械製作所事件・金沢地判昭43・3・27判例時報522号83頁，久田製作所事件・東京地判昭47・11・1労働判例165号61頁など。

28) 西谷・前掲注18)論文197頁では，「不正競争2条1項7号の規定する範囲，すなわち労働者が使用者から示された営業秘密を，『不正の競業その他の不正の利益を得る目的で，又はその保有者に損害を加える目的で』使用する場合に限定」して信義則上の競業避止義務を肯定している。しかし，この範囲においてならば，不正競争防止法に委ねておけば足り，あえて信義則上の義務として競業避止義務を肯定する必要があるのか疑問である。むしろ，仮に信義則上の競業避止義務を肯定する余地があるとするならば，使用者から示されたのではない営業秘密と同等の保護に値する機密情報についてであるものと思われる。

29) より厳密にいうならば，フリーラン事件判決（東京地判平6・11・25判例タイムズ877号242頁）で判示しているように，「社会通念上自由競争の範囲を逸脱した違法な態様で雇傭者の顧客を奪取したとみられるような場合，あるいは，雇傭者に損害を加える目的で一斉に退職し会社の組織的活動等が機能しえなくなるようにした場合等も，不法行為を構成することがある」という，一般不法行為法上の制約をも挙げることができよう。

30) 西谷教授は，前掲注18)論文192頁において，競業避止義務の設定が特約による場合と就業規則による場合とを同一視しえないとして，就業規則の場合には，退職後の競業避止義務について「就業規則にもとづいて労働者に個別に説明し，労働者がそれに同意したとみなされる場合に限り，就業規則規定を特約と同一視することができる」とされている。競業避止義務が従業員全体を対象とする就業規則によって設定されることができるのかという傾聴に値する問題提起であるが，本稿では，就業規則に規定された合理的な労働条件は労働契約内容になるという判例法理に従っている。

自由が不当に制限されてはならないことはいうまでもなく、そのため学説・裁判例は、競業避止特約が合理的な範囲内にあることを有効要件としてきたことは周知のとおりである。この合理性判断の要となるのが競業禁止に値する使用者の事業活動上の正当な利益の存在であり、それは競業禁止によってしか保護しえない財産的情報でなければならないこととなる。換言すれば、使用者の財産的情報が、秘密保持義務又はそれを設定する特約や就業規則によって保護されるのでは十分でなく、あるいは保護されず、競業禁止によらざるをえない事情が必要とされる。その事情として指摘されねばならないのが、業務遂行を通じて企業の財産的情報が労働者の身についてしまい、労働者の職業能力としての情報財とが渾然一体となって区分しえないからこそ、使用者の財産的情報の使用又は開示をともなうおそれのある競業の禁止が必要とされるということである。

　こうして、企業の財産的情報が労働者の職業能力としての情報財と区分して明認でき、しかも財産的情報を保護するためには秘密保持義務を約定することで足りる場合には、秘密保持のために競業避止義務を約定する必要は存在しないことになる。この場合には、競業避止特約の締結それ自体が、労働者の転職の自由や競業の自由への過度な制約となり、公序良俗に反して無効と考えられる。これに対して、企業の財産的情報が明認しうるとしても、財産的情報と労

---

31) 齋藤大「労働者の退職後の競業避止義務」判例タイムズ1014号（2000年）13頁、川田琢之「競業避止義務」『講座21世紀の労働法・第4巻労働契約』（有斐閣・2000年）所収143頁参照、岩村正彦「競業避止義務」角田邦重・毛塚勝利・浅倉むつ子編『労働法の争点〔第3版〕』（有斐閣・2004年）所収147頁など参照。

32) 新日本科学事件判決（大阪地判平15・1・22労働判例846号39頁）では、傍論ではあるが、「従業員が秘密保持義務を負担する限り、他の製薬会社に情報を漏えいする危険性が高いとはいえず、……転職を制限する必要性も大きいとはいえない」と判示されている。またニッシンコーポレーション事件判決（知的財産関係民事・行政裁判例集30巻4号1000頁）では、フッ素樹脂シートのライニングに関するノウハウを不正競争防止法2条4号にいう営業秘密であるとし、そのノウハウに関して被告労働者らが誓約書に基づく秘密保持義務を負うことを肯定するのに対して、誓約書に基づく競業避止義務については、被告労働者らに競業避止義務を課す必要性の大きさは認めつつも、誓約書の競業避止条項に定められた職種がフッ素樹脂シートのライニングに限定されない広範なものであることなどを理由として「営業秘密の開示、使用禁止以上に競業避止を認める合理性に欠け、公序良俗に反し無効である」と判示されている。いずれの判示も、情報の財としての特質の視点が不十分であるとはいえ、基本的には私見と同様の考えに立つものと思われる。

シンポジウム（報告②）

働者の職業能力としての情報財が渾然一体としているために，労働者が競業に従事すると，財産的情報の使用又は開示の防止を期待できない場合に限って，労働者の競業を禁止しうることとなる。

次に，競業避止特約によって担保される保護法益の範囲をどう考えるかである。以上の考え方を前提とすれば，営業秘密，そして営業秘密と同等の保護に値する機密情報，その他の機密情報にせよ，労働者が競業に従事することによって財産的情報の使用又は開示の防止を期待できない場合にのみ競業避止特約の保護法益となり，そのことによって労働者の転職の自由や競業の自由が制限・禁止されることになる以上，代償措置が競業避止特約の有効要件になるのは論理的帰結ということになろう。

最後に，競業避止特約の保護法益である財産的情報が時間の経過などにより公知化した場合には，保護法益性を喪失し，期間の定めがあるとしても，競業避止義務は終了したものとして取り扱われることとなる。

3 従業員引抜き禁止特約

企業の財産的情報を保護するための企業間での従業員の引抜きを禁止する特約，あるいは在職中または退職後の労働者が従業員を引き抜くことを禁止する特約も，企業又は労働者が貴重な情報財を保有する労働者を引き抜くという営業活動の自由を制限するという意味では，競業避止特約の一類型として考えることができる。こうした引抜き禁止特約は，財産的情報を不正に取得する目的で労働者の秘密保持義務違反を誘発させる他企業による労働者の引抜きを別にすると，仮に合理的たりうるとするならば，労働者の職業能力としての情報財が使用者の財産的情報と渾然一体となってしまっているからであり，労働者の移動を制約することによってしか使用者の財産的情報を保護する手立てがないからだということになる。たしかに，企業間の引抜き禁止協定は，労働者の職

---

33) 田村・前掲注25) 書75頁において，田村教授は，禁止行為が特定できる技術上の情報と，競業行為とノウハウが不即不離の関係にある頭のなかの顧客名簿や営業上のノウハウとを分けて，競業禁止特約の有効性を検討し，その保護法益の視点から，前者は保護の必要性がないにもかかわらず競争及び転職の自由を制限することとなるのに対して，後者は競業禁止特約が有効になるとするが，私見と同旨であると思われる。

業活動や転職の自由と抵触しない限り，その効力を認めて差し支えがないといえよう。しかし，元労働者との従業員引抜き禁止特約の合理性は使用者の財産的情報との関わりでは，保護法益が存在しないことになろうし，そのこと以上に元労働者に転職勧誘の自由があり，転職を勧誘される労働者にも退職の自由と新たな企業と労働契約を締結する自由があることに照らすならば，とうてい合理性が認められることにはならないと考えられる。

〔付記〕　脱稿後，土田道夫「競業避止義務と守秘義務の関係について――労働法と知的財産法の交錯」中島士元也還暦記念『労働関係法の現代的展開』（信山社・2004年）所収189頁以下に接した。土田論文は，本稿とは秘密保持義務と競業避止義務，そして両者の理論的関係についての接近方法の違いがあるとはいえ，本稿に関連する重要な指摘がなされている。本稿では参照しえなかったが，土田論文への言及は他日を期したい。

　また，宮島尚史先生には，本稿の執筆にあたり，貴重なご助言をいただいた。ここに記して御礼申し上げる。

（いしばし　ひろし）

34）　大洋自動車交通・扇交通事件・東京地判昭46・8・18判例タイムズ270号330頁。

労働者による企業への情報アクセス
――労働条件の決定・変更に際しての情報アクセスを中心に――

竹 地　　潔

(富山大学)

I　なぜ今，労働者による企業への情報アクセスが問題となるのか

　労使間には当初から，情報の非対称性ないしその格差が存在し，労使による労働条件の対等決定の実現にとって，それは1つの大きな障害となっている。労働法はそれへの対応として，労働条件など一定の事項について明示ないし周知することを使用者に義務づけるとともに，労働組合に対し団結権を保障することにより，労働者がその活動を通じて，経営・財務情報を含め雇用・労働関連情報を使用者から取得し，労使双方が同程度の情報をもって労働条件を決定できるように努めてきた。
　とはいえ現在，労働組合の組織率の低下に加え，離・転職の増加や，成果主義賃金および社内公募制など労働条件の個別化といった状況の下で，好むと好まざるとにかかわらず，個々の労働者は，労働組合などのサポートを受けることもなく自助により，自らの労働条件の決定に直接に関与する，もしくはそうせざるをえない機会が増加している。その結果，当該労働者の多くは，労働条件の決定への適切な関与にとって必要な雇用・労働関連情報を十分にもたないまま，その決定に直面させられることとなっている。
　このような事態は，労働法全体を貫く基本的理念である，労働条件の対等決定の実現を困難にするものである。この法理念からすれば，その実現のために必要不可欠な前提条件としてその事態の是正，つまり，自らの労働条件の決定ないしは変更に際して，個々の労働者がそれらに関与するのに必要な雇用・労働関連情報を十分に使用者から提供され，それらを利用できるようにすること

が要請されていると思われる。

　本論では，労働条件の決定ないし変更に際しての，労働者による企業への情報アクセスをめぐる問題，とりわけ，労働法の各領域で語られるようになってきた，「使用者の情報提供・説明義務」について，「労働者の情報アクセス権」，言い換えれば「労働者の知る権利」の保障という観点から，検討を試みたいと思う[1]。このような観点から検討を行うのは，①労働条件の決定ないし変更に際しての，その検討・判断材料としての情報をめぐる労使間の権利・義務関係の明確化を図ること，②使用者の労働者への各種の情報提供・説明義務の理論的・法的根拠と，その意味内容（同義務の対象となる情報の範囲を確定するための基準を含め）を統一的に把握すること，に役立つと考えられるからである。

II　労働条件の対等決定と労働者の情報アクセス権

　労使による労働条件の対等決定は，労働法全体を貫く基本的理念である[2]。それは，個々の労働者と使用者との間の交渉力の格差という現実を直視して，単なる形式にとどまらず，実質的にも，労働者が使用者と対等な立場で労働条件を決定すべきとするものである。その実現は，主に憲法28条の団結権保障に基づく労働組合による団体交渉を通じて果たされることが期待されている。とはいえ，職場に労働組合が存在しない場合や，存在してもその交渉力が乏しい場合なども想定されるので，労基法は2条1項で，労働条件対等決定の原則を定め，個別的労働契約関係の枠内でも労働条件の実質的対等決定を指向するとの

---

1) なお，本論では，非典型労働者や現在版渡り職人などといった種類の労働者による情報アクセスに関する問題を検討の対象から除外すること，また，対象領域は広範囲に及び，かつ，従来から議論されていた問題ではなく，新たな問題を中心に言及し検討するため，諸問題への言及および検討に濃淡があることについて，予めお断りする。さらに，本論のテーマについては，労働者の自己決定権の観点からアプローチすることも可能ではあるが，今日に至ってもなお，いわゆる「労働者の自己決定権」論（私事に関する自己決定権を除く）への懐疑心を払拭することができないため，魅力的ではあるが，そのようなアプローチをとらなかったことも付け加えておく。

2) 労働条件の対等決定という基本的理念について，寺本廣作『改正労働基準法の解説』（1952年，時事通信社）217頁以下，横井芳弘「労働法上の労働条件の概念とその諸原則」藤本・松岡編『講座労働問題と労働法第5巻』（1956年，弘文堂）97頁など参照。

理念を示している。

　このような労働法の基本的理念は，従来から，労使間における「交渉力」自体の格差や労働組合の活動などによるその是正との文脈で論じられることが多かった。しかし，その交渉力の格差を拡大・増幅させる要因の１つとされる，労使間における「情報」の格差や，その是正との関連においても，その理念はもちろん重要な意義を有する。

　労働条件の決定にあたってそれを検討するための情報収集・利用能力，および，それに基づき収集・利用される情報の質・量について，個々の労働者と使用者との間に格差が存在するということは，労働条件の対等決定という理念の実現を困難ないし不可能にするものであり，その理念の実現にとっての必要不可欠な前提条件を欠くということを意味する。それゆえに，労働条件の対等決定という基本的理念を掲げる労働法にとっては，労使間におけるこのような情報の格差を是正することが緊要な課題である。まさに，このことが，理念としての権利概念たる「労働者の情報アクセス権」，つまり「労働条件の決定ないし変更に際して，労働者がその実質的対等決定にとって必要な情報の提供を十分に使用者から受ける権利」をもたらす規範的契機となる。

　後述するように，この「労働者の情報アクセス権」はすでに，憲法28条の団結権（とりわけ団体交渉権）の一内容として，不当労働行為制度との連携で保障されており，労働組合および労働者は団体交渉を通じてそれに関連する情報を使用者から提供され利用できることとなっている。このような意味での情報アクセス権を「集団的情報アクセス権」という。この権利は団体交渉権の一内容であることから，前者の法的性格は後者のそれと同様である[3]。他方，個別的労働契約関係においても，労働者の情報アクセス権は，労働条件の対等決定原則に基づき，立法によって保障されるだけではなく，法解釈を通じても配慮され，労働条件の決定ないし変更に際して，個々の労働者が使用者から一定の範囲の情報を提供され，利用することが可能となっている。このような意味での情報アクセス権を，集団的情報アクセス権と区別して，「個別的情報アクセス権」

3）　団体交渉権の法的性格をめぐる議論については，道幸哲也「団体交渉権の法的構造」日本労働法学会編集『講座21世紀の労働法第８巻』（2000年，有斐閣）66頁以下など参照。

という。立法によって保障される場合はともかく，現在のところ実定法の解釈レベルでは，この権利は実定法上の直接の根拠を有さないこともあり，「権利」ではなく，法の保護すべき重要な「利益」にとどまると考えざるをえない。

もちろん，労働者の有するこのような権利または利益に対応して，使用者は労働条件の決定ないし変更に際して，労働組合または労働者から求めがあれば，その実質的対等決定にとって合理的に必要な情報を十分に提供しなければならないとの，情報提供・説明義務または責務を負うと解される。

以下，上述してきた理念レベルの一般論が，労働法の各領域においてどのように具体化されているのか，または具体化されうるのかについて概観し，若干の検討を加える。

III　労働者代表などによる情報アクセスとその法律上の保障

1　団体交渉を通じた情報アクセス

従来から，使用者の誠実交渉義務との関連において，集団的情報アクセス権は保障されてきた。

憲法28条および労働組合法の定める不当労働行為制度の下において，労働者が団体交渉権を有するのに対し，使用者は団体交渉を正当な理由なく拒否してはならないばかりではなく，労働者の要求や主張について誠実に対応することを通じて，合意達成の可能性を模索する義務，いわゆる誠実交渉義務を負っている。使用者は，労働組合の要求を受け入れたり，それに対し譲歩を行う義務までも課されているわけではないが，誠実交渉義務の一環として，労働組合の要求や主張に回答したり，自己の主張の根拠を具体的に説明し，必要な資料を

---

4) なお，集団的情報アクセス権と個別的情報アクセス権は相互補完的な関係にあり，対立とか，優劣とかといった関係を予定するものではない。というのも，各々の問題となる場面（前者は団体交渉，交渉は労働契約展開過程の各局面）および各々の役割が異なっており，また，その双方ともそれら自体，協議ないし交渉を求める権利までも含んではいないので，それらは直ちに抵触することはないからである。

5) カール・ツァイス事件・東京地判平元・9・22労判548号64頁参照。誠実交渉義務に関しては，道幸哲也「誠実団交義務の法理論」外尾健一編『不当労働行為の法理』(1985年，有斐閣) 277頁以下参照。

シンポジウム（報告③）

提示するという意味での，情報提供・説明義務を負っているのである。[6]団体交渉のプロセスの中で，使用者がこのような義務を果たすことにより，労働組合および労働者は，当該交渉にかかわる企業情報を使用者から提供され，それらを知ることができる。[7]その結果，労使間における情報の格差が一定の程度是正され，労働組合は使用者と情報を共有し，労働条件の決定に適正に関与できることになっている。

　団体交渉を通じて労働者が知ることのできる情報の種類および量については，明確な基準に基づき特定されているわけではなく，誠実交渉義務の「誠実性」に照らして，各々の交渉をめぐる個別具体的な事情を考慮し判断されている。たとえば，賃金や一時金にかかわる交渉であれば，その支給基準や額をはじめ，その根拠を示す経営・財務情報，または人事考課の評価項目・基準および評価方式などについて，[8]また，個別人事にかかわる交渉であれば，人事異動の必要性やその人選基準，または処分理由やその経緯などについて，[9]情報を取得することが可能である。

　現在のところ，ケース・バイ・ケースで判断するしかないとはいえ，上述し

6) 道幸・前掲注5）論文304頁以下および同『労使関係のルール』（労働旬報社，1995年）217頁以下参照。
7) 本論では取り上げなかったが，団体交渉を通じて取得した企業情報を，労働組合が一般組合員に対しどの程度公開することができるかどうかも問題となる。たとえば，企業外の第三者に知られると多大な損害を企業に与えるような，経営・財務情報の提供に際して，使用者は労働組合に対し第三者にそれを漏洩しないよう要求でき，労働組合もその秘密を保持すべき義務を負うこととなろう。そのため，労働組合は，その意思決定過程に一般組合員が参加できるよう，機密情報を含め団体交渉で取得した諸情報を彼らにも公開すべきとの，組合民主主義に基づく要請と，使用者に対する上記の秘密保持義務とを，どのように調整すべきかという難問に直面させられる。一般組合員に公開しても第三者への漏洩が生じないという，徹底した情報管理が組合内で図られるのであれば，問題はない。しかし，多くの場合，そのような情報管理をなすことは時間とコストの面で困難であるので，秘密保持義務の遵守のため，一般組合員への情報の公開を一定の範囲で制限するとの選択肢を選ばざるをえないかもしれない。もちろん，この選択は組合民主主義に抵触するおそれがあり，このこととの関連において，一般組合員への情報の公開を制限できるのかどうか，できるとするならば，どの範囲までかが議論される必要があるが，論点の指摘にとどめ，今後の検討課題としたい。
8) 倉田学園事件・最1小判平2・10・25労判600号9頁，大阪特殊精密工業事件・大阪地判昭55・12・24労判357号31頁，潮文社事件・東京地判昭62・3・25労判498号68頁など参照。
9) カール・ツァイス事件・東京地判平元・9・22労判548号64頁など参照。

た労働者の情報アクセス権と,それに対応する使用者の情報提供・説明義務という新たなコンセプトをとりいれることにより,団体交渉を通じて労働組合および労働者が知ることのできる情報の種類および量に関して,誠実交渉義務の「誠実性」ではなく,より客観的な基準に基づき確定することができるのではなかろうか。つまり,労働者の集団的情報アクセス権に対応して,使用者には,労働組合から求めがあれば,当該交渉における「『労働条件の実質的対等決定にとって合理的に必要な情報を十分に』提供する義務」があり,その対象となる情報の種類についての「合理的必要性」と,その量についての「十分性」という基準に基づき,労働者の知ることができる情報の種類および量を具体的な交渉プロセスの中で確定しようとするものである。[10] この基準を用いることによって,団体交渉を通じての情報提供を使用者に義務づける本来の目的である,「労働条件の実質的対等決定」の実現という観点から,使用者の提供すべき(裏を返していえば,労働者のアクセスできる)情報の種類と量を確定できることに意義があると思われる。

---

10) もちろん,使用者の負うこの情報提供・説明義務も,他の法益の保護との関係で無制限ではない。最も問題となるのは,従業員の個人情報である人事考課や査定の結果を開示するよう,労働組合が要求したとき,使用者はそれに応じなければならないのかどうか,である。これについては,該当従業員の名誉やプライバシーが侵害されるおそれがあることを理由に,労働組合であってもその開示を要求できず,使用者がそれを拒否したとしても,不当なものではないとされている(たとえば,倉田学園事件・東京地判昭63・7・27労判524号23頁参照)。そもそも「非組合員」や「他組合員」の個人情報については,彼らにとって第三者である労働組合が本人に無断でそれを提供するよう求めることはできず,使用者も彼らのプライバシー保護のため,それに応ずることは許さない。

しかし,労働組合が「組合員」の個人情報を提供するよう使用者に要求するときも,「非組合員」などの場合と同様のことがいえるかどうかは疑問である。というのは,労働組合は原則として,その任務の遂行に必要な範囲で組合員の個人情報を利用できる権限を,彼らから組合加入時に授権されているとみなすことができるからである。したがって,使用者は団体交渉で労働組合の求めに応じて,組合員の個人情報を提供しても,その提供には予め同意があったものとして彼らから法的責任を追及されることはなく,それとは逆に,彼らのプライバシーを盾にその提供を拒否すると,それは情報提供義務に違反する,と解される。

とはいえ,労働組合といえども,組合員のプライバシーに対し十分な配慮を払う義務があり,個人情報の提供を使用者に求める前には,その旨を個々の組合員に通知することにより,彼らがそのことについて意見を表明できる機会を与えなければならないであろう。通知した結果,個人情報の提供を明確に反対する組合員が現れた場合,当該組合員については,労働組合は個人情報の提供を使用者に求めることは差し控えるべきであろう。

こうして確定される種類および量の情報を，使用者が提供しない場合は，誠実交渉義務違反の団交拒否としての不当労働行為にあたることとなる。それに対しては，労働委員会による行政救済はもちろん，司法救済として不法行為に基づく損害賠償が認められる可能性もある。さらに今後，集団的情報アクセス権が，その権利性への社会的認識の高まりの中で，請求権的な性格を獲得することにより，その性格に応じた更なる司法救済も期待される。

2 団体交渉以外のチャンネルを通じた情報アクセス

(1) 序

周知のとおり，日本では団体交渉以外のチャンネル，つまり，労使協議制または過半数代表制を通じた労使のコミュニケーションが活発である。それらを通じた労働者による企業への情報アクセスは実際上，団体交渉を通じた情報アクセスと同程度の，場合によってはそれ以上の役割を果たしており，見過ごすことはできない。

(2) 労使協議制を通じた情報アクセス

まず，労使協議制を通じた情報アクセスについてみる。

大企業を中心に，団体交渉と区別し，経営上の基本的問題を含め幅広い問題を話し合う労使協議制が普及する[11]一方，中小の無組合企業でも，親睦・共済団体など従業員組織との間で労働条件ないし経営・生産事項について一定の協議，つまり，情報提供ないし意見交換が見られる[12]。これらは実際上，労働者による情報アクセスにとって，大きな役割を果たしている。しかし，それらは，欧州諸国のように法律によって設置を義務づけられ，制度化されたものではないので，使用者主導による，労働者の協力を獲得するための任意の情報提供の場となりがちである。そのため，時と場合によっては，使用者にとって不都合な情報が労働者に提供されない可能性が大きい，といわざるをえない。

しかし，労働組合の存在する企業の労使協議制では，労働組合が協議の当事

---

11) 労働大臣官房政策調査部編『平成12年度版―日本の労使コミュニケーションの現状』(2000年) 17頁参照。

12) 都留康「先行研究の展望―無組合企業における企業内発言機構と労働条件決定」日本労働研究機構編『無組合企業の労使関係』(1996年) 13頁参照。前掲注11)書17頁参照。

者となるのが通例であり，それによる協議が事実上団体交渉の機能を果たす場合は，法律上も前者は後者と同一視され，その限りで団体交渉権の保障が及び，使用者は誠実交渉義務を負うこととなる。また，労働協約において人事協議条項または人事同意条項が定められている場合には，協議をせず，または協議が不十分なままなされた人事上の措置は法律上無効となる，と解されている。それに加えて，整理解雇などに際しては，使用者は，労働組合ばかりではなく，労働組合のない企業であれば，従業員組織ないし集団とも協議するよう信義則上義務づけられ，それが不十分であったり，全くなされなかった場合，そのことが考慮されて，人事上の当該措置が無効とされることがある。このように，法律上の制度ではない労使協議制の分野についても従来から，少なくとも一定の場合，使用者は，労働組合，または，従業員組織もしくは集団に対し，協議義務の一環として情報提供や説明を行わなければならないとされ，労働者の情報アクセス権の保障が図られてきた。

(3) 過半数代表制などを通じた情報アクセス

次に，従業員代表制の一種ともいわれる，いわゆる「過半数代表制」や労使委員会制度を通じた情報アクセスについてみる。

過半数代表制に関しては，過半数代表の法的性格をめぐる議論が存在するものの，当該制度が労働条件の対等決定という理念に基づき設けられ，雇用や労働条件にかかわる取扱いのうち一定の事項に対し労働者の意見を反映させる制度であるということについて，異論は存しないであろう。つまり，労働者はそ

---

13) 菅野和夫『労働法〔第6版〕』（弘文堂，2003年）534頁，西谷敏『労働組合法』（有斐閣，1998年）268頁参照。
14) たとえば，大阪フィルハーモニー交響楽団事件・大阪地判平元・6・29労判544号44頁参照。
15) たとえば，あさひ保育園事件・最1小判昭58・10・27労判427号63頁参照。
16) 各種の過半数代表制や，企画業務型裁量労働制の労使委員会（労基法38条の4）については，小嶌典明「従業員代表制」日本労働法学会編集『講座21世紀の労働法第8巻』（有斐閣，2000年）56頁以下や，川田琢之「過半数代表制と労使委員会」『企業内労働者代表の課題と展望―従業員代表制の比較法的検討』（財団法人労働問題リサーチセンターほか，2001年）10頁以下を参照。
17) 小嶌典明「労使自治とその法理」日本労働協会雑誌333号（1987年）13頁以下や，西谷敏「過半数代表と労働者代表委員会」日本労働協会雑誌356号（1989年）5頁以下などを参照。

れを通じて，労働条件などにかかわる取扱いのうち一定の事項について意見を表明できる機会を得る。ただし，上述した労使間における情報の格差という事実を前提にすると，労働者がこのような機会を生かし，特定の事項について適切な意見を形成し表明するためには，それに関連する諸情報が使用者から提供されることが必要不可欠である。過半数代表制の文脈においては，まさにこのような意味で，労働者の情報アクセス権の保障が問題となる。にもかかわらず，現行制度は，このことについて，法文上特段の定めを置いていない。

とはいえ，たとえば，労基法90条の定める，就業規則の作成・変更に際しての意見聴取については，そのための手続として，使用者は労働者側に対し就業規則（案）の内容を提示して相当の説明を行い，労働者側がそれを検討するのに相当な時間的余裕を与えたうえで，労働者側に意見を表明する機会を与えなければならないと解されている[19]。このことからすると少なくとも，就業規則の作成・変更に際しては，使用者は意見聴取義務の一内容として，過半数代表がその任務を遂行するのに合理的に必要な情報を十分に提供し説明をなす義務を負うといえる。さらに，上述の過半数代表制の制度趣旨や，労働組合の組織率の低下に伴う，過半数代表のうちの過半数代表者の占める割合の増加などを勘案すると，就業規則の作成・変更について過半数代表を通じて反映される意見を形成できるよう，使用者は事業場の労働者に対しても情報を提供する義務を負う，と解する余地もあろう。使用者がこれらの義務のうち，とりわけ過半数代表への情報提供・説明義務を履践しなかったときは，意見聴取義務違反に該当することとなり，作成ないし変更した就業規則の私法的効力は否定されることとなろう。

また，過半数代表による各種の労使協定の締結などに際しても，同様の情報提供義務を使用者に課すことができるかどうかも問題となりうる。上述の意見聴取の場合とは異なって，依拠できる実定法上の直接の根拠を見いだすことは

---

18) 東京大学労働法研究会『注釈労働基準法上巻』（有斐閣，2003年）36頁以下（川田琢之執筆）参照。

19) 東洋精機事件・神戸地尼崎支決昭28・8・10労民集4巻4号361頁や，労働省労働基準局編『労働基準法下』（労務行政研究所，1958年）814頁参照。また，唐津博「就業規則の不利益変更と手続要件論」学会誌71号（1988年）64頁参照。

できないが，労働条件の対等決定というその本来の制度趣旨からすれば，労使協定の締結などに際しても，使用者は，信義則に基づき，意見聴取の場合と同様の，過半数代表への情報提供・説明義務を負うと解しうる[20]。使用者が同義務に違反したときは，その程度にもよるが，労使協定が無効とされる場合もあろう。

他方，従業員代表制により近づいたとされる労使委員会制度については，指針において「労使委員会に対する使用者による情報の開示」に関するルール（同第四・4）が定められ，企画業務型裁量労働制に関する決議のための調査・審議やその実施を適切に行うことができるよう，使用者が一定の情報を開示し，そのための手続などを運営規程に定めることが求められている。このことにより，労使委員会の労働者委員は，少なくともその規程で開示すべきと定められている範囲の情報を使用者に開示するよう，所定の手続に基づき請求できることになっていることが注目される。

しかし，いずれにせよ，以上の諸制度を本来の趣旨どおりに機能させるためには，労働者による情報アクセスのより一層の保障が不可欠なことは明らかであり，今後，そのための法整備が望まれる。

IV 労働者個人による情報アクセスとその法律上の保障

1 従来からの立法および法解釈による対応

従来から，労働者個人による企業への情報アクセスも，立法によって一定の範囲で保障され，また，法解釈を通じても，それについて一定の配慮が払われることにより，すでに現行法内においても，労働者の情報アクセス権が具現化されているのである。

周知のことではあるが，立法によるその保障の代表例として，募集および労働契約の締結に際しての労働条件明示義務（職安法5条の3，職安則4条の2，労

---

20) なお，使用者は，過半数代表による代表活動に対し一定の便宜を供与すべき信義則上の義務を負うとの見解がある。渡辺章「労働者の過半数代表法制と労働条件」日本労働法学会編集『講座21世紀の労働法第3巻』（有斐閣，2000年）159頁参照。

基法15条1項,労規則5条)[21]をはじめ,就業規則の周知義務(労基法106条)[22]や,契約終了に際しての退職・解雇事由明示義務(労基法22条1項)[23]などが挙げられる[24]。このような立法による保障は,募集に始まり,労働契約の締結,展開および終了にいたる全プロセスにおける極めて重要な局面のみ,つまり雇用の入口ないし出口,あるいは就業規則の変更などに限られ[25],また,アクセスできる情報の範囲も労働条件など重要なものに限定されている。

しかし,立法による対応が行われていない各局面についても,労働組合による労働条件規制の後退や,労働条件の個別化への移行が進むにつれ,労働条件の決定ないし変更に際しての労働者個人による情報アクセスの必要性が高まっており,裁判例や学説の中に,法解釈を通じたその保障のための取組が見いだされるようになってきた。たとえば,整理解雇にあたっての協議・説明義務をはじめ,労働契約の締結過程における情報提供・説明義務,配転など人事異動

---

21) 募集に際して労働条件の明示義務が守られなかった場合,行政の指導・助言に始まり,改善命令の対象となり,もし同命令に従わない場合,改善命令違反で処罰される(職安法65条7号)。また,募集に際して虚偽の広告・条件提示をなした場合も,処罰の対象となる(同条8号)。他方,労働契約締結時において労働条件の明示義務が履践されなかった場合,処罰の対象となる(労基法120条1号)。また,労働契約の締結時に明示された労働条件が事実と相違する場合は,労働者に即時解除権が付与される一方,使用者は帰郷旅費の負担を課せられる(同15条2項,3項)。もちろん,明示された労働条件は通常,労働契約の内容となっていると解されるので,労働者は明示された労働条件の履行を請求することも可能である。
22) 周知義務が履践されない場合,処罰の対象となる(労基法120条1号)。また,周知されない就業規則は,労使双方を法的に拘束するための前提としての「知る機会」を労働者に与えないものであり,いかなる法的効力をも有さないといえよう。
23) もし労働者の求めがあったにもかかわらず,使用者が解雇理由を明示しなかったときは,解雇手続に著しい瑕疵があったとして解雇権濫用が推定される。土田道夫『労働法概説Ⅰ』(弘文堂,2004年)228頁参照。使用者が解雇理由を明示したときは,その理由に拘束され,後から他の理由を持ち出すことはできないと解される。中窪裕也・野田進・和田肇『労働法の世界〔第6版〕』(有斐閣,2005年)394頁参照。
24) その他に,建設労働者の雇用の改善等に関する法律7条,短時間労働者法6条,労働者派遣法32条・34条,労働契約承継法2条など参照。
25) 労基法15条1項の定める労働条件明示義務は,労働条件の変更の際にも適用されるかどうかについて議論がある。学説の中には肯定的な見解もある(金子征史・西谷敏編『基本法コンメンタール・労働基準法〔第4版〕』(日本評論社,1999年)〔藤本茂執筆〕75頁参照)が,裁判例は否定的に解している(友定株式会社事件・大阪地判平9・9・10労判725号32頁,京都市事件・京都地判昭24・10・20労民集7号56頁)。

に際しての説明義務，さらには人事考課・査定の実施における情報開示義務などがその例である[26]。これらの各々の義務の直接の目的はさておき，いずれの取組も労働者の情報アクセス権の保障，ひいては労働条件の対等決定という理念の実現を目指すものである，といえよう。

2 労働契約関係における使用者の情報提供・説明義務

とすれば，募集に始まり，労働契約の締結，展開を経て終了にいたる全プロセスを射程に入れたうえで，労働者の情報アクセス権をより一般的に保障できるよう，裁判例や学説の中に見いだされる各々の義務を集約・統合した，労働契約関係における一般的な義務（つまり，各々の義務の束）としての情報提供・説明義務を措定することはできないであろうか[27]。要するに，労働条件の対等決定原則および労働契約における信義則を根拠に，使用者は，労働者の個別的情報アクセス権（つまり，労働者による情報アクセスの利益）に配慮し，労働条件の決定ないし変更を行おうとするのに際して，労働者から求めがあれば，その各々の局面における「労働条件の実質的対等決定にとって合理的に必要な情報を十分に」提供する一般的義務を負うとするものである[28]。これによって提供が義務づけられる（裏を返していうと，労働者の知ることできる）情報の種類および量については，団体交渉を通じた情報アクセスの保障の場合と同様に，労働条件の実質的対等決定の観点から，それにとっての「合理的必要性」と「十分

---

[26] 少なくとも今後，人事考課の結果については，個人情報保護法に基づき開示請求を行うことが可能となろう。つまり，同法25条1項に基づき，その適用を受ける使用者は原則として，労働者の個人情報（人事情報を含め）について開示義務を負うこととなる。使用者にとって秘密にしておきたいと考えがちな人事評価情報の不開示が同項但書の例外として認められるかどうかが問題となる。とはいえ，成果主義的人事制度の進展に伴い，人事評価情報の開示が当該制度の適正な実施にとって不可欠であり，不開示事由の「業務の適正な実施に著しい支障を及ぼす恐れがある場合」（同項2号）に該当するとはいえなくなり，結果的には，人事評価情報も開示義務の対象とされる可能性が高い，と考える。

[27] 使用者は，信義則に基づき，労働条件の決定・変更に際しての手続的義務として，労働契約上の「労働条件明示義務」を負うとする見解がある。唐津博「労働契約と労働条件の決定・変更」日本労働法学会編『講座21世紀の労働法第3巻』59頁以下参照。

[28] この情報提供・説明義務は，その機能や提供すべき情報の範囲などの点で，労基法の定める労働条件明示義務や就業規則の周知義務など一種の法定情報提供義務と異なっていることに注意を要する。

性」という基準に基づき，それぞれの局面ごとで確定していくこととなる。いうまでもないが，同義務の対象となる情報は，労働条件自体だけではなく，それに関連し，または影響を与えるような事項の情報，たとえば，配転ないし出向，もしくは賃下げなどの理由や必要性を示す経営情報，または財務情報などにも及びうる。

　また，この情報提供・説明義務は，よく引合いに出される消費者契約上の情報提供義務とは異なり，契約締結段階だけで問題となるものではない。上述したように，契約の入口からその出口まで長期継続的に，契約プロセスの各々の局面ごとで，それは問題となる。したがって，情報提供・説明義務の法的性格およびその違反の法的効果を一義的に論じることはできず，実際にそれが問題となる局面ごとにおいて改めて，他の制度との整合性を踏まえつつ，義務の法的性格およびその違反の法的効果を確定することにならざるをえない。

　現在問題とされている契約プロセスの各局面を3つのグループに大別したうえで，それぞれにおける情報提供・説明義務の法的性格およびその違反の法的効果について，主に裁判例を前提としつつ，その一例を示す。

　まず第1に，労働契約締結，または，個別的合意などによる労働条件の決定もしくは変更といった局面では，使用者の情報提供・説明義務は注意義務として問題となり，その違反は不法行為に基づく損害賠償責任を生じさせる[29]。また，錯誤・詐欺に基づく無効・取消の主張がなされることもあろう。それらの判断にあたって，使用者による情報提供・説明義務の違反は，労働者側にとって有利な事情として考慮される要素となりうる[30]。

　第2に，使用者の労務指揮権や解雇権，その他の権利行使による労働条件の決定または変更といった局面，たとえば，配転や出向，降格および解雇などといった局面では，使用者の情報提供・説明義務は，権利行使に伴う手続として問題となり，その違反は権利濫用を判断するにあたっての考慮要素として用いられる[31][32]。また，いずれの局面についても，使用者による情報提供・説明義務の

---

29)　日新火災海上保険事件・東京高判平12・4・19労判787号35頁参照。なお，大内伸哉「労働法と消費者契約」ジュリスト1200号94頁参照。
30)　驟々堂事件・大阪高判平10・7・22労判748号98頁参照。

違反が違法性の強いものである場合，不法行為に基づく損害賠償責任が生じる可能性もある。

　第3に，就業規則による労働条件の変更といった局面では，使用者の情報提供・説明義務は，就業規則の変更に伴う手続として問題となる。その違反は，判例法理を前提とすると，直ちにそれによる労働条件の変更を無効とするものではないが，就業規則の不利益変更に関する合理性判断において考慮されるべき要素として用いられる余地はあろう。[33]

　このように，いったん集約・統合した義務を再び分解し，局面ごとにその法的性格や違反の法的効果を確定していくことは煩雑であり，集約・統合した一般的義務概念としての情報提供・説明義務を措定すること自体に関して，いかなる意味があるのかとの批判が寄せられることになるかもしれない。とはいえ，このような一般的義務概念を打ち出すことについては，本論全体の基調と相通ずるところではあるが，①労働条件の決定ないし変更に際しての，情報をめぐる労働者側の権利ないし利益と，使用者側の義務との関係の明確化，②裁判例や学説の示す各々の義務に関する理論的・法的根拠と意味内容などの統一的把握，および③今後問題となる新たな局面への同義務の補充的適用などといった点で，意義があると思われる。

（たけち　きよし）

---

31) たとえば，配転命令自体を無効とするものではないが，情報提供の不十分さを理由に，命令違反についての懲戒解雇を権利濫用で無効とした裁判例として，メレスグリオ事件・東京高判平12・11・29労判799号17頁参照。なお，土田道夫『労務指揮権の現代的展開』（信山社，1999年）448頁以下参照。
32) とはいえ，労働者にとって不利益の大きい労働条件の変更であるにもかかわらず，それに際して使用者が全くまたはほとんど情報提供義務を果たさないような場合は，当該変更自体についても権利濫用があったと強く推定されることから，それは直ちに無効とされる可能性がある。このような意味において，整理解雇に際しての協議・説明義務は考慮要素ではなく，手続的「要件」であると位置づけることができよう。
33) たとえば，大内伸哉編著『労働条件変更紛争の解決プロセスと法理』（日本労務研究会，2004年）473頁以下参照。

情報化社会における労働者の個人情報とプライバシー

砂　押　以久子

(立教大学)

I　はじめに

　情報化社会の進展にともなうプライバシーの重要性の高まりは，労働者自身に自己のプライバシー意識の高揚をもたらしたといえる。このことは，従来ではけっして訴訟にならなかったような事案でプライバシー侵害が争われるようになってきていることでも分かる。そして，最高裁も，平成7年の関西電力事件判決（最3小判平7・9・5労判680号28頁）で職場にプライバシーが存在することを明らかにしている。

　このような傾向は，国際的動向と呼応するものである。1980年代には個人のプライバシーに関するいくつかの国際文書が作成されている[1]。なかでも，ILOが1996年に作成した「労働者の個人データ保護に関する行動準則」（以下，ILO行動準則）が重要である。また，わが国においても平成12年12月20日に旧労働省の「労働者の個人情報保護に関する行動指針」（以下，「行動指針」）が公表され，企業における個人情報保護の自主的取組が促されてきている[2]。そして，平成15年5月30日には，個人情報の保護に関する法律（平成15年法律第57号，以下，個人情報保護法）が公布されている。雇用に関しては，同法8条に基づき厚生労働省が，平成16年7月1日に「雇用管理に関する個人情報の適正な取扱いを確保するために事業者が講ずべき措置に関する指針（厚生労働省告示第259号，以

---

1) この問題に関する国際文書および欧州の状況については，『労働者の個人情報保護と雇用・労働情報へのアクセスに関する国際比較研究』調査研究報告書155号日本労働研究機構（2003年）94頁以下〔砂押執筆部分〕を参照。
2) 「行動指針」に関しては，砂押「労働者の個人情報保護の意義と課題」労働法律旬報1506号（2001年）18頁以下を参照。

下,「指針」)」を公表している。

しかし,先進諸外国と比べると,わが国の労働者のプライバシー保護は非常に立ち遅れているといってよい。その原因として,わが国の共同体的な職場環境そのものと,それを比較的肯定的にとらえてきた判例法理,また,本来,労働者保護を理念とする労働安全衛生法(以下,労安衛法)などの法令が,むしろ労働者のプライバシー保護の発展を阻んできたことがあげられる。情報化がますます進展する中で,このような状況を放置することは,深刻なプライバシー侵害を引き起こす可能性がある。労働者のプライバシー保護の観点から,情報化社会にふさわしい労働関係のあり方を検討する必要があるといえる。

そこで,本稿においては,第一に,労働者の個人情報収集・管理の問題を検討し,第二に,個人情報の中でもセンシティブデータとしてとりわけ慎重な取扱いが要求される健康情報の問題を考察し,第三に,使用者による電子機器を通じた労働者の監視の問題を検討したいと考える。

Ⅱ 労働者の個人情報の収集・管理

1 個人情報とプライバシー

「個人情報」とは,個人情報保護法2条にも定義されているが,「生存する個人に関する情報であって,当該情報に含まれる氏名,生年月日その他の記述等により特定の個人を識別することができるもの(他の情報と容易に照合することができ,それにより特定の個人を識別することができることとなるものを含む)」とされる。[3]

そこで,このような個人情報がどの範囲でプライバシーに係る情報として保護の対象となりうるのかが問題となる。この問題に関しては,早稲田大学江沢

---

3) 同法にプライバシーの権利の文言が明記されていない点に関し,伝統的な意味でのプライバシーの権利(「宴のあと」事件判決〔東京地判39・9・28判時385号12頁〕等参照)を規定すると,同法が本来保護しようとしている範囲がかえって狭くなるおそれがあること等が法制化の過程において考慮され規定されなかったと指摘されている(三宅弘・小町谷育子『個人情報保護法』青林書院(2003年)108-109頁)。ただし,憲法の問題とのつながりを示すために,最終的に基本理念(3条)において「個人の人格尊重の理念の下に」という表現が盛り込まれたとされる(同書109頁)。

シンポジウム（報告④）

民主席講演会名簿提出事件最高裁判決（最2小判平15・9・12民集57巻8号973頁）の説示がきわめて重要である。

この判決は，氏名・住所・電話番号等の情報について「個人識別等を行うための単純な情報であって，その限りにおいては，秘匿されるべき必要性が必ずしも高いものではない」としながらも，他方で「このような個人情報についても，本人が，自己が欲しない他者にはみだりにこれを開示されたくないと考えることは自然なことであり，そのことへの期待は保護されるべきものであるから……プライバシーに係る情報として法的保護の対象となる」と述べ，本人の同意を得ることなく他者にこのような個人情報を開示する行為が「プライバシーを侵害するものとして不法行為を構成する」とした。また，「個人情報の秘匿性の程度，開示による具体的な不利益の不存在，開示の目的の正当性と必要性などの事情は，上記の結論を左右するに足りない」としている。

このように最近では，プライバシーに係る情報として法的保護の対象となる個人情報の範囲が，相当程度広く捉えられるようになってきたと指摘することができる。秘匿性の高くない個人の基本的情報であっても，データ管理者がこれを不適切に管理すれば，プライバシー侵害行為となるとした点で，この判例の意義は大きいといえる。近時，個人情報を不正に調査する一定の業者に委託すれば，氏名・生年月日・住所の情報から，さまざまな個人情報を引き出すことができるといわれている。この判決は，このような現状を考慮したものということができよう。

2 労働者のプライバシー

労働者は，労働契約締結後においても，人として有するプライバシーの権利を，使用者の正当な権限行使に一定の範囲で制約されるものの，それを放棄するものではない。しかし，使用者には，労働契約の権利義務を履行する上で，労働者の個人情報を取得する必要性があり，その正当な権限行使のために労働者のプライバシーは一定の範囲で制約されることになる。そこで，労働者のプライバシーに対する使用者の制約が許される範囲の確定こそが，労働者のプライバシー論の基本的課題である。

労働者に関する多くの個人情報が収集されるのは、主として募集採用時においてである。判例は、使用者に許される労働者の個人情報収集の範囲をかなり広いものとして捉えてきた。すなわち、三菱樹脂事件最高裁判決（最大判昭和48・12・12民集27巻11号1536頁）は、「自己の営業のために労働者を雇傭するにあたり、いかなる者を雇い入れるか、いかなる条件でこれを雇うかについて、法律その他による特別の制限がない限り、原則として自由にこれを決定することができるのであって……採否決定に先立ってその者の性向、思想等の調査を行なうことは……企業活動としての合理性を欠くものということはできない」と判示している。

　この判決では、憲法19条に基づく思想信条の自由が主として問題とされ、憲法13条等に基づくプライバシーの権利については言及がなされていない[3)a]。しかし、この事件で問題とされた思想信条に関する情報とは、本人が秘匿していたものであり、国際的にもセンシティブデータと位置づけられるプライバシー情報のひとつということができる。センシティブデータとは、プライバシーの中でも歴史的・社会的に差別的行為と関連性が特に強い情報のことを指し、原則的に収集禁止とされるものである[4)]。個人のプライバシーがより尊重されるようになった現在からみれば、この事件は、プライバシー侵害の観点から争いうる事案であったともいえる[5)]。

　現在、職業安定法により、募集を行う者は、「業務の目的の達成に必要な範

3）a　プライバシーの権利の定義に関しては、一般的に憲法13条を根拠に認められるとされているが、学説上、憲法21条2項、35条、38条1項、19条、21条などによっても保護され、それらの条項が妥当しない場合に補充的に13条のプライバシーの権利が妥当することになるとする見解（佐藤幸治『憲法〔第三版〕』青林書院（1995年）454頁）などがあり、多様な位置づけがなされている。

4）「〈資料〉労働者の個人情報保護に関する研究会報告書〈抜粋〉」季刊労働法187号（1998年）153頁。

5）この当時、この判決を労働者のプライバシー保護の視点から論ずることは、一般的ではなかった。わずかに山口浩一郎教授が、本来自由であるべきはずの思想信条については、使用者もみだりに質問や調査はできず、それが許容されるのは労働者の職業的適格性ないし職業的態度に関係がある限度においてのみであり、使用者が、入社試験を奇貨として、思想信条のような個人人格の私的領域に必要以上の詮索を加えることをみとむべきではないとの指摘をされていた。この見解は、今日からみれば卓見であったと評価できる（山口浩一郎「思想・信条の自由と本採用拒否」判例タイムズ306号（1974年）16頁）。

囲内で求職者等の個人情報を収集」しなければならないことになっている（5条の4）[6]。そして，思想信条などのいわゆるセンシティブデータに関しては，その指針第4により，「特別な職業上の必要性が存在する」場合や「業務の目的の達成に必要不可欠」な場合など例外的な場合を除いて原則的に収集が禁止されている。

三菱樹脂事件最高裁判決は，いわゆる管理職要員の採用に関し，企業の調査の自由を広く承認し，わが国特有の終身雇用制の要請や使用者の解雇権が制約されている現状をその正当性の根拠としてあげている。しかし，少なくとも現代において，このような理由のみによって応募者のセンシティブデータを収集できることになるとは考えられない[7]。プライバシー保護の視点に欠けるこの判例法理の判断枠組みは見直されるべきである。また，前述の職業安定法やその指針に基づいて検討しても，一般企業の管理職要員の候補という漠然とした理由が，「特別な職業上の必要性が存在する」場合や「業務の目的の達成に必要不可欠」な場合に該当すると考えることはできない。

3 労働者の負う真実告知義務

採用の際に，雇用と関係しないプライバシーにかかわる質問をされた場合の虚偽回答に関しては，おもに採用後に経歴詐称として問題とされる。しかし，すべての経歴詐称が懲戒解雇または普通解雇の対象となるわけではない。真実を告知したならば採用されなかったであろう重大な経歴詐称であって，使用者の労働力の適正な配置を阻害する場合に解雇が有効とされることが多い。

炭研精工事件最高裁判決（最1小判平3・9・19労判615号16頁）は，「使用者が……必要かつ合理的な範囲内で申告を求めた場合には，労働者は，信義則上，真実を告知すべき義務を負う」と判示した高裁判決（東京高判平3・2・20労判592号77頁）を支持している。職務に関連しないプライバシーに関する質問は，前述の職業安定法の規定などからもこの「必要・合理的範囲内で申告を求めた

---

6) 前掲注1）書51頁〔砂押執筆部分〕を参照。
7) この判決の終身雇用制の理由づけに対する批判については，水町勇一郎「採用の自由」ジュリスト増刊『労働法の争点〔第3版〕』（2004年）131頁を参照。

場合」に入るとは考え難い。そのような質問に対して、そもそも「真実告知義務」が発生しないと考えるべきである。使用者の正当な質問に対してのみ、労働者は、「真実告知義務」を信義則上負い、労働者が職務に関係しないプライバシー侵害となるような質問に不正確な回答をしたとしても、責任を問われないと捉えるべきであろう。[8]

4 個人情報保護法と労働者の個人情報保護

個人情報保護法が適用される個人情報取扱事業者とは、過去6ヵ月のいずれかの日において5000件以上の個人情報を取扱った者である（個人情報保護法2条3項に基づく「個人情報保護施行令」2条）。この個人情報数は、従業員の個人情報、顧客情報、採用に関連して応募者から送付された個人情報、従業員の家族情報などの個人情報の総数である。したがって、高度に発達した情報社会において、同法が適用されることになる企業数はけっして少なくはないと思われる。

個人情報保護法の最大の特徴は、情報の利用目的を「できる限り特定」する義務（15条1項）およびそれを本人に通知または公表する義務（18条1項）を個人情報取扱事業者に課すことで個人情報保護を図ろうとするものである。利用目的を「できる限り特定」するとは、本人の受ける影響を予測できるように、抽象的・一般的ではなく具体的・個別的に明確にしなければならないことであるとされる。[9] 個別の利用を類型化してまとめあげる等により可能な限り明確にすることが求められている。[10]「指針」第三の一は、「事業者は利用目的の特定に当たっては、単に抽象的、一般的に特定するのではなく、労働者等本人が、取得された当該本人の個人情報が利用された結果が合理的に想定できる程度に、具体的、個別的に特定すること」としている。したがって、たとえば「人事管理の必要」のような漠然とした目的の特定では、本人の受ける影響を具体的に

---

8) このような見解は、三菱樹脂事件二審判決（東京高判昭43・6・12労民集19巻3号791頁）の「入社試験の際、応募者にその政治的思想、信条に関係のある事項を申告させることは、公序良俗に反し、許されず、応募者がこれを秘匿しても、不利益を課し得ないものと解すべきである」とする判断に近いものである。
9) 三宅ほか・前掲注3）書149頁。
10) 園部逸夫編藤原静雄＋個人情報保護法制研究会『個人情報保護法の解説〔改訂版〕』ぎょうせい（2005年）119頁〔個人情報保護法制研究会執筆部分〕。

予測することが不可能であるので，具体的・個別的に特定したとは評価されないと考える。

そして，労働者の個人情報を取扱う者の安全保護措置が不適切で，結果として労働者の個人情報が企業外部に流れたり，不正に改ざんされた場合に，使用者は，個人情報を適切に管理する注意義務に違反するとして不法行為責任を負うことがある。また，個人情報を取扱った労働者の不適切な行為により当該労働者が不法行為責任を負う場合に，使用者はこの責任につき使用者責任を負う可能性がある。さらに，個人情報の安全管理に関し，個人情報保護法は，個人情報取扱事業者に個人データの安全管理措置を図る義務と，安全管理のために個人情報管理従事者を監督しなくてはならない義務を規定している（20条・21条および「指針」第三の三）。個人情報取扱事業者がこれを怠った場合，主務大臣による勧告や命令が発せられる（34条）。そして，個人情報取扱事業者が主務大臣の命令に違反した場合には，6月以下の懲役または30万円以下の罰金が科されることになる（56条）。

このほかにも，個人情報取扱事業者は，労働者の同意なく，利用目的を超えて利用することはできず（16条1項），また，本人の個人情報を第三者に提供することはできない（23条）。

5 個人情報保護法と労働契約上の権利義務との関係

使用者が労働契約上労働者の個人情報取扱いに配慮する信義則上の義務は，次の2つの側面から根拠づけられる。まず，一般的契約の性質から，契約履行に関し，一方当事者が他方当事者に個人情報の提供を求める場合，他方当事者は，相手方の信頼を前提に自己情報を開示する。したがって，一方当事者は，契約上の信義則からプライバシー侵害が起きないように他方当事者の個人情報を誠実に取扱う義務を負うと考えられる。このことは，労働契約においても同様であるといえる。次に，労働契約の特有の人格的性質，すなわち，労働契約に基づいて労働者が負う労働義務は，労働という無形のものを提供する債務であるため，労働の提供と労働者の身体・人格を切り離すことができないという特性から，使用者は，労働者のプライバシーなどの人格的利益を保護する義務

が生ずると考えることができる[11]。

　個人情報保護法は，個人情報の取扱いをめぐるトラブルが基本的には私人間の問題として，当事者間で解決されることが望ましいという視点に立っている。この視点から，個人情報取扱いをめぐる苦情処理などが個人情報事業者に課せられているといわれている[12]（31条）。同法の保護法としての性質は，私人相互の関係を規律するものであり，両者に契約関係が存在する場合，契約の内容となるものと考えられる[13]。

　そこで，個人情報保護法と労働契約上の権利義務の関係であるが，同法が個人情報取扱事業者に課す多様な義務は，上記の同法の性質からも，使用者が労働契約上負っている抽象的な義務内容を部分的に具体化するものであると解することができる。また，同法が適用されない事業においても，使用者の負う個人情報配慮義務の内容は，同法を参考にして確定することができるであろう。

6　使用者の管理する自己情報に対する労働者の関与

　労働者は，使用者が収集し管理する自己情報に対して何らかの関与は可能なのだろうか。このことは，いわゆる自己情報コントロール権が労働者に認められるかという問題でもある。

　憲法学において議論されている自己情報コントロールとは，自己情報を「いつ，どのように，どの程度まで，他者に伝達するかを自ら決定する」ことをいい，個人の情報収集，管理，利用，開示・提供のすべてにつき，本人の意思に反してはならないことが原則とされるものである[14]。

　自己情報コントロール権を労働法学の領域に取り込むことに関しては慎重な意見がみられる[15]。たしかに，労働契約を前提に労働力の適正なコントロールの

---

11)　土田道夫「労働契約の法的性質」ジュリスト増刊『労働法の争点〔第3版〕』（2004年）20頁。
12)　園部編・前掲注10)書194頁〔個人情報保護法制研究会執筆部分〕。
13)　同法の課す義務は，あくまでもミニマムスタンダードであると考えられている（三宅ほか・前掲注3)書171頁）。
14)　芦部信喜『憲法学Ⅱ人権総論』有斐閣（1997年）382頁。
15)　道幸哲也「職場におけるプライヴァシー権」下井隆史先生古稀記念『新時代の労働契約法理論』信山社（2003年）264-265頁。

ために使用者が労働者の情報を収集・管理するというわが国の労働関係においてこれを貫徹することは不可能である。しかし、労働者が自己情報に関して一切関与する余地がないと考えるべきではない。少なくとも労働者が自己情報の適正管理を管理者に要請したり、一定程度の自己情報の開示・訂正を使用者に求めることができると考えることは、このような情報化社会に相応しい考え方といえる。自己情報コントロール権といっても、労働分野において特有の制約が生ずることは、当然の前提ではあるが、自己情報への関与という視点を欠いてプライバシー権が成立するとはもはや考えられない。

この問題に関し、開示（25条）、訂正・追加・削除（26条）、利用停止・消去（27条）等については、個人情報保護法が本人の関与できる仕組みを提供している。これらの規定は、裁判規範性を有する請求権規定であるとされる。同法が労働契約の義務を部分的に具体化するものと捉えれば、労働契約上このような権利の存在が肯定されることになり、少なくとも労働者にいわゆる自己情報コントロール権の一部が帰属することになる。

Ⅲ 労働者の健康情報

1 健康情報に関するプライバシー保護

健康情報は、国際的にみて、より一層保護の必要性の高い情報、すなわちセンシティブデータと位置づけられている。近時、わが国においては、労安衛法による労働者の健康管理が労働者のプライバシー保護の理念と抵触してしまう事態が問題視され始めている。前述の「行動指針」においても、健康情報がプライバシーとして検討されるべき中心的個人情報であるにもかかわらず、検討

---

16) 三宅ほか・前掲注3）書187頁。
　　25条1項但書2号は、個人情報取扱事業者が開示に応じなくてもよい場合として、「事業者の業務の適正な実施に著しい支障を及ぼすおそれのある場合」をあげている。これに関して「指針」は、事業者が、労働組合等と協議し、業務の適正な実施に著しい支障を及ぼすおそれがある場合として非公開とすることが想定される保有個人データの開示に関する事項をあらかじめ定めるべき旨を規定している。「著しい支障」をどのような場合と解するかが問題となる。このほか、個人情報保護法の労働関係への影響については、別稿において論ずる予定である。

対象外とされた。このように健康情報が一般的個人情報と別個に論じられてきたのは、プライバシー保護とわが国の安全衛生に関する法制度との調整の困難さを物語るものである。なお、平成16年9月6日、厚生労働省は、労働者の健康情報問題の検討結果を「労働者の健康情報の保護に関する検討会報告書」(以下、「報告書」)として公表している。

使用者による労働者の健康情報の入手経路は、おもに自己の処遇に関連して疾病に関する診断書の提出等によるものと、健康診断(以下、健診)によるものとが考えられる。前者は、主として秘匿しておきたい情報の開示が問題とされるが、後者の問題には、医療情報を秘匿しておきたいという側面とともに、身体への侵襲や医師選択のように自己決定に関する側面がある。ここでは、後者の問題を取り上げ、自己決定および秘匿の観点から、労働者の健診拒否の当否と健診結果の開示の問題を検討したいと考える。

最近では、いくつかの裁判例が、使用者による労働者の健康情報の収集に一定の制約を課すようになってきている。例えば、HIV感染や肝炎ウイルス感染に関する情報の収集である。裁判例は、HIVや肝炎ウイルスが一般的な職場において感染の危険性がほとんど存在しないのであるから、本人の同意なしにかかる社会的偏見を招く情報を収集してはならないと判示している。[17]

このような社会的偏見を招くおそれのある一定の健康情報に関しては、労働者は個人の健康情報の開示を自己の意思に反して強制されないことが裁判例により明らかにされている。そこで、これ以外の健康情報についても、労働者が自己の意思に基づき情報開示を拒否することができるか否かが検討されなければならない。

2 労働者の受診義務

(1) 労安衛法

労安衛法66条5項が定める労働者の受診義務に関しては、労働者が受診を拒

---

[17] HIV感染者解雇事件(東京地判平7・3・30労判667号14頁)、T工業(HIV解雇)事件(千葉地判平12・6・12労判785号10頁)、東京都(警察学校・警察病院HIV検査)事件(東京地判平15・5・28労判852号11頁)、B金融公庫(B型肝炎ウイルス感染検査)事件(東京地判平15・6・20労判854号5頁)。

否した場合の法的効果としては、法律上罰則もなく、また他に何らかの制裁の定めもない。そこで、この問題を考察するに当たっては、労安衛法66条5項が、私法的効力を有するか否かが検討されなくてはならない。これに関しては、労安衛法を純粋に公法的な法規であると捉える学説[18]と、労安衛法が労基法42条と労安衛法1条等のいわゆるドッキング規定により、労安衛法が労基法と一体となっていることを根拠に、労基法13条が適用され、労安衛法が労働契約の内容を直接規律することになる、と捉える学説が対立している[19]。

前者の学説によれば、労働者の受診義務に私法的効力はなく、また、後者の学説によっても、労働者の受診義務が労基法13条の「この法律で定める基準に達しない労働条件」とはいえないので、これが労働契約の内容となっていると解することはできない。したがって、いずれの学説をとったとしても、その私法的効果は否定されることになる。

しかし、「安全及び衛生」に関する事項は、就業規則の相対的必要記載事項であり、制度として行う場合に規定することが義務づけられていることから、労安衛法の定めにより労働者の健診を行うことが義務づけられる事業者は、これを就業規則に記載しなくてはならないことになる。このように考えると、法定外健診と同様に、法定健診についても就業規則の規定を根拠とした使用者の受診命令の当否が検討されなければならない。

(2) 業務命令による受診義務

(a) 法定外健診　法定外健診の問題に関しては、電電公社帯広局事件最高裁判決（最1小判昭61・3・13労判470号6頁）により、労働者の受診義務が就業規則等に規定され、その内容が合理的であれば労働者は受診義務を負い、受診拒否は業務命令違反に該当し懲戒処分を受けるとされる。

情報化が急速に進展しつつある現在において、プライバシー侵害の問題が広く認識されている状況下にあって、労働条件の集団的処理、特にその統一的かつ画一的処理の必要とされる就業規則に関する法理によって、きわめて個人の

---

[18] 小畑史子「労働安全衛生法規の法的性質（三・完）」法学協会112巻5号（1995年）613頁以下。

[19] 渡辺章「労働災害に契約責任を認め、損害を分担控除した事例」ジュリスト564号（1974年）118頁。

領域に関するこの問題を考察することが果たして適切なのか疑問がある。[20]

　健診が労働者の身体に侵襲した上で，個人にとって最もプライバシー性の高い健康情報を明らかにすることに照らせば，労働者が拒否できる余地を残すべきである。この問題に関し，労働者のプライバシーを尊重する観点からは，法定健診，法定外健診ともに健診を受けるか否かにつき原則的に労働者の具体的・個別的な合意を必要とすべきである。[21]この点に関し，前掲「労働者の健康情報の保護に関する検討会」は，法定外健診については，利用目的を明らかにした上で本人の事前の同意を必要とするとしている。ただし，労働関係における同意の認定については，事案に応じて，真に自由な意思に基づく同意であるか否か，慎重に検討されるべきことが要請される。

　そして，このような労働者の同意とともに，労働者の権利や自由とのバランスをとる観点から，使用者の受診命令の限界性が検討されなければならない。[22]労働者のプライバシー保護の観点からは，受診命令が正当化されるのは，健康情報の開示を強制することが許される例外的場合と捉えるべきである。

(b)　労働者に対する受診の業務命令が正当化される場合　　まず，職場の同僚・顧客の身体への影響が懸念される伝染病に関しては，労働者は健診義務を負うことになろう。[23]

　労安衛法68条は，一定の伝染性の疾病に罹患した労働者の就労を禁止しているが，労安衛則61条1項は，その但書で伝染予防の措置を講じた場合には就労させることができるとしている。就労を禁止したり，何らかの対策をとるためには，使用者は労働者の健康情報を入手せざるを得ず，このように他者を害するおそれのある伝染病等に関しては，労働者の受診義務は肯定されるであろう。

---

[20]　就業規則の中に法定健診条項を入れさえすれば，プライバシー情報を吸い上げる要件として十分とすることには疑問であるとする見解がある（渡辺賢「産業医の活動とプライバシー」『産業医制度の研究』北海道大学図書刊行会（1998年）139頁）。

[21]　渡辺賢・前掲注20）論文139-140頁。

[22]　諏訪康雄「職業病の総合精密健診は業務命令で強制することができるのか――帯広電報電話局控訴事件」判例時報1123号（1985年）220頁，盛誠吾「労働契約と就業規則」別冊ジュリスト『労働判例百選〔第7版〕』（2003年）57頁。

[23]　山田省三「職場における労働者のプライヴァシー保護」日本労働法学会誌78号（1991年）53頁。

シンポジウム（報告④）

しかし，どのような疾病が，職場に危険性を与えるかについては，十分検討されなければならない。なぜなら，HIV 感染や肝炎ウイルス感染差別が最近において問題にされているが，過去においてはハンセン病のように，伝染性がないのにあると考えられていた疾病により多くの差別が生み出されてきた歴史があるからである。伝染の危険性が必要以上に拡大して捉えられることのないように，慎重に検討されることが要請される。

次に，一定の健康状態を明らかにすることが労務提供に不可欠な場合にも，労働者は受診義務を負うと考える。航空機パイロットやバス運転手のように乗客の生命にかかわる職務に携わる者に対し，乗客に対する安全配慮の確保の見地から一定の検査を命ずることが肯定されることになろう[24]。このほかにも，職務の特殊性から検査が許されるいくつかの場合がありうると考える。

(3) 使用者の安全配慮義務と労働者の受診義務

健康診断の受診義務に関し，過去においては，使用者に厳しい安全配慮義務を負わせているために，労働者にもこれに見合った協力義務を負わせるべきとする見解がいくつかみられた[25]。この見解によれば，使用者が安全配慮義務を履行するために発する受診命令を労働者が拒否できないことになる。これに対して，プライバシー保護と安全配慮義務の要請とを調整する観点から，使用者は，労働者が受診を拒否した場合に，そのことに対応する範囲で安全配慮義務を免れるべきであるという主張がなされてきている[26]。

労働者の健診拒否に対して，健診を促すよう労働者を説得し，それでもなお労働者が受診しないというのであれば，労働者に受診の必要性を説明し，十分な説得をしたことで当該労働者に対する安全配慮義務が履行されたとみるべき

---

24) 山田・前掲注23)論文53頁。
25) 安西愈「企業の健康配慮義務と労働者の自己保健義務」季刊労働法124号（1982年）26頁および29頁，保原喜志夫「労働協約に基づく『頸肩腕症候群総合精密健診』の受診拒否等を理由とする戒告処分が無効とされた例」ジュリスト788号（1983年）112頁，辻村昌昭「使用者の健康配慮義務と労働者の健診受診義務―電電公社帯広局事件（札幌高判昭58・8・25労判415-29)」労判422号（1984年）10頁などがある。
26) 電電公社帯広局事件の高裁判決（札幌高判昭58・8・25判時1097号119頁）はこのような立場をとっており，学説においても同様の主張がある（島田陽一「労働者の私的領域確保の法理」法律時報（1994年）66巻9号52頁，渡辺賢・前掲注20)論文140頁ほか）。

である[27]。このように考えるならば、使用者に過度な負担を課すことなく、本人が健診を望まない項目の受診を拒否できることになり、結果としてこの点に関する健康情報収集にプライバシー侵害は生じえないことになる。

3　医師選択の自由

労安衛法66条5項但書により労働者には自己の選択する医師による健診が認められている。しかし、自己の選択した医師に検査を依頼しても、健康情報が事業者に伝達されることに変わりはなく、この意味で労働者のプライバシー保護の観点から、会社指定の医師による健診と差異はない。だが、少なくとも自己の選択する医師に検査を依頼すれば、検査項目に限定された情報のみが事業者に伝達されることになり、前掲のHIV感染等をめぐる事件のように検査項目以外の情報が血液を使って引き出されるような事態を避けることができ、この限りにおいて、この但書はプライバシー保護に資する規定ということができる。

法定外健診に関しても、労安衛法66条5項の但書の類推適用をまつまでもなく、医師と患者との関係は、信頼関係を前提とするものであり、診療には身体への侵襲、プライバシー情報の開示がともなうのであるから、労働者は、自己が信任できないと考える医師の受診を拒否することができるはずである。それを強制するには労働者の医師選択の自由を制約するだけの合理的理由が必要である[28]。

4　事業者に伝達される労働者の健康情報

(1)　労働者の健康情報の開示

労働者の健康情報の開示については、いかなる情報を使用者に開示し配慮を求めるか、労働者が医師と相談の上で主体的に関与できる仕組みの検討がなさ

---

27)　諏訪・前掲注22)論文217頁ほか。
28)　諏訪・前掲注22)論文218頁。

れるべきである。しかし，現行法においては，労安衛法66条の3などにより，使用者が労働者の健診結果を知ることが前提とされている。プライバシー保護の観点からは，労働者の主体的な関与を前提とした立法による解決が望まれるところである。これに対して，現行法上，法定外健診結果の開示に関する規定は存在しない。そこで，法定外健診結果の開示については，労働者本人の主体的関与の可否が検討されなければならない。

(2) 法定外健診結果の開示

法定外健診結果の開示の問題を検討するに当たっては，法定外健診の法律関係について考察する必要がある。

この問題に関しては，労働者・事業者・医療側の三者の法律関係を民法537条の「第三者のためにする契約」として，事業者を要約者，医療側を受約者，労働者を受益者として構成する捉え方と，事業者を医療機関の間に準委任ないし雇用契約（会社専属医師の場合）が成立しているとの捉え方が示されている。前者と捉えると，医療機関からの結果の通知は労働者本人になされ，事業者への通知に関しては，医療側と事業者の契約次第とされる。後者と捉えると，医療機関は労働者に対して通知義務を負わず，事業者に通知することになるとされる[29]。いずれの捉え方をしても，契約を根拠に，労働者の健康情報が事業者に提供可能なことになり，この点には疑問がある。

労安衛法は，本来個人に帰属するもっともセンシティブな個人情報である健康情報が，医師から事業者に開示されることを承認するきわめて特殊な例外的な法規であるということができる。刑法134条1項は，医師が，正当な理由なく，その業務上知り得た秘密を漏らしてはならない旨を規定している。労安衛法の規定は，刑法134条1項のいう「正当な理由」に該当し，例外的に事業者に労働者の健康情報が通知されるということになるのだと考えられる。これに対して，法定外健診は，労安衛法の適用がないので，刑法のこの規定が適用され，本人にのみ医療情報が開示されることになると考えるべきである。事業者と医療機関との法律関係を第三者のためにする契約または準委任契約とかりに

---

29) 中嶋士元也「被用者の健康情報の処理過程と私法的側面」『民法解釈学の展望—品川孝次先生古希記念』信山社（2002年）466-467頁。

捉えても，それは医療報酬に関する契約についてであり，このような契約が刑法134条1項の「正当な理由」に該当するとは到底考えられず，本人の同意なしに健康情報が事業者に通知されることの根拠づけにはならないと考える。

このような事業者と医療機関との契約とは別に，医師の患者に対する医療行為につき医療機関と労働者間には，医療契約，すなわち，準委任契約が成立していると考えられる。本人のカルテが作成され，健康保険法も部分的に適用され，本人には診察カードが手交され，その後このカードにより受診を継続することもできる。身体への侵襲を伴う検査に関し，医師は本人に対する説明義務を負う。このように考えると，医療機関と労働者間に個別に契約関係が存在していないとは考えにくい。

法定外健診には，このような法律関係が存在していると考えられる。

また，このような法律関係とは別に，個人情報保護法の適用が検討されなければならない。これに関し，同法の適用が及ぶ事業者が，おおむね5000件以上の個人情報を有する者とされることから，開業後数年以上を経過した一般診療所は，ほぼ例外なく同法の適用対象となるといわれている[30]。健康情報は労働者の個人を識別する個人情報に当たるので，情報自体は本人に帰属する。労安衛法のように事業者に情報開示を義務づける特別な法律が存在しない限り，医師は本人以外の者にこの情報を開示することはできないといえる。そして，第三者への情報開示には，本人の同意を要することになる（個人情報保護法23条）。

このように考えると，法定外健診の結果に関し，事業者は，健診結果の開示を本人経由で求めなければならないことになる[31]。実際の医療機関の実務においても，基本的に本人以外への情報提供はできないと考えられているようであり，このように捉えることが現実にも合致しているといえる[32]。

---

30) 石川高明「医療分野における個人情報保護」ジュリスト1253号（2003年）60頁。
31) 病名告知に関して，本人には請求権がないとされてきた（内田貴『民法Ⅱ 債権各論』東京大学出版会（1997年）281頁）。しかし，個人情報保護法25条により，限られた範囲であるが，カルテ開示の法制化が実現したとされている（小林洋二「個人情報保護法と患者の権利」ジュリスト1253号（2003年）62頁）。
32) 受診命令に対する制裁などその他重要な論点もあるが，紙幅の制約があるため，ここでは割愛せざるをえない。これらについては，別稿において論ずる予定である。

シンポジウム（報告④）

Ⅳ 職場における労働者の監視

1 使用者による監視と労働者のプライバシー

　情報機器による監視により労働者に関する情報を収集する行為は，国際的にも職場における労働者個人に関する個人情報収集の一形態とされている。

　情報機器を用いた監視については，第一に，労働者の就労過程の監視の問題，そして，第二に，労働者の職場における私的行為の監視の問題があげられる。

　第一の問題に関し，使用者の何らかの機器による労働者の就労過程の監視についての裁判例をみると，本人の同意なく労働者の就労の一部始終を監視することは，人格権を侵害するものとして否定的に捉えられてきたといえる[33]。しかし，これらの問題は，直接プライバシーが問題とされたものではない[34]。

　プライバシーが直接問題とされるのは，むしろ第二の問題においてである。この問題に関しては，たとえば使用者が従業員控室に盗聴器を設置した事件で，使用者が従業員の控室に盗聴器を設置し会話を傍受することは原告らのプライバシーを侵害するものであって違法なものであると判示した岡山電気軌道事件（岡山地判平3・12・17労判606号50頁）がある。この問題は，労働者の私的領域に対する使用者の介入の問題であり，容易にプライバシー侵害が認められた事案といえる。より問題となるのは，就業時間中の労働者の私的行為に対する使用者の電子機器を通した監視の問題である。

2 使用者による労働者の電子メールモニタリング

　使用者の電子機器を通した監視には，ビデオカメラによる労働者の就労中の監視なども含まれるが，その中でも現実に事件となった問題として指摘できるのは，使用者による労働者の電子メールモニタリング問題である。労働者の電

---

[33] 広沢自動車学校事件（徳島地決昭61・11・17労判488号46頁）など。目黒高校事件（東京地判昭47・3・31労判148号9頁）も現在からみれば，人格権侵害の視点による判断であったといえよう。

[34] 竹地潔「労働者のプライバシー保護」ジュリスト増刊『労働法の争点〔第3版〕』（2004年）112頁。

子メールモニタリングの問題に関する裁判例がすでにいくつか存在する。労働者の私用メールが職務専念義務違反として一切認められないとする判決（日経クイック事件・東京地判平14・2・26労判825号50頁）がある一方で、電子メールに関する何ら規定が存在しない状況下において、職務の妨げにならずわずかなものであれば許容されるとし、労働者の私用メールに一定のプライバシーを肯定する判決（F社Z事業部（電子メール）事件・東京地判平13・12・3労判826号76頁）、社会通念上相当と認められる限度で職務専念義務に違反しないとする判決（グレイワールドワイド事件・東京地判平15・9・22労判870号83頁）などがある。

　高度情報化社会における企業にとって、企業のセキュリティの観点から労働者の電子メールモニタリングは不可欠であるといえるが、その必要性のみによって労働者のあらゆるプライバシー侵害が正当化されるわけではなく、企業による監視の必要性と労働者のプライバシー保護の均衡が図られる必要がある。

　現代社会においては、特殊な職場を除き労働者が職務の合間にパーソナルコンピュータ（PC）を私的利用することが一般的に行われているのが現状であり、労働者が一日の生活の大半を過ごす職場においてPCの私的利用を一切禁止することは、現代社会においては現実的でないといえる。したがって、PCの利用に関しても、企業のセキュリティや職務の履行に影響のない常識的な範囲内でごくわずかに利用するのであれば、許容されるということを、使用者による労働者の監視問題の議論の出発点に位置づける必要がある。

3　職務の専念義務の見直し

　労働者の就労中の私的行為に関しては、最高裁が、電電公社目黒電報電話局事件（最3小判昭52・12・13民集31巻7号974頁）において、労働者は勤務時間中「職務上の注意力のすべてを職務遂行のために用い職務にのみ従事すべき義務」を負うとしている。この見解を前提とすると、就労中においては、いかなる私的行為も存在しえないということになる。したがって、電子機器による労働者の私的行為の監視についての問題を検討するためには、この最高裁の職務専念義務論の妥当性を検討する必要がある。

　もともと、最高裁の職務専念義務論については、異論が少なくなかった。た

とえば，大成観光事件（最３小判昭57・4・13民集36巻４号659頁）における伊藤正己裁判官の補足意見は，「使用者の業務を具体的に阻害することのない行動は，必ずしも職務専念義務に違背するものではない」と述べている。[35]また，有力な学説は，この伊藤裁判官の補足意見に同調し，「勤務時間中のある活動が職務専念義務の違反になるとは，それが労働契約上の誠実労働義務との関係で何らかの支障を生じさせる場合である」との見解を示している。[36]

これらの事件で問題とされた職務専念義務違反は，労働組合員の積極的な組合活動としての行為に対するものであり，一部の従業員の問題であったが，情報化社会においては，従業員の誰にでも生ずるおそれのあるより重要な問題として捉えられる必要がある。

高度に発達した情報機器が今後ますます監視の精度を増し，労働者の行為を完全に透明化することが予想される。このような監視により従来黙認されてきた私的行為が逐一明らかにされ，労働者は，常に職務専念義務違反を問われる可能性がある。情報化社会においては，使用者の監視権限に一定の制約の加えられる必要がある。従来，厳格な職務専念義務論が存在してきたが，わが国のようにとりわけ公私が曖昧な職場において，実際に各種の私的行為は黙認されてきたといえるのである。現実に許容されるべき私的行為が存在することを前提に，労働者の職務専念義務の見直されることが必要である。[37]

4 監視のあり方

(1) 労働者のプライバシーへの配慮

企業には，企業秩序維持権限等に基づき使用者は労働者を管理監督する権限がある。しかし，他方で，前述のように労働者には職場にあっても一定程度の私的行為が存在する余地があり，労働者にもプライバシーを保護される法的利益があることも認識されなければならない。

---

35) 同旨の判例として，オリエンタルモーター事件最高裁判決（最２小判平３・２・22判時1393号145頁）。
36) 菅野和夫『労働法〔第六版〕』弘文堂（2003年）615頁。
37) この点に関しては，砂押「職場のサイバー・サーベイランスと労働者のプライバシー」立教法学65号（2004年）359頁以下を参照。

会社が監視権限を有するとしても，このことをもって労働者のプライバシーが一定程度制約されることはあっても否定されることにはならないのである。セキュリティなどの観点から監視が肯定されるとしても，監視過程において，労働者のプライバシー侵害が最小限になるよう使用者は常に配慮しなければならないと考える。使用者が従業員の私的領域にまで立ち入ることができるのは，業務上重大な支障が生じ，緊急な対応が必要であるなどの事情が存在する場合に限られるべきである。[38]

(2) 事前通知

モニタリングの実施にあたって，使用者の監視の必要性と労働者のプライバシー保護の均衡という視点からは，使用者に労働者に対する事前の情報提供義務を課することが不可欠といえる。この点に関し，「行動指針」は，「使用者は，職場において，労働者に関しビデオカメラ，コンピュータ等によりモニタリングを行う場合には，労働者に対し，実施理由，実施時間帯，収集される情報内容等を事前に通知する」ものと規定している（第2の6(4)）。現在この問題に関し，個人情報保護法の適用を受ける事業所であれば，監視の実施に際し，同法により，使用者には利用目的の特定（15条）とその通知または公表義務（18条）が課される。また，使用者は，収集した情報の開示（25条）などの求めにも応じなくてはならないことになる。さらに，「指針」は，「モニタリングの導入等を行う場合には，原則として労働組合等に対し事前に通知し，必要に応じ協議を行うものとする」としている（第4の1）。

近時の監視技術はきわめて専門性が高く，どのような監視の可能性があるのか把握していない労働者も多く存在する。使用者の監視には労働者の人格権やプライバシーを侵害する危険性が常に存在するのであるから，使用者が監視について詳細な情報を労働者に提供することは不可欠であると考える。

---

38) この問題の詳細に関しては，砂押「従業員の電子メール私的利用をめぐる法的問題」労働判例827号（2002年）29頁以下を参照。

シンポジウム（報告④）

V　おわりに

　最後に，以上で検討したことを整理すると，次のようにまとめることができる。

　まず，労働者は，労働契約締結後においても，人として有するプライバシーの権利を，使用者の正当な権限行使に一定の範囲で制約されるものの，それを放棄するものではない。そこで，労働者のプライバシーに対する使用者の制約が許される範囲の確定こそが，労働者のプライバシー論の基本的課題である。

　労働者に関する多くの個人情報が収集されるのは，主として募集採用時においてである。採用時における企業の広範な労働者の個人情報の収集を認めた判例法理は今も残るが，現在では，職業安定法が企業による応募者の個人情報の収集の範囲を制約している。プライバシー保護の視点に欠けるこの判例法理の判断枠組みは見直されるべきである。また，労働者が採用の際に負うとされる真実告知義務も，使用者の正当な質問に対してのみその義務が発生すると考えるべきである。

　さらに，平成15年に制定された個人情報保護法が個人情報取扱事業者に課す多様な義務は，労働契約上の信義則として使用者が負う労働者の個人情報を保護する義務の抽象的な義務内容を具体化すると捉えることができる。そして，個人情報保護法は，開示，訂正等について，本人の関与できる仕組みを提供している。同法が労働契約の義務内容を具体化するものと捉えれば，労働契約上このような権利の存在が肯定されることになり，少なくともいわゆる自己情報コントロール権の一部が労働者に帰属することになる。

　このように，一般的個人情報に関しては，労働者のプライバシー保護がより一層強化される方向性を見出すことができる。

　これに対して，健康情報に関しては，プライバシー保護の観点から見直すべき点が少なくない。まず，労働者は，使用者の受診命令に必要性・正当性が認められる場合にのみ受診義務を負うと考えるべきである。また，使用者が労働者に特定の医療機関における受診を強制するには，労働者の医師選択の自由を

制約するだけの合理的理由が必要である。この場合における使用者の労働者に対する安全配慮義務について考えると，労働者が受診を拒否した場合には，使用者が労働者に受診の必要性を説明し，十分な説得をした限りで使用者の安全配慮義務が履行されたとみるべきである。法定健診の結果に関しては，本人への情報開示が中心となるように労安衛法が見直されるべきであり，法定外健診の結果に関しては，現行法の下においても本人経由で使用者に開示がなされるべきである。

　使用者による労働者の監視も，使用者による個人情報収集の一形態である。情報化社会における使用者の監視について最も問題となるのは，就労中の労働者の私的行為に対する使用者の監視である。高度に発達した電子機器は，労働者の行為を完全に透明化し，従来黙認されてきた私的な行為を逐一明らかにするため，労働者の職務専念義務違反が常に問われかねない状況にある。したがって，従来厳格に課されてきた職務専念義務が見直される必要がある。そして，職務専念義務については，職務遂行に支障のない一定程度の私的行為を認めた上で実態に即した内容のものにすることこそが，情報化社会における労働関係において不可欠であるということができる。

　電子機器による監視は，労働者の人格権やプライバシーを侵害するおそれがあるので，使用者は，労働者の人格権やプライバシーの侵害が最小限になるよう常に配慮しなければならない。そして，監視の実施について使用者は，労働組合などとも協議し，労働者にその詳細な情報提供を事前になすべきである。

（すなおし　いくこ）

内部告発の法的諸問題
——公益通報者保護法に関連させて——

小 宮 文 人

(北海学園大学)

I　はじめに

　最近，欧米諸国やわが国において従業員による内部告発によって企業の不祥事が明らかにされることが多くなった。こうしたなか，特に，コモン・ロー諸国を中心に，社会的に有用な一定の内部告発を行った労働者を解雇や不利益取扱いから保護する立法がなされ，わが国でも，昨年（2004年）の6月，後述する立法目的に基づく公益通報者保護法（以下新法という）が制定された。しかし，企業不祥事やその内部告発は，従来もなかったわけではない。今日，内部告発が社会問題化していることには次のような事情がある。

　まず，告発を受ける側と告発をする側の事情がある。企業の活動が国民生活の隅々まで影響を与え，経済的繁栄と国民生活の向上が国民の健康や安全，生活・自然環境への関心を高め，金融市場の動きが国民生活に重大な影響を与えるようになったことなどにより企業の製品や活動への関心が高まった。他方で，告発をする側の事情として，IT革命などにより，労働者の仕事の仕方が個別化または専門化し，企業帰属意識が薄れ，また，生活の豊かさが向上してきたことにより，労働者の市民としてあるいは職業人としての自覚が高まったことがあげられる。従来，組合が主にその団体交渉の補強材料として利用してきたに過ぎない内部告発が組合の弱体化と相俟って個々の労働者によって行われるようになった。これらの事情が内部告発という現象を推進している。

　しかし，忘れてはならないのは，告発される側の内部告発を避けたい事情が増加したことである。IT革命により情報の伝達・拡散が容易かつ高速化する

一方で，企業は厳しい企業間競争におかれているため，負の情報の企業外への漏洩がその企業の信用や大衆的イメージを失墜させ，その存立を脅かす状態が生まれた。企業の容易に知り得ない一部の従業員による不正行為も企業組織の複雑化，人材の流動化，仕事の個別化，従業員のプライバシー侵害回避の必要等により増大している。こうした状況のもとでは，個々の労働者による主体的な内部告発を保護して国民や消費者を含む社会一般の福祉の向上を図ることは望ましいことではあるが，企業のおかれている今日的状況を十分に配慮しなければならない。

　ところで，内部告発とは，一般に，その組織の内部にいる者がその組織の不利になる事実を許可なく外部に開示することをいう。これを企業と雇用関係にある労働者が行う場合，雇用関係は人的継続的関係であり当事者の相互信頼がその維持に不可欠な要素であり，労働者は直接労務と関わらない領域においても使用者の利益を不当に侵害してはならないという内容の誠実義務を負っているから，その内部告発は，通常，誠実義務に違反し，就業規則に定める懲戒処分事由または解雇事由に該当することになる。しかし，それでは国民や消費者を含む社会一般にとっての貴重な情報源が失われることになってしまう。そこで，わが国の判例実務は，公益目的の内部告発を理由とする懲戒処分および解雇に対してかなり厳しい規制を加えてきた。ただ，従来の判例の多くが組合活動として行われた内部告発に関するものであったため，集団的労働関係の視点がその規制の法的根拠の主要な部分をなし，労働者が個人として行う内部告発の保護の規範的根拠が必ずしも明確とはなっていない。その意味で，内部告発者保護の一般法理と呼ぶべき法理は未だ明確な形で確立されていない状態にある。しかも，新法の規制内容は，後述のように，極めて限定されたものにとどまっているため，今日，内部告発を理由とする懲戒処分や解雇の効力をめぐる一般法理を確立することの必要性が高まっている。

　本報告は，前述した内部告発の社会的意義およびそれに関わる当事者の利害関係を前提として，判例実務に則した内部告発の一般法理の規範的根拠と判断基準について私見を提示し，それとの関係において，新法の内容につき若干の考察を加えようとするものである。

シンポジウム（報告⑤）

Ⅱ　規範的根拠と一般法理

　さて，内部告発を理由とする懲戒処分や解雇から労働者を保護するための規範的根拠として，学説上，二つの有力な見解が主張されている[1]。一つは，使用者が雇用契約上負っている労働者の人格権を配慮する義務に求める見解である。労働者にとって労働社会は自己の人格の陶冶の場でもあるから労働者は職場においてその職業上の誇りを維持する権利（人格権）を有するが，コンプライアンスの欠如した使用者の企業経営はこの労働者の職業上の誇りを侵害することになる。これは，労働者の人格権に関し雇用契約上配慮すべき使用者の義務に違反することになるので，労働者はその侵害された人格権の回復のため自力救済的な行為として内部告発を行うことができるとする[2]。この見解は，内部告発が労働者の人格的な利益の維持とも密接に関連しており，その保護をも考慮しなければならないという新たな視点を提示したことにおいてきわめて有用である。しかし，内部告発の目的がその労働者の職業倫理の範囲外のものである場合はどうなるのか必ずしも明らかでない。また，「違法行為への加担は，労働契約が前提としている適法・適正・快適な職場環境下で働く権利」の侵害に[3]なると言い換えても，同じ企業に雇われているだけで違法行為への加担があるとはいえないから，使用者の不正な行為が労働者の実際に働いている部署とは別のところでなされている場合は右の権利の侵害という意味での人格的権利が侵害されているとはいえないと思われる。また，企業の不正行為が構成員である従業員の労働者としての社会的評価を低下させる可能性はないとはいえないとしても，そのことから当然に人格的権利の侵害を導き出すのは困難である。したがって，人格権防衛の自救行為という観点から内部告発者の保護の法的根拠

1）　他に規範的根拠の一つを国民の憲法規範を擁護する義務（憲法99条）に求める見解（豊川義明「内部告発権の法理的検討と法制化に向けての課題」労旬1545号13頁以下）等もあるが紙面の都合上省略する。
2）　島田陽一「労働者の内部告発とその法的論点」労判840号5頁。
3）　岩出誠「情報の管理」日本労働法学会編集『講座21世紀の労働法　第4巻　労働契約』（有斐閣，2000年）114頁以下，121頁。

を統一的に説明することには若干無理があると思われる。

　もう一つの見解は，内部告発の正当化の規範的根拠を端的に公共の福祉に求める。すなわち，企業の法益である営業の自由（憲法22条）・財産権（憲法29条）も公共の福祉による制約に服する（憲法29条2項）のであるから，内部告発は公益を優先させる観点から一定の範囲内で正当化され，誠実義務・守秘義務違反としての懲戒処分・解雇事由該当性が否定されるとする。この見解は，後にみるように判例実務の取扱いに近いのみならず，最近有力に主張されている企業の社会責任論によっても支持される。

　私見も，規範的根拠の基礎は，この公共の福祉による企業活動の制約に置くしかないと考える。ただ，内部告発者の保護の問題は，公益に反する企業活動をどう規制するかの問題ではなく，そうした企業活動を摘発した労働者への企業の制裁をどう規制するかという問題であるから，具体的な規範構造はもう少し複雑であり，補充しなければならない。そこで，考えるに，労働者が行う内部告発は，一方で企業の当該情報に関する利益を侵害すると同時に，他方で公益に資するものである。すなわち，使用者の社会的評価・信用を傷つけ，またその情報の開示に伴い財産的損害を惹起するが，他方，それなしでは得られない情報を社会が知る利益を満足する。したがって，この内部告発にかかわる利益関係は，部分的には，独立した個人による企業に対する公益目的の名誉毀損の場合と共通する。しかし，労働者は，雇用契約上，使用者に対しその利益を不当に侵害しないという内容の誠実義務を負っている。また，その内容の一つとして守秘義務等を有する。そして，内部告発を理由とする懲戒処分・解雇の効力に関しては，まさにそれらの義務違反が争われる。したがって，雇用関係にない独立した個人による名誉毀損の損害賠償の場合とは異なり，その正当性は，①公共の利害に関する事実に関わり，②その目的が公益を図ることにあり，

---

4) 土田道夫「顧客信用情報の不正取得および第三者に対する開示を理由とする懲戒解雇」判評538号37頁以下，豊川・前掲注1）論文14頁。
5) 例えば，中村一彦『企業の社会的責任と会社法』（信山社，1997年）23-24頁。
6) 使用者が労働者に対し名誉毀損のみを理由に損害賠償を要求する場合は，不法行為の公益目的による違法性阻却の有無が争われる。例えば，群英学園（名誉毀損）控訴事件・東京高判平12・8・7労判799号40頁。

かつ③その事実の真実性または真実と信じる相当な理由の存在という名誉毀損の違法性阻却の三要件だけでは判断できない。[7]それらの要件を満足しても内部告発の方法と態様が社会的にみて不当であれば、なお、誠実義務違反を免れない。しかし、その場合でも、労働者がその不当な方法・手段をとったことが、その必要性と法益衡量の観点から「やむを得ず行ったもの」といえる場合には、誠実義務違反としての違法性が阻却されると考えるべきである。名誉毀損としての実体的違法性が阻却される以上、方法・手段が不当といえても、公益保護（公共の福祉）の観点から企業は右の限度で労働者の内部告発による不利益を受忍すべきことが肯認されなければならないからである。また、内部告発の事実を裏付ける資料としての情報が保護に値する企業秘密である場合、労働者の権限のない情報へのアクセス・取得およびその開示は内部告発の不当な方法・手段に該当し誠実義務ないし守秘義務違反となる。しかし、この場合も、それが「やむを得ず行ったもの」といえる場合には、同様な理由で、その義務違反の違法性阻却が認められるというべきである。これらの場合、懲戒処分・解雇事由該当性は否定できないが当該懲戒処分・解雇が相当性を欠き懲戒権・解雇権の濫用として無効となると考えられる。

III 内部告発の具体的判断基準

以上の考察にしたがえば、内部告発が誠実義務・守秘義務違反を免れるためには、まず、①労働者が公益目的をもって真実または真実と信じるものを内部告発したという要件を満足し、かつ、②その内部告発の方法・手段が不当でないか、あるいは、不当ではあってもやむを得ないものであったと判断される必要があるといわなければならない。そこで、便宜上、これらにつき、①と②とを区別しないで、従来の判例を参照しながら考察する。

---

7) これらの三要件を満足できなければ、懲戒処分・解雇は有効となることはいうまでもない。例えば、大成会福岡記念病院事件・福岡地判昭58・6・7労判413号36頁、大日本印刷事件・東京地判昭59・12・21労判444号19頁。

1 告発対象事実と公益

まず，告発対象事実が公益に関するものであることが必要である。しかし，この公益が何を意味するかが問題となる。従来の判例では，役員の横領・背任を含む不正行為・法律違反のみならず[8]，病院の保険不正請求[9]，抗生物質の過剰投与等の生命に係わる医療方法[10]，電気工事士養成施設指定基準通達違反の指定申請書虚偽記載[11]，ごみ収集委託業者の市からの委託料不正利得等の事実を内部[12]告発したことを理由とする労働者の懲戒処分・解雇の効力が否定されている。したがって，判例上保護される内部告発の告発対象事実は，刑罰によって担保されている法令の違反行為だけに限られていないことになる。内部告発を理由とする処分を公共の福祉（公益）保護の観点から制約するとの視点からは，広く一般多数人の利害に関係する内部告発を保護の対象とするのが妥当であると思われる。したがって，公益を余り具体的な形で限定すべきではない。このように解しても，内部告発の正当性は，最終的には，その必要性および公益と企業利益の衡量によって決定されるものであるから特段の不都合はないというべきである。その意味で，公益性を有する事実とは，首都圏高速道路公団事件において，東京地裁が述べたように[13]，「違法行為等社会的に不相当な行為」に関する事実という程度に定義せざるを得ない。そして，少なくとも，違法な行為，国民の生命，身体，安全に重大な影響のある行為，公費の不正支出・不正受給等に関する事実は公益性を有するものといえる。

2 公益目的

次に，保護される内部告発は，それが公益目的でなされたものでなければならない。これは，内部告発を保護する理由が公益を使用者の私益に優先させる

---

8) 群英学園（解雇）事件・前橋地判平12・4・17労判790号55頁，大阪いずみ市民生協（内部告発）事件・大阪地堺支判平15・6・18労判855号22頁。
9) 医療法人毅峰会事件・大阪地決平9・7・14労判735号89頁。
10) 医療法人思誠会（富里病院）事件・東京地判平7・11・27労判683号17頁。
11) 吉沢学園事件・広島地判平13・3・28労判849号144頁，広島高判平14・4・28労判849号140頁。
12) 生駒市衛生社事件・奈良地判平16・1・31労旬1572号40頁。
13) 東京地判平9・5・22労判718号17頁。

ものである以上当然のことである。そして，労働者は，雇用契約上，誠実義務を負っていることからみて，内部告発が他の「不当な目的」でなされたものであってはならないと解される。しかし，「もっぱら公益を図る目的」の存在まで証明する必要はないと解される。ちなみに，名誉毀損の違法性阻却事由としての「もっぱら公益を図る目的」の解釈においても，学説・判例は一般に人が唯一の動機で行動することを期待するのは著しく困難であるため，公益を図ることが主たる動機であればよいとしている。[14] 内部告発に関する従来の判例も一般に「不当な目的」でなされたものでないか否かを問題とするだけである。[15] 判例が「不当な目的」とした例としては，会社の求人業務妨害の目的や[16]「特定理事に対する個人的かつ感情的な動機」[17]がある。内部告発が公益目的によるものか他の不当な目的によるものかの決定は，いずれが客観的にみて支配的といえるかによって決定すべきであると思われる。しかし，「違法な行為等社会的に不当な行為」が存しまたはそう信ずる相当な理由がある場合には，内部告発は公益目的によるものと推定されてよいと思われる。したがって，これを争う使用者は，不当な目的の方が支配的目的であることの立証責任を負わされるべきである。そして，人間の内心の感情は周囲の状況に応じて複雑に揺れ動くものであるから，何が支配的目的かは労働者の偶然的な主観にとらわれず行為の全体を客観的にみて決定するのが相当と考える。[18] それゆえ，内部告発に労働者の私怨が伴う場合も多いと思われるが，その労働者の行動全体を客観的にみてその私怨が内部告発を方向付けるきっかけまたは補強要素になったに過ぎない場合には，そのことだけでは怨みをはらすことが当該内部告発の支配的な目的であったとまでいえないと考えるべきである。[19] なお，内部告発の目的が自己の労働条件や労働環境の改善を目的として含んでも不当とはいえない。[20] 自己の職場

---

14) 大塚仁ほか『大コンメンタール刑法〔第二版〕第12巻』（青林書院，2003年）46頁（中森喜彦執筆）．
15) 例えば，前掲注10)医療法人思誠会（富里病院）事件・東京地判．
16) ソニー事件・仙台地判昭50・5・28判時795号98頁．
17) 群英学園（解雇）事件・東京高判平14・4・17労判831号65頁．
18) 東京地判昭和47・5・15判タ279号292頁．
19) 以上の見解は，学会報告における森井利和会員から貴重なご質問・意見を頂き，私の当初の見解を修正・補充したものである．

の法令に違反しまたは健康などに重大な影響を与える労働条件や労働環境の問題は，当該労働者本人だけの問題ではなく当該職場の労働者全体の問題でもあるから，労働者の私益と公益とが重ならざるを得ないからである。

3 真実性または真実と信じることの相当性

内部告発は企業に損害を与える可能性が高いものであるから，その内容が真実であること，またはそう信じることに相当な理由がなければならないのは当然といえよう。このため，従来の判例もそのいずれかを要求している。従来の判例の多くが組合の情宣活動に絡んで行われたものであるが，組合活動だからといって事実の真偽の許容限度が広がるというものではないと思われる。こうした前提で，組合活動が絡んだ事件も含めて検討すると，判例は，一般に，大筋において真実であることを要求するにとどまり，細部にわたってまで完全な真実性を要求していない[21]。これに対し，内部告発の内容の主要部分が真実に反したり[22]，重大な誤解を与えるものであったりした場合[23]は，内部告発を理由とする労働者の懲戒処分・解雇を有効としている。なお，内部告発を許容する趣旨からみて，その表現について余り不相当な誇張や修辞を認めるべきでないのは当然といえる。また，その表現の仕方によっては，労働者が公益目的以外の他の不当な目的を有していたとの推定を受けることになると思われる[24]。

また，内部告発の事実が真実と信じたことの相当性に関しても，判例は，一

---

[20] 三和銀行事件・大阪地判平12・4・17労判790号44頁，カテリーナビルディング（日本ハウジング）事件・東京地判平15・7・7労判862号78頁，前掲注17)群英学園（解雇）事件・東京高判.
[21] 例えば，前掲注8)大阪いずみ市民生協（内部告発）事件・大阪地堺支判，山陽新聞社仮処分事件・岡山地判昭38・12・10労民集14巻6号1466頁，同控訴事件・広島高岡山支判昭43・5・31労民集19巻3号755頁，山陽新聞社事件・岡山地判昭45・6・10労民集21巻3号805頁，聖路加国際病院事件・東京地判昭51・2・4労判245号57頁．但し，聖路加病院控訴事件・東京高判昭54・1・30労判313号34頁．
[22] 仁丹テルモ事件・東京地判昭39・7・30労民集15巻4号877頁，中国電力事件・広島高判平元・10・23労判583号49頁，前掲注13)首都圏高速道路公団事件・東京地判，同控訴事件・東京高判平11・10・28判時1721号155頁．
[23] 九十九里ホーム病院事件・千葉地判昭54・4・25労判333号72頁．
[24] 日本経済新聞社（記者HP）事件・東京地判平14・3・25労判827号91頁，東京高判平14・9・24労判844号87頁．

般に,必ずしも厳しい基準を適用していないようである。すなわち,真実と信じたことに全く裏づけを欠いている場合や調査すれば容易にできたのに,全く事実確認しなかったような場合には,真実と信じる相当の理由はないとしている[25]。そして,後述の通り,労働者が正確な証拠資料を適法な形で得ることが困難であることに鑑みれば,真実と信じたことの相当性を過度に厳格に解すべきではないと思われる。

4 内部通報の必要性

　内部告発が許容されるためには,労働者は事前に企業内部に通報することを要するか。この点に関して,判例は,比較的最近までは,内部通報の必要性を議論してこなかったが,個々の労働者の内部告発に関する事件が増加するにつれて,内部通報の必要性を明言する判例や明言こそしないが内部通告の有無を懲戒処分・解雇の有効性判断に結び付ける判例等が増加してきている[26]。前者の例として,前掲群英学園(解雇)事件東京高判は「内部の検討諸機関に調査検討を求める等の手順を踏むべきであり,こうした手順を捨象していきなりマスコミ等を通じて外部へ公表する」行為は「信頼関係に基づく誠実義務に違背する」とし,前掲首都圏高速道路公団事件東京地判は「従業員が内部で努力するもその状態が改善されない場合」は監督官庁やマスコミ等に通報しても責任を問われないとしている。

　内部通報の必要性の法的根拠は東京高裁が示した労働者が雇用契約上負っている誠実義務にあるということができる。すなわち,一定の管理職を除き労働者が一般に雇用契約上の誠実義務として他の従業員の不当な行為を使用者に通報する義務を有しているとはいえないとしても[27],使用者の不利益となり得る内部告発をするには,その前提として内部通報する必要があるといえる。したが

---

25) 前掲注17)群英学園(解雇)事件・東京高判,前掲注22)中国電力事件・広島高判,甲南学園事件・大阪高判平10・11・26判757号59頁,梅檀学園(東北福祉大学)事件・仙台地判平9・7・15労判724号34頁。

26) 前掲注10)医療法人思誠会(富里病院)事件・東京地判,前掲注8)大阪いずみ市民生協(内部告発)事件・大阪地堺支判。

27) 富士重工事件・最三小判昭52・12・13民集31巻7号1037頁。

って，内部通告を欠く内部告発は，原則として，その態様において不当ということになる。その典型的な例外は，法律が特に労働者に法令違反の事実を特定の行政機関に対して申告する権利を与えている場合である[28]。また，法律が国民に特定の行政機関への申告等を義務付けまたは奨励している場合[29]も[30]，やはり不当とはいえないと思われる[31]。これらの行為が不当でない以上，誠実義務違反はないことになる。さらに，これとは別に，当該労働者の業務がその企業の不正行為と直接結びついているような場合には，使用者は労働者をその不正行為に加担させていることになり，また，たとえそうとはいえないまでも労働者を適正な労働環境の下で働かす義務に違反していることになる。したがって，このような場合，少なくとも，労働者の監督官庁への内部告発は，内部通告を欠いたとしても，使用者が誠実義務違反を問うことはできないというべきである[32]。

のみならず，その内部告発の対象事実の性格や労働者が置かれている状況を無視して，常に，内部通報を要求することは妥当ではない。労働者が内部通告なしに内部告発せざるを得ないと判断することに相当の理由を有する場合は，「やむことを得ずなされたもの」としてその違法性が阻却されるというべきである。まず，人の生命または身体に危害を及ぼす急迫の危険があるような例外的な場合がやむことを得ざる場合に該当することはいうまでもない。また，内部通報の必要性は，あくまでも，企業内で内部通報が有効に機能するとの労働者の信頼の存在を前提にしなければならない。したがって，例えば，企業の中枢が公益に反する行為に関与しまたはそれを認識している場合には，通常，労働者が内部通報は困難と判断するのは相当な理由があるというべきである[33]。そうでなく，一部の労働者が秘密裏にそうした行為をしている場合には，一応，

---

28) 労働法の分野で労基法104条，労安法97条，賃確法14条，家内労働法32条，派遣法49条の3等。他の分野でも，例えば，原子炉等規制法66条の4等がある。
29) 児童虐待防止法5条。公務員に関する刑事訴訟法239条2項の規定も参照。
30) 刑事訴訟法239条1項，独禁法45条，JAS法21条，工業標準化法21条等。
31) 前掲注28)から30)までに関しては，大内伸哉ほか『コンプライアンスと内部告発』（日本労務研究会，2004年）55-70頁（竹地潔執筆）が詳しい。
32) 岩出・前掲注3)論文，121頁。
33) 前掲注11)吉沢学園事件・広島地判，前掲注8)大阪いずみ市民生協（内部告発）事件・大阪地堺支判。

内部通報による解決の可能性があるといえる。しかし，それも諸状況に照らして，内部通報をしないことがやむを得なかったか否かが判断されるべきである。したがって，ヘルプラインが社外の弁護士等独立性の保障されている者が受け付けるような場合はともかくとしても，ヘルプラインなどがあるから当然にそれを通さなければならないということにはならず，労働者が内部手続を信頼できないと信じることに相当の理由があれば，内部手続を踏まなくとも違法とはいえないことになる。同様の観点から，労働者が内部手続を踏んだのに会社が十分に対応しない場合に内部告発を行っても問責されるべきではない。

5 告発先

企業の公益に反する事実につき労働者の内部告発を許容するならば，その労働者が当該事項に監督権限を有する行政機関に対し告発を行うことは許容されなければならない。法律がその行政上の監督権限を与えているのであるから，その行政機関が問題を公正かつ適切に処理し公益目的をよりよく達成できるはずであるし，そうした告発が使用者に不当な損害を与える可能性も少ないと考えられるからである。[34]また通常の労働者にとっては，どこが監督行政機関かを正確に判断するのはしばしば困難であろう。そして，告発を受けた行政機関が当該告発を不当に取り扱うとは考え難く，通常，適切な監督行政機関を当該労働者に告知し，または，そこに当該告発事項を連絡することもできるから，監督権限を有する行政機関か否かを厳密に考えるべきではない。したがって，労働者が監督官庁であると信じる相当な理由がある場合は，内部告発の手段の不当性を肯定できないというべきである。

では，行政機関以外の第三者に告発する場合はどうか。場合によっては，行政機関への内部告発とともにまたは単独に，他の第三者に内部告発することが不当といえない場合がある。例えば，株式会社・協同組合内の不正会計等については，その一次的なステークホルダーである株主や組合総代に内部告発することは，企業の自己浄化にもつながり不当とすることはできないであろう。[35]し

---

34) 前掲注10)医療法人思誠会（富里病院）事件・東京地判。
35) 前掲注8)大阪いずみ市民生協（内部告発）事件・大阪地堺支判。

かし，その他の第三者，すなわち，顧客一般，地域住民，消費者団体，新聞あるいは週刊誌等に内部告発することは，その強弱には差があるものの，通常，企業に不測の損害を与える恐れがあるので不当な内部告発の仕方であると考えられる。しかし，その対象事実の公益上の重大性と緊急性の程度，企業の不利益の程度，当該告発先による問題是正可能性，告発経緯を中心とする諸事情を考慮して，必要性と法益衡量に基づき当該内部告発が「やむを得ず行われたもの」といえる場合は，なお，その違法性を阻却されるものと考えるべきである。裁判所の取扱いもこれに近いものと思われる。例えば，地方大衆紙が地方政治家と結託して地域住民し対して虚偽の報道をしている場合には，直接または他のメディアを通じて地域住民に内部告発するしかないであろう[36]。また，重大な商品の危険性や環境汚染の問題は，主務官庁のみならず，広く消費者や地域住民を対象とすることが認められるべきである[37]。しかし，すでに所轄官庁に内部告発をした後に自己の訴訟に関する和解交渉継続中，地域住民へ同じ不正行為の内部告発をすることは目的の疑義の点から誠実義務違反とされる可能性がある[38]。

6 匿名の告発

内部告発が匿名で行われた場合，その告発の正当性に何らかの影響が出てくるだろうか。内部告発を匿名で行えば，一般に，当該告発の真偽や公益目的が疑われることになる。したがって，匿名で行う内部告発の多くは，内部通報ができない事情がある場合であると思われる。例えば，前掲大阪いずみ生協（内部告発）事件で，大阪地裁堺支部は，告発者が氏名を明かせば弾圧や処分を受けることは容易に想像され，また被告発者が告発前に批判を許さない態度を示していたような場合には匿名による告発もやむを得ないと述べた。内部通報ができないような企業内の事情が認められる場合には，匿名での内部告発は違法性阻却に影響を与えないというべきである。

36) 前掲注21)山陽新聞社仮処分事件・岡山地決，同控訴事件・広島高岡山支判。
37) 日本計算機事件・京都地峰山支判昭46・3・10労民集22巻2号187頁，前掲注22)中国電力事件・広島高判。
38) 毅峰会（吉田病院・賃金請求）事件・大阪地判平11・10・29労判777号54頁。

7 機密資料の取得・開示

　反社会的な事実の情報は法的保護に値しないが[39]，その事実を証明するための情報の中に法的保護に値する企業秘密がある場合は内部告発目的で取得・開示しても守秘義務違反となり，またその取得の仕方によっては企業秩序違反が問題となり得る[40]。例えば，ホスト・コンピュータにアクセスして最高機密に当たる顧客信用情報を持ち出し国会議員秘書および県警に提出した宮崎信用金庫事件では，一審がその秘密文書取得行為は懲戒解雇事由たる「窃盗」に当たり不正摘発目的でも顧客の信用情報にアクセス・探索することは正当行為と評価できないとして懲戒解雇の効力を肯定した。しかし，控訴審は，当該文書の財産的価値はさしたるものではなく，記載内容を外部に漏らさない限り実害はなく窃盗罪として処罰される程度に悪質ではないから「窃盗」には当たらないとした[41]。また，役員室で管理するフロッピーを無断使用し他の従業員の私物の鞄の中まで漁るなどまでして不正支出に関する各種文書を複写して持ち出した資料で作成した告発状を生協の総代等の関係者に送付した前掲大阪いずみ生協事件では，その文書が当該内部告発に不可欠であること，文書の財産的価値がさほど高くなく，しかも，原本取得ではないから直ちに生協に被害を及ぼさないので，危害目的に用いたり不用意にその内容を漏洩したりしない限りその取得行為によって当該内部告発自体が不相当になるとはいえないとした。これらの判例は，アクセス・取得の方法，文書の不可欠性，文書の財産的価値および実害を判断材料としている。

　内部告発目的の取得資料の開示については，前掲医療法人毅峰会事件は，病院職員が違法な保険請求の疑いがある場合において，医療保険に関わる行政機関との約束に基づいてカルテおよびレセプトのコピーを根拠資料として提出したことおよび根拠資料の提出を禁じると具体性ある内部告発は不可能になることを重視し，また，前掲医療法人思誠会（富里病院）事件は，乱療の疑いが強

39）　小野昌延『不正競争防止法概説』（有斐閣，1994年）201頁。
40）　なお，刑法との関係では，窃盗罪，横領罪等の構成要件に該当すれば，あとは一般の違法性阻却原理の問題となる。西山記者事件・最一小判昭53・5・31刑集32巻3号457頁等。
41）　宮崎地判平12・9・25労判833号55頁，同控訴事件・福岡高宮崎支判平14・7・2労判833号48頁。

く，患者の生命や身体に直接かかわる問題で，病院に当該医師の指導改善を上申したのにその指導改善がされず，保健所による指導改善を期待して当該医師の検査報告書のコピーおよびカルテのメモを保健所に提出したという背景を重視して，労働者の守秘義務違反を否定した。これらの判例は，当該証拠資料の開示先，開示に至る経緯，開示の不可欠性を判断材料としている。

　労働者が権限なくまたは不当な手段により企業秘密等の証拠資料を取得・開示することは不当な取得・開示であるから，原則として，誠実義務または守秘義務違反を構成する。しかし，内部告発のために「やむを得ず行われたもの」といえる場合は，違法性が阻却されると考えられる。そのためには，他にとり得るより適切な手段・方法がなかったことや証拠隠滅の恐れがあったことなどが必要とされると思われる。それに加え，保護されるべき公益と当該資料の企業にとっての価値の衡量がなされなければならない。したがって，例えば，持ち出された資料が内部告発に不可欠でありかつ秘密の価値が低い場合は，その持ち出し行為は「やむを得ず行われたもの」といいやすい。反対に，信金の職員がその役員の不正融資を内部告発するために最高機密たる顧客融資情報（信金の顧客の個人情報）を不当に取得したような場合，当該情報は不可欠とはいえても，その告発対象事実の重大性と企業の信用喪失の重大性の均衡からみて違法性を阻却することには問題があると思われる。結局，守秘義務違反を理由とする懲戒処分・解雇の相当性は，その告発対象事実の重大性・緊急性，当該企業の実質的および蓋然的な不利益の程度，取得方法，開示先，取得・開示の経緯等を考慮して，当該資料の取得・開示の必要性と法益の衡量により決するべきこととなる。

Ⅳ　新法の功罪

　新法は，審議会および検討委員会の報告書からみると，最低限度の通報者保護ルールを明確化することにより，企業の法令遵守（自己浄化）を促進し行政の監視機能を補完して，消費者被害を防止する目的を有するものとみることができる[42]。そうした目的を達成するため，新法が現行の法制ないし一般法理に何

シンポジウム（報告⑤）

を加えたといえるのかを以下に検討したい。

　第一に，新法は，派遣労働者の派遣先に関する内部告発を行ったことを理由として，派遣先が行う当該派遣契約の解除を無効とし（4条），または派遣元に当該派遣労働者の交代を求めるなどの不利益な取扱いを行うことを禁止した（5条2項）。また，派遣先または契約事業先に関する内部告発を行った場合にも労働者は雇用元から解雇その他の不利益取扱いを受けない（3条および5条1項）。これらの規定がなくても，一般法理から当然に同様の法的効果を導き出せるとは言い難いので，その効果を明文の規定で定めたのは有意義である。ただ，退職者，役員，下請け業者等に対する保護を定めるに至らず，その保護は労働基準法上の労働者に限定されている。また，新法は，保護対象とされる内部告発を行った者に対する解雇以外の事実行為としての不利益取扱いを禁止したという点は評価できるが，罰則や行政救済を設けてはいない。また，保護対象とされる内部告発に関しては，内部通報がなく直接的に権限ある行政機関にもっていけるとしたことは，一般法理上，当然とはいえなかった内部告発の仕方に明確な保護を与えたものと評価できる。

　第二に，新法が保護の対象とする内部告発は，最終的に刑罰によりその実効性が担保されている法令違反に関する事実を対象とし，しかも，その法令は別表に掲げる法律の他，「国民の生命，身体，財産その他の利益の保護にかかわる法律として政令」で指定する法令に限定されている（別表8号）。また，保護される内部告発の内容は，「事実が生じ，又はまさに生じようとしていると信じるに足りる相当な理由」が存する場合に限定され，通報対象事実の切迫性と蓋然性の高いことが要件とされている（3条2号および3号）。新法は，また，内部告発先を厳格に限定している。すなわち，労務提供先への内部通報を別にすると，告発先は権限ある行政機関とその他の第三者に分けられ，右の行政機関以外の第三者（権限のない行政機関を含む）への内部告発は，通報対象事実の「発生又はこれによる被害の拡大を防止するために必要であると認められる者に対して」，かつ，法定された5つの条件の下でのみなし得るに過ぎない（3

---

42) 国民生活審議会消費者政策部会「21世紀型の消費者政策のあり方について―中間報告」および公益通報者保護制度検討委員会「公益通報者保護制度の具体的内容について」。

条3号)。これらの規定は，前述した新法の立法趣旨からすればやむを得ないものといえないことはない。しかし，新法がその第6条において他の法令の定める不利益取扱い規定および労基法18条の2の適用を排除しないという規定をおいたからといって，労働者が一般法理によって，新法に規定された場合以外にも保護される可能性があることを当然に知り得ると考えるのは妥当ではない。したがって，新法が内部告発者保護の最低限度を明確に示すとの趣旨であれば，むしろ，内部告発者保護のための包括的な判断枠組みを示した上で，明らかに保護される場合を例示する方がよかったのではないかと思われる。少なくとも，労働者が規定された要件を満足しなければ保護されないかのような印象を払拭する必要がある。法律の名称にもかかわらず，労働者保護の側面が極めて希薄であることを示している。

第三に，新法は，内部告発者が他人の正当な利益または公共の利益を害することがないように努力する義務を課して（8条)，告発の仕方が個人情報漏洩などを通じ，企業や公益侵害にならないように求めているが，それ以上に内部告発に伴う企業秘密の取得・開示の問題について具体的な規定をおいていない。これについては，全く裁判所の判断に委ねられたままといえる。また，立証責任の点においても，新法は何らの特別の規定をおかず，保護対象を最終的に刑罰で実効性が担保されている法令違反に限定していることを前提にすると，何らかの措置を講じる必要がある。これらの点からみると，新法の規定は保護の最低限度を示す趣旨としても自己完結性に欠けている。

以上のことから，新法は，内部告発が保護される場合を明文化し内部告発の行為規範性を強化したことおよび前述の諸点において評価できるものの，内部告発者保護のための包括的な判断枠組みも示さないまま保護対象の内部告発を極度に限定したため，新法が対象としない内部告発を抑制してしまう恐れがある。

V　おわりに

本稿の考察によれば，内部告発者の法的保護は，企業活動の公共の福祉によ

る制約という観点から労働契約上の使用者の懲戒権と解雇権を限定的に解釈することによって，従来の判例実務と大きな齟齬のない妥当な解決を図ることが可能である。わが国においては，もともと，懲戒権や解雇権の行使は濫用にわたることができないという法理により，使用者の懲戒処分や解雇が客観的に合理的な理由を欠きまたは社会通念上相当として是認できない場合は，懲戒権または解雇権の濫用として無効になる。したがって，随意解雇が原則であるアメリカ[43]や規制がゆるく不十分な救済しか与えない不公正解雇制度しかなかったイギリス[44]とは，内部告発者保護の立法を行うための法制上の基盤が大きく異なっている。特に，米英両国では復職を確保するためには，特別の立法上の措置が不可欠であったといえる。これに対し，わが国では，本稿で検討したように，今日までに蓄積されてきた裁判実務に則して内部告発の一般法理が確立すれば，労働者の救済面では立法に依拠する必要性は両国に比べて格段に小さい[45]。したがって，わが国における立法の介入は，新法の内容を発展させ内部告発に関するより包括的な労使の行為規範を提示する役割に徹するか，あるいは反対に，アメリカの立法例にあるように，企業の側に一定の法令のコンプライアンスを励行させるため，告発者の保護にとどまらない不正行為是正の行政措置や手続を課する[46]という方向を目指すべきことになろう。後者の方向は個別法で行うのが筋だとすれば，新法は，その施行から5年後に予定されている見直し（附則2条）において前者の方向での再検討が必要と思われる。

（こみや　ふみと）

---

[43] 山川隆一「アメリカ合衆国における『内部告発（whistleblowing)』の法的保護」労旬1552号52頁以下等。
[44] 國武英生「イギリスにおける公益情報開示法の形成と展開」北大法学研究科ジュニア・リサーチ・ジャーナル9号1頁以下等。
[45] 司法手続の実効性が問題ではあるが，この点は労働審判制度の実施などに期待できる。
[46] 山川・前掲注43)論文参照。また，この方向からの内部告発法の設計を提案するものとして，阿部泰隆『内部告発「ホイッスルブロウァー」の法的設計』（信山社，2003年）。

《シンポジウムの記録》
情報と労働法

1　総論

● 情報の平等

毛塚勝利（司会＝中央大学）　それではシンポジウムを開催いたします。皆さんからたくさんのご質問をいただいております。報告の順番に沿いまして，島田会員に対する質疑から始めたいと思います。東京大学の濱口会員から「労働者から使用者への情報提供と，使用者から労働者への情報提供とのバランスないしトレードオフをどう考えるのか」というご質問です。

島田陽一（早稲田大学）　ご質問ありがとうございました。私は報告でお話をしましたように，労働法における情報の自由という観点から考えると，情報の平等が，情報の自由を実現する前提であると言いました。そして，労使関係においては情報が極めて不平等な状態にあるということを認識の出発点としなければならないと思います。

したがいまして，労働者の使用者に対する情報提供と，使用者から労働者に対する情報提供とが，バランスのとれた平等な関係になる方向で議論を組み立てなければならないし，あるいは制度的な措置を考えていくべきだと考えています。

労働者につきましては，当然，使用者に対して情報提供を強いられている側面がありますので，現代ではプライバシーの保護，自己情報に対するコントロール，この視点から主として問題を考えていくべきであろうと思います。また，使用者から労働者への情報提供については，労働者が必要な情報を得ることのできない構造的な問題があるので，このことに対してはその点を修正して，使用者から労働者へ必要な雇用・労働条件情報，あるいは経営情報が伝達するようにしなければならないと考えております。

これで，濱口会員の質問に対するお答えになったかどうか分かりませんが，もしご意見があれば頂戴したいと思います。

● 企業組織に対する労働者のインサイダー性・アウトサイダー性と情報

毛塚（司会）　それでは，濱口会員，ただ今のお答えに対してご意見があれば付言をしていただき，続いて「労働者のインサイダー性を強調することと，アウトサイダー性を強調することの間に矛盾は生じないか」という第2の質問について少しご説明をお願いいたします。

濱口桂一郎（東京大学）　二つに分けていただいたのですが同じことなのです。要は，企業と労働者との関係を考えたときに，企業組織の一員であることに着目して，それなるが故にこういった義務や権利がある

という議論の立て方をする方向と，自立があるということを前提としてこういう権利や義務があるという方向のいずれもありうると思いますが，そのバランスが必要だろうと思うのです。

　私がちょっと気になったのは，個別の議論において，ある領域では一方がより強調され，他方の領域では別の方向が強調されることのバランスが取れているかどうかという点でございます。全体論としてはまさにおっしゃる通りだと思うのですが，その辺のことがちょっと気になったものですから。

　島田　どうもありがとうございます。ご趣旨はよく分かりました。私はその点に関しては，情報化が問題になる以前は，全体としては企業が共同体的に把握されていて，労働関係も契約関係というよりは，共同体の成員と考えられていたように思います。したがいまして，労使双方の自立という観念は非常に弱かったと考えております。それが，情報化が進展してくると，報告で申し上げましたように，労使双方が自立した主体として情報を判断していくという状況が多くなってまいります。そこで，労働関係や企業組織の中に市場原理が浸透してきて，そういう意味では先生がおっしゃられるアウトサイダー性が強調される側面が強くなるのだろうと思います。

　ただ，労働関係を考えるときに，いわば市場原理だけで問題を考えていっていいかというと，実はそうではなくて，企業という組織性が残ることを忘れてはならないでしょう。そうなると，実は他方では企業の成員としての情報アクセスという側面が重要になってきます。おっしゃられたように，いわば市場原理からくる情報主体としての他者性の側面と，同時に企業の成員としての側面をどのように調整していくかということがまさに今後の課題だろうと思います。

　特に，後者の企業の成員という側面に関しましては，実は情報という観点からだけでは必ずしも解けない問題があります。竹地会員は労働条件情報を中心にお話をされたわけですが，私はさらに経営情報ということになると，企業という組織の中で，労働者あるいは従業員が株主とは異なる意味でいかなるステークホルダーといえるのか。この点を解明することによって，今後の労働関係に関するバランスの取れた構成が可能になるのではないかと考えております。ですから，情報という視点だけを強調しているとその側面が抜け落ちていくのではないかと考えております。その点では，むしろ濱口会員のご業績に学んでいるわけですが，ヨーロッパが労使協議制を労働法制の中に組み込んでいることが重要な示唆となると思っております。つまり，その法的根拠としての企業の成員としての権利というアプローチは，日本の労働法も学んでいかなければいけない点ではないかと考えております。

　毛塚（司会）　総論報告について事前にご質問をいただいているのは濱口会員のみです。会場のほうからご発言がございますか。もし特段ないようでしたら，各論報告に沢山ご質問をいただいておりますので，そちらに移らせていただきます。島田会員

には後のまとめでまた質問を向けていただきたいと思います。

2 企業の財産的情報と労働契約

● 退職後の秘密保持義務と競業避止義務

毛塚（司会） 石橋会員の報告に関しましては，まず，弁護士の宮里会員のほうから退職後の秘密保持義務に関して，「退職後の秘密保持義務は就業規則または特約による場合であっても，職業選択の自由との関係から合理的なものでなければならないと考えられるが，合理的と言えるかどうかの最も重要な判断基準は，秘密保持義務を負う期間ではないか。報告では期間規制についての言及はなかったが，秘密の範囲などについて労使の対立が予想されることからすると，職業選択の自由の保障，業務からの解放による不安定な地位の解消という点から考えると，期間規制が最も重要であり，期間を定めない就業規則や特約は合理的規制を超えるものとして無効と返すべきであると考えるが，どうか」というご質問をいただいております。

石橋洋（熊本大学） 今の宮里会員からのご質問は，私も「その通りだ」と思っております。私の報告の中で，情報の財としての性格に触れた折に，情報という財が時間の経過，あるいは公然化，公知化によって秘密保持の価値が大きく損なわれたり喪失されたりするという指摘をいたしました。

その際に，期間のことについても少し触れまして，情報という財の賞味期限が今日では非常に限られていることもございましょうし，秘密保持義務によって担保される法益性がなくなってしまうならばといいましょうか，賞味期限が切れたならばといいましょうか，こうした場合には当然に秘密保持義務特約は消滅，あるいは無効になると考えております。

必ずしも期間を2年なり3年なりと決めたからといって，その期間中有効であると考えているわけではなくて，使用者の財産的情報が法益性を喪失したならば，仮に期間を定めている場合にも，期間以前であっても，秘密保持特約は消滅すると考えております。最後に，秘密保持義務の期間を定めていない就業規則や特約の効力をどう考えるのかですが，期間の定められていないことだけで秘密保持義務を無効と考える必要はなく，営業秘密ないし機密情報については秘密保持に値する法益性が存続する期間は秘密保持義務の効力を肯定的に理解してよいのではないかと考えております。以上です。

毛塚（司会） 続きまして，三洋ヒューマンネットワーク所属の小原緑さんのほうから「労働者の退職後の競業避止義務に関して，代償措置の有無が特約の有効性判断の要件となるとのことでしたが，例えばドイツやイタリアに見られるように，代償措置を立法によって義務付ける方向も考えられるかと思うが，どうか」というご質問をいただいております。

石橋 はい。ご質問ありがとうございます。私も代償措置を立法によって義務付ける可能性はあり得るだろうと考えております。ただ私が本日報告いたしましたよう

に，秘密保持義務に加えて退職後の競業避止特約が登場し，有効と考えられるのは，使用者の財産的情報と労働者の職業能力としての情報財とが混然一体として見分けがつかない場合ということになります。ですので，代償措置が問題になるのも，あるいは立法化されるのもそういった場合と考えております。以上です。

毛塚（司会） 　続いて，名古屋大学の和田会員のご質問ですが，第1点は「石橋報告の問題趣旨からすると，どうして秘密保持義務と分けて競業避止義務を論ずる必要があるのか」というものですが，和田会員，簡単にご質問の趣旨を補足していただけますか。

和田肇（名古屋大学） 　営業秘密と競業避止義務の類型のところに西谷先生の説があるということを言われて，営業秘密との関係で競業避止義務を問題にしています。競業避止義務を一般的に問題にするのでしたら，情報とか営業秘密の関係が出てこないのですけれども，だとすると，営業秘密の保持と別枠で何か競業避止義務の問題を考える，情報との関係で考える領域があるのかどうかというのがよく分からなかったのです。競業避止義務と営業秘密はダブったりオーバーラップしない点があるのは分かりますけれども，こと，情報とか営業秘密の関係で言うならば，ほとんどが秘密保持義務の中に入ってしまうのではないか。

つまり，秘密保持は情報を漏らすだけではなくて，それを利用することも入っているものですから，そうすると競業避止義務として特に何か議論する必要性があるのか，そこら辺がどうもはっきりしなかったということで，はっきりさせていただければというのが質問の趣旨です。

石橋 　なるほど。ありがとうございます。今日の私の報告の最も肝心な部分かと思われます。繰り返しになりますけれども，競業避止義務が問題になる財産的情報として，使用者の営業秘密とか，営業秘密と同等の保護に価する情報，あるいはその他の機密情報という三つの財産的情報の枠を考えたわけです。それと競業避止義務との関係をどう捕まえていくのかということなのかもしれません。

今，和田会員がおっしゃったように，もちろん今言った情報を労働者に漏洩させないようにするために，使用者は秘密保持特約を誓約書あるいは就業規則の中で定めることになるでしょうから，それによってすべてがカバーされるのかというと私の感じではそうではなくて，むしろ情報というものが無体物であり，しかも排他性がないこともあるのでしょうけれども，使用者から示された情報であったにしても，それが労働者が加工あるいは創造することによって，使用者の情報か労働者の情報か分からなくなってしまう。

こういうふうに分からなくなってしまった場合には，例えば使用者が営業秘密を守るとしましても，営業秘密と同等の保護に価する情報を守るにしましても，秘密保持義務では十分ではないのではないか。つまり，そういう混在した状況がある場合にこそ，競業避止特約が生きてくるのではないかと考えたということでございます。

● 「情報」の財としての性格

毛塚（司会）　よろしゅうございますか。和田会員のもう一つのご質問は、「情報財としての性格を従来の議論では念頭に置いていなかったのか」というものです。ご質問の趣旨が明確ですので、直接お答えをお願いいたします。

石橋　私の理解が間違っていると言われるとそれまでかと思うのですけれども、従来の学説や裁判例でも、確かに断片的にと言いますか、散発的にと言いますか、情報の「財」としての性格に触れるものはあると思います。だけれども、それを「情報」の財としての性格という、あるいは特質というかたちで正面から打ち出して秘密保持義務や競業避止義務を論じた学説、あるいは裁判例はなかったのではないかという認識でもってお話しさせていただきました。もしもそういったものがありましたならば、私の不勉強ということになります。教えていただければと思うわけですがいかがでしょうか。

毛塚（司会）　ではどうぞ、和田会員。

和田　もしそうなってくると、逆に言うと、情報の財としてとらえることが新たな何か資格を与えるのかどうか。従来ですと、恐らく企業の秘密、営業秘密の保護ということで、これはやはりそれ自身は財ですね。それを情報の財ととらえなかっただけで、しかし財としてはとらえているわけです。情報の財ととらえることによって何か新しい資格が出てくるのかどうかが私にはちょっと分からなかったものですから、その点をご質問したかったわけです。

石橋　失礼いたしました。その点で考えていきますと、情報という財が有体物とは異なって、まず排他的に占有できない。そういった側面が従来十分考えられていたのかということですし、無体性の問題を十分考えていたのかということでして、例えば無体性の問題につきましても私は特定ということで触れたのですけれども、特定というだけでは言い尽くせない部分があったので、明認という言い方をさせていただきましたけれども、そういう観点からのアプローチが十分になされていなかったのではないかということです。

情報が財であることは、この点はこれまでも秘密保持、あるいは競業避止義務の中でも十分認識されてきたと思うのですけれども、情報の性格または特質というアプローチからは十分ではなかったのではないかということなのですが、いかがでしょうか。

毛塚（司会）　石橋報告は情報の財の三つの特性を引き出すことによって、従来にはない視点で制約の論理をご呈示になったと受け止めているのですが。はい、島田会員どうぞ。

島田　石橋会員と全く同じとらえ方をしているかどうか分からないのですが、今、和田会員がご質問された点が大変重要なポイントだと思います。「情報という視角が何を提供するのか」ということの関係で言うと、石橋会員の報告の中では、営業秘密というような部分だけではなくて、そこに至らない、労働者が労働を通じて得た情報とか、労働者自身が生産していく情報、つまり石橋会員の報告の中ではどちらが所有

シンポジウムの記録

しているのか必ずしも分からない，ある種の共有状態にあるような情報があるとされています。この種の情報を例えば労働者の退職後にどのように処理するのかという問題について，財産としての情報という視点から議論しようとしたところに石橋会員の報告の特徴があったのではないかと理解しております。

● 退職後の特約上の秘密保持義務と信義則上の秘密保持義務

毛塚（司会） それでは続きまして，同志社大学の土田会員から石橋会員に対してご質問が寄せられております。土田会員，趣旨をご説明いただけますか。

土田道夫（同志社大学） 営業秘密ないし機密情報と，それから労働者自身の情報財が区分可能な場合には秘密保持義務で担保可能だから退職後の競業避止義務は無効であり，逆に区分ができない場合には競業避止義務という義務形態を取り得るというご趣旨のご報告があったかと思うのですが，まずそういう理解でいいのかということです。

もしそうであれば，私も基本的に賛成ですが，いったいこの二つの場合，区分可能な場合とそうでない場合をどのように区別するのかという質問です。仮にこれも秘密の特定の有無ということで両者のケースを区別するということだとすると，退職後の秘密保持義務について，信義則によって退職後も義務が残存するというもう一つのご報告とは整合しなくなるのではないか。もし秘密の特定性で区別するのであれば，そ

のための根拠として，何らかの特約が必要になってくるのではないでしょうか。

別の言い方をしますと，情報財という観点から議論をすると，結局何が妥当な方向かといえば，情報財を明確に特定して，特定すれば保護される。されなければそれは保護に値しないという資格が入ってきてもいいと思うのです。もし信義則上の秘密保持義務を退職後についても認めてしまうと，職業選択の自由ということもありますけれども，情報財なり情報の保護という観点からしたときに少し逆の方向に行かないか。

そういう情報を保護したければ，きちんと特定して，契約を結んで退職後も保護するという企業行動のインセンティブになるような解釈のほうが，情報財の保護という点に適合的ではないかという気がしたものですから，そういう趣旨の質問です。

石橋 はい，分かりました。的確なご指摘をありがとうございます。まず，第1点についてですけれども，使用者の財産的情報と労働者の情報財とが区分可能かどうかという観点から，もしも区分可能ならば，競業避止義務は無効。そして，区分し得ない場合に有効という点は，今，土田会員がお話しされた通りのご理解でよろしいかと思います。

第2点について，どうやって区分するのかという点ですけれども，これについては明示の特定が必要であると理解しております。そして，これは第3点にかかわると思いますけれども，今，土田会員がご指摘になったことというのは，僕自身も「さて，どうしようか」と悩んだところなのです。

信義則上の秘密保持義務が退職後も残存することを従来の学説とは違って認めていったわけですけれども、その際にやはり信義則上であっても特定が必要ではないのかという議論はごもっともでして、私もその点をどう理解していくのかと考えたわけです。

やはり、先程、明示の特定と言いましたのも、情報という財が無体物であることから、どこまでが自分の財産だということを使用者が特定しない限り、それは使用者の財産であると考えられないという観点から考えていきますと、信義則の場合には、退職後であっても在職中に従業員の間で使用者の財であるということが認識されている必要がある。そして、在職中認識されていたこととのかかわりで、退職後においてもそういった状況が変わらない場合には、私は明示の特定ほど明確とは言えないのかもしれませんけれども、信義則上の秘密保持義務が退職後も残存すると考えていってもいいのではないかと考えた次第ですが、この辺はご異論もあることは重々承知しております。

● 秘密保持義務と競業避止義務との関係

毛塚（司会） 先程の和田会員のご質問と共通するかと思いますが、九州大学大学院の龔敏（キョウビン）さんから「労働契約上の秘密保持義務と競業避止義務の関係についてどのように整理すればよいのでしょうか。競業避止義務は秘密保持義務から派生したその一環たる義務であるのか、それとも秘密保持義務が存在しないと考えられる場合でも、最低限として負うべき補完的な義務であるのか」ということです。

石橋 ただ今のご質問につきましては、今までの和田会員と土田会員からのご質問のところで、私としてはお話ししたかなということなのですけれども、確かに今日の私の報告が、秘密保持義務、競業避止義務について在職中、そして退職後、それが信義則上と特約による場合、あるいは就業規則による場合にということで、いろいろな場合を想定して考えていったものですから、分かりづらかった側面があるのかもしれません。その点は、パワーポイントなんかができたならば、きちんと整理してお示しすると分かりやすかったのかもしれません。

ただ、ここで全体について分かりやすく言っていこうとすると、図か何かを描いてお話ししないと分かりづらいと思います。そこで、先程のご質問については学会誌に掲載される論文をお読みいただくことでご容赦いただくこととして、ここでは簡単にだけお答えいたしますと、「競業避止義務は秘密保持義務から派生した義務の一環であるのか」ということですけれども、そうではないということですし、「それとも秘密保持義務が存在しないと考えられる場合でも、最低限として負うべき補完的な義務があるのか」ということですが、秘密保持のため以外に競業避止義務が認められる場合があるという意味では、これは「そうです」と言うことができます。

繰り返しになりますけれども、基本はやはり秘密保持義務で使用者の財産的情報がカバーされる場合に、さらに競業避止義務を加重することは、これはやはりあまりに

広範すぎる。広範すぎるという意味は，特に退職後を考えてみますと，職業選択の自由とのかかわりでこれを不当に侵害し，公序良俗に反して違法になるということだろうと考えております。

毛塚（司会） では，龔敏(キョウビン)さんには懇親会の席で個人的に話を進めていただきたいと思います。何か申し訳ございませんけれどもよろしいですか。続きまして，宮島会員からのご質問でございます。

● **企業秘密保護の刑事的側面**

宮島尚史（弁護士） ご報告の石橋会員の「項目レジュメ」が，学会当日の本日以前には示されないで当日の今はじめて示されたので，当方としてやや困惑しているところでした。以下簡潔に，質問と私見の一端を申すことが許されれば，以下の通りです。

第1に，現役従業者と退職者の企業秘密漏示については，刑法の改正の「準備草案」(1961年)から刑法学会第46回大会分科会(1973年)の，（少なくとも刑事罰は不当との）検討などを経て，「草案」(1974年)318条には残されたまま今日に至っているわけです。

第2に，この「第1」に述べたこととの関連において見なければならない不正競争防止法についてのご報告と資料は，1993年の同法の(大)改正から2004年の(大)改正に限定されたが，その1993年の同法の(大)改正の原形は，1990年の，企業秘密規制を同法にはじめて導入したところの，同法(大)改正にあったわけです。しかしここまでは，「改正刑法草案」318条まかせか，刑法学会の大勢を考慮したのか，不正競争防止法の企業秘密規制には特別の刑事罰法条はなく，広義の民事制裁のみでした。

第3に，不正競争防止法の，特に2004年（までの）改正で，特に転得者を含めて，「改正刑法草案」318条をこえて，同条を補強するような新刑事特別罰法条が同法14条の5号，6号として加入されたことはご報告の本日の資料の後半に示された通りです。

民事中心のご報告についての，当方のこの質問と拙見は，決してご報告に対しての側面攻撃ではなく，刑事罰の側面を伴奏として述べたわけですから，お答えいただかなくてもけっこうです（宮島尚史『労働・治安刑法論』参照）。

毛塚（司会） ありがとうございます。では石橋会員，どうぞ。

石橋 申し訳ございません。今回の報告では，先生のご指摘のように民事的側面に限って報告させていただきました。まだ刑事的側面についての重要な問題があることは重々承知しているのですけれども，ここで意見を言うまでの知識は持っておりません。申し訳ございませんが，この点につきましてはご容赦いただければと思いますし，私が論文を書くうえで，先生が何かご意見があるならば教えていただきたいと思いますがいかがでしょうか。

毛塚（司会） 事前に寄せられた質問は以上でございますが，会場の皆さんのほうから石橋報告に関してご質問がございましたら。よろしゅうございますか。

3 労働者による企業への情報アクセス

● 集団的情報アクセス権と個別的情報アクセス権

毛塚（司会） それでは続きまして、竹地報告の質疑に移ります。多々頂いていますが、まず濱口会員のほうから、「特に労働者代表ではなく、労働者個人に情報アクセス権を認める竹地説は、これによって情報共有者となった労働者の自由な行動を制約しないのか」というご質問が出ています。それでは、竹地会員お願いします。

竹地潔（富山大学） 労働者の情報アクセス権には、労働組合が交渉のレベルにおきまして行使する集団的情報アクセス権と、労働契約展開過程の各局面で保護される労働者個人の個別的情報アクセス権、つまり情報アクセスの利益とがあり、それぞれの権利は使用者の情報提供義務を介して実現されるわけでありますが、その結果としての使用者による情報提供の範囲、つまり種類と量は大きく異なります。

集団的情報アクセス権の場合、団体交渉の遂行にとって必要である全般的な情報提供を求めることができます。他方、個別的情報アクセス権は、労働契約展開過程の各局面における労働条件の変更等について十分な説明を受けるのを可能にすることを目的とし、その範囲での情報提供に限定され、何か労働組合と同じように交渉するために広範囲な情報提供を請求できるというものではありません。

さらに、事情によっては、労働者個人に対して経営・財務情報さえも提供すべき場合があると言いましたけれども、それは、例えば整理解雇などに際して、企業の苦しい状況などを従業員に知ってもらうための資料としてそれらを提供する程度ですので、いわゆる団体交渉レベルにおける情報提供とは相違すると考えております。したがいまして、労働者個人に情報アクセス権を認めたとしても、労働者の自由な行動を制約するとはいえないのではないでしょうか。ご理解のほどをよろしくお願いいたします。

毛塚（司会） 関連質問が逢見会員から寄せられています。逢見会員のご質問は「労働者による企業への情報アクセスについて、労働者の情報アクセス権に対する使用者の情報提供義務を一般的な義務概念とする考え方が示されましたが、それは団体交渉を通じた情報アクセスと、労働者による個別的アクセスに対し、優劣的な関係を持つものと考えるのか。具体的には、労働組合のある企業で、労働組合が企業に対し情報提供を団体交渉で求めている場合に、個別労働者が情報提供を求めてきたときには、労働組合への情報の提供を優先してできるのか。労働者個人にも、並行的にしなければならないのか。もし、労働者個人にも並行して提供する義務があるとすれば、それは団体交渉権の侵害となる恐れはないのか」というご質問です。どうぞ。

竹地 これにつきましても、優劣といったような、権利における、どちらが上か下かということは念頭に置いておりません。強いて言うならば、個別的情報アクセス権は集団的情報アクセス権を補完するといっ

た関係にあるのだろう。先ほどの濱口会員の質問に対する回答でも指摘しましたように，労働者個人の情報アクセス権という利益ですけれども，そういうものが認められる，つまり使用者の情報提供義務を介して認められるわけですが，労働者個人の受け取る情報の範囲は労働組合が団体交渉で取得する情報と同じようなものではありません。それぞれの雇用の展開過程のステージ，配転だったら配転，出向だったら出向，などのステージに応じて個々の労働者が必要とする情報を提供しなさいというまでで，労働組合を超えて何か個別に交渉するといったことを念頭に置いているわけではありません。

毛塚（司会）　今のお答えに関しまして濱口会員，逢見会員のほうからご発言ございましたらどうぞ。

逢見直人（UIゼンセン同盟）　会員の逢見です。今のご説明ですと，集団的情報アクセス権を補完するものとしての個別的情報アクセス権という説明でございましたけれども，最初の説明のところで，労働者の知る権利の保障という観点から現行の労働法をとらえ直し，企業の保有する雇用労働情報への労働者のアクセスを巡る問題についてということで，一般的な義務という結論を出されているので，そことの関係はどのようになっていますでしょうか。

竹地　レジュメにつきましては，今日お配りしたものに差し替えてもらうという前提で，報告をさせていただきました。そのため，学会通信とともにすでにお送りしたレジュメの一文を踏まえた，ご質問をい

ただきますと，当方といたしましては……。すみません。（笑い）

ちょっと誤解があるようなので，さらに説明させていただきます。個別的情報アクセス権というのは，無組合の企業ないし事業場とか，または有組合の企業でも組合がタッチできないような労働者個人特有の労働条件の決定ないし変更などにおいて，特に問題になるわけでありまして，何か労働組合の団体交渉を阻害するような情報のアクセスを求めるというものではありません。

また，逢見会員からいただいたご質問の中で，組合対個別労働者と記されており，個別労働者は多分組合員のことを指していると思いますが，組合員であるならば当然労働組合の統制権に服しており，仮に交渉の秩序を乱すような情報のアクセスを行おうとすればそれを禁ずることができましょう。

毛塚（司会）　島田会員どうぞ。

島田　今，逢見会員の言われた点は，今後大変重要な論点だと理解しております。この問題は，多分集団的な手段と個別的な手段との調整が必要なのではないだろうかと思っております。それぞれの国で団体交渉法制がどうなっていて，労使協議制あるいは従業員代表法制がどうなっているのかということによって，具体的なあり様は様々に変化してくるでしょう。

ただ，基本的な部分では，労働者が個人として有している，竹地報告によれば，知る権利なり，情報のアクセスがどうような回路を通じて実現されていくのが妥当なのか。またその法的根拠はどこに求めるのか

というところが，今後考えていかなければならない課題であると考えております。ただ従来のように，日本の労働法が当初想定していた憲法28条を根拠とする団体交渉法制だけを通じて，この問題を解決することができるかというと，必ずしもそうはならないのではないでしょうか。

そうなってくると，私の理解では企業の成員としての権利が重要となるでしょう。この場合にも，例えばヨーロッパでも必ずしも「個人の権利」というわけではなくて，従業員代表に対する情報提供の権利として保障されるという制度もあります。今後，具体的な制度につきましては，まさに逢見会員がご指摘いただいた点をどうバランス良く制度設計するかということを考えていかなければならないと思います。

● 情報提供義務の性格

毛塚（司会）　よろしゅうございますか。それでは続きまして，和田会員から竹地報告へのご質問ですが，第1点は，「団交における使用者の情報提供義務は，団交応諾仮処分申請が可能か」という質問です。和田会員，趣旨説明をお願いします。

和田　三つ出したのですけど，補助をさせていただきます。情報の対等性のための情報提供義務というアプローチは非常に面白くて私も賛成なのですけれども，今日話された中での情報提供義務ということが様々なレベルで出てきていて，例えば就業規則の作成・変更時の意見聴取のときの情報提供とか，労使協議の情報提供とか，労使協定の締結のための情報提供とか，個人的な情報提供という話があったのですが，それぞれ恐らく実体法上のレベルの権利義務の問題と，それから，その手続を踏まないと整理解雇のときに解雇対象者に対して説明をしたり協議をしたりしなければ解雇が無効になるという場合と少し違うのではないか。

それの区別がよく分からなかったものですから，情報提供義務等々について，どの場合にはどういう権利義務関係のレベルで出てくる問題なのかということをもう少し明らかにしていただきたいという意味で，1と2はちょっと重なっているのですけれども，それぞれ具体的な例なものですから，それに即して話していただければ結構です。

毛塚（司会）　情報提供義務の権利の性格あるいは義務の性格をどう理解するかということですが，竹地会員どうぞ。

竹地　集団的情報アクセス権に対応する使用者の情報提供義務につきましては，誠実交渉義務の中から情報提供義務だけを取り出して，それをもって，今まで誠実交渉義務との関連で扱われてきた団交レベルにおける情報提供の問題を処理しようと意図するものであります。

この着想は，道幸会員の誠実交渉義務論から得ました。つまり，それによりますと，誠実交渉義務違反の有無を判断するにあたり，使用者の情報提供義務がその判断のためのより客観的で有用な指標となりうると。今回このような観点から，集団的情報アクセス権を起点に，それに対応する使用者の情報提供義務を誠実交渉義務から取り出して，その内容ないし範囲等を確定するとい

うアプローチを問題提起させていただきました。

団交応諾仮処分申請の可能性につきましては，現在のところ直ちに可能性有りと言えません。今日の報告におきまして，そもそも労働者の情報アクセス権といった新たな権利概念を提案したこと自体について，「どこから降ってきたかわからない権利概念を持ち出して」といった非難を受けることは，すでに覚悟するところでございます。しかし，今回の報告をきっかけに，情報アクセス権という権利概念が多くの人々に認知され，みなさま方によって育てていただけるならば，やがて，それは確固たる権利概念に成長し，団交応諾仮処分申請が可能となる可能性も十分にありましょう。

次に，過半数代表等への情報提供について説明いたします。過半数代表制等を通じた情報のやり取りないし交換が活発であることは周知の事実ですが，そのような情報の交換をめぐる権利義務関係が非常に不明確であります。それを明確にしようという意図で，現行法内の諸規定を拠り所にして，例えば，就業規則の作成・変更に際しての使用者の意見聴取義務から，使用者の過半数代表への情報提供義務等を導き出すことができないか，につきまして検討させていただきました。

過半数代表の任務ないし法的性格論につきましては，いろいろな議論がありますが，西谷会員の説に従うならば，過半数代表の任務は，事業場内の労働者の多数意見の集約または確認であります。つまり，就業規則の作成・変更に際して意見を表明すると

き，または各種の労使協定を締結するとき，過半数代表は事前に労働者の多数意見を集約または確認することが求められるわけであります。そして，そもそもその前提として，例えば就業規則の変更であるならば，そのことにつきまして労働者間になにがしかの意見が形成される必要があり，そのためには，当該変更について過半数代表ばかりではなく，労働者一般に対しても諸々の情報が提供され，説明されることが不可欠であります。

このことを踏まえて，まず，過半数代表への情報提供義務を使用者に課します。とはいえ，過半数代表が過半数組合であるならば，使用者から提供された情報を職場の人々に十分に伝えることが可能かもしれませんが，過半数代表者の場合は，そのような情報の伝達は不可能ないし困難でありましょう。したがって，例えば就業規則の変更等において，その意見聴取の前提として，過半数代表だけではなく事業場内の労働者一般に対しても，情報を提供し説明しなければならない義務を，使用者に負わせる必要があることを示しました。

このように，それぞれの分野において，その意図するところおよび使い方が異なっております。十分峻別して語れなかったことにつきましては，たいへん申し訳ございません。

● 情報提供義務と情報アクセス権

毛塚（司会）　義務の性格に係りましては，別な観点から関西大学の川口会員のほうからいくつかご質問をいただいており

ます。

第1点,「従業員集団,組織に対する情報提供説明義務は,信義則上の義務であるという説明だが,従業員組織集団全体に対する信義則上の義務ということか」。

第2点,「労働者の個別的情報アクセス権に対応して,使用者の情報提供説明義務が発生すると考えるのではなく,直接使用者には信義則上の義務として労働条件決定変更,解雇に際し情報提供の説明義務があると理論構成したほうがよいのではないか。理由はいろいろあるが,個別的情報アクセス権の法的根拠があいまいであること,アクセス権に対応した使用者の義務とすると,労働者の求めがなければ説明義務がないことになり,妥当ではないように思わること」。

3番目に,「2と同じことは集団的情報アクセス権に対応する使用者の情報提供説明義務にも言えるのではないか」。4番目に,「使用者の情報提供義務は権利濫用または合理性判断の一要素とのことだが,当該義務の履行は有効性要件として位置付けるべきではないか」といったご質問です。それぞれ関連する内容だと思いますので簡単にお答えいただきます。

竹地　質問の第1番目は,「労使協議制を通じた情報アクセス」の箇所における,整理解雇に際しての信義則上の情報提供説明義務のことを指しているのでしょうか。そうであるならば,それに関する裁判例を紹介したまでです。独自の見解を述べたものではありません。

第2番目の,個別的労働契約関係における情報提供義務の法律構成について回答します。今まで,情報提供義務ないし説明義務は,労働法のいろいろな制度の中で手続的なものとして語られてきたが,それらを新たな視点から捉えなおしていこうというのが,今日の報告の趣旨です。つまり,単に信義則上の義務というよりも,情報に関して不利な立場に置かれている労働者がやはり「権利」として使用者に情報を求めることができるのだといったかたちで,情報の格差に関する問題を解決したいと思ったからです。そこで,報告では,情報をめぐる労使間の権利義務関係,権利というと叱られるかもしれませんが,つまり労使間の利益・義務関係をまず明確にしよう,そのうえで,使用者の情報提供義務を考え,語ろうというアプローチをとったわけでございます。

今日の報告は,あえて言えば,一歩先というよりも二,三歩先のことを見据えて,新たな権利概念を提案し,その権利概念から使用者の情報提供義務,説明義務を語りたいという趣旨でありまして,厳密な法律構成の優劣を競うことを目的としたものではありません。その辺はご容赦いただきたいと考えております。これは第3番目についても同じです。

第4番目につきましても,すでに報告の際述べましたように,労働契約関係における使用者の情報提供義務に関する法的性格論,またはその違反の場合の法的効果論などは,裁判例などを前提とすると,お断りいたしました。なぜそのように限定したのかといいますと,法的性質および法的効果

に関する自説を論じ全面展開させるためには，情報提供義務が具体的に問題となる領域の法制度，例えば就業規則や労働契約などについての自らの見解を持っている必要がありますが，いまだ，それらについて自ら納得のいく見解を持つにいたっていないからであります。そのため，法的性格および法的効果については，裁判例などを前提とした一例を暫定的に示したまでであります。その辺りをどうかご理解いただきたいと思います。

　毛塚（司会）　川口会員よろしゅうございますか。もし，補論的にご発言をなさりたいということであればどうぞ。

　川口美貴（関西大学）　すみません。では 1 点だけ。先ほど，情報アクセス権とそれから使用者の信義則上の義務との関係について言及されたところで，もちろん私は個別的情報アクセス権とか集団的情報アクセス権という概念を設定することに意味がないということを言っているわけではありませんけれども，私が言いたいのは，それが機能する場面というのはもう少し別の場面であって，例えば労働条件の決定とか，あるいは労働条件の変更とか解雇とかあるいは懲戒といった形成権の行使が有効かどうかということを判断するにあたって，労働者にはこういう情報アクセス権があって，それに対して使用者の信義則上の義務があるという理論構成が妥当なのかどうかという，そういうことが問題意識で質問させていただいたのです。

　質問用紙にも書かせていただきましたけれども，アクセス権に対応する使用者の義務ということになりますと，組合あるいは労働者の求めがなければ説明しなくてもいいと，少なくともアクセス権に対応する義務とするとそうなってしまいます。

　問題は，労働者や労働組合はいつ何を聞けばいいのかが分からないということにあります。したがって，求めがなくても使用者はそのような労働条件の重要な変更とか，あるいは決定とか解雇するにあたって，労働者や労働組合に情報提供あるいは説明をする義務を信義則上の義務として負っているのであって，例えば組合に対して設定されている集団的情報アクセス権はもちろん重要だとは思いますけれども，それとは別に，使用者には，労働組合から求めがなくても重要な情報提供や説明をする集団的労使関係法上の信義則上の義務があると考えたほうが特に労働条件の変更とか決定とか，そういう形成権の行使の有効性判断に関しては，混乱がないのではないかということです。あとの点については細かいので，また別途の機会に教えていただきたいと思います。

　竹地　どうもありがとうございました。参考にして，また勉強させていただきます。

　毛塚（司会）　竹地会員につきましてはまだご質問がございます。弁護士の森井会員のほうから，「破産管財人の情報提供努力義務をどのように位置付けるのか。また，どの程度のものか，報告者の見解をお教えください」ということですが，どうぞ。

　竹地　今日の報告テーマは，労働者の情報アクセス権およびそれに対応する使用者の情報提供義務に限定しておりましたの

で，破産管財人の情報提供努力義務については十分勉強しておりません。とはいえ，このような義務につきましても，もちろん労働者の情報アクセス権との関係において重要な意義を有しておりますので，非常に肯定的に評価できるのではないかと思います。ただ，勉強不足のためこれ以上の回答はできません。今後の課題とさせていただきます。

● 人事異動と情報提供義務

毛塚（司会） 岡山大学の大学院の高木早知子会員から，「労働条件の決定変更に係る人事異動に関して，竹地報告は労働者の知る権利として人事異動の必要性，例として出向等は権利行使の違反による権利濫用が問われると示されましたが，その辺りを，もう少し説明してください」という要望が寄せられています。

竹地 すでに報告におきまして，一般的な表現で述べましたように，使用者が労働者を出向させる権利を有するとしても，その行使に際して情報提供義務を果たさない場合，手続違反として権利濫用にあたり，その権利行使自体が無効となる可能性があります。また，違法性が強い場合には，損害賠償責任が生じる可能性もあります。

● 労働契約締結過程における情報提供義務

毛塚（司会） よろしゅうございますか。それと龍谷大学の萬井会員から，「回答も紹介の必要もありません」ということでご意見が寄せられています。せっかくの機会ですので，ご発言をお願いいたします。情報提供でも結構でございますので。

萬井隆令（龍谷大学） 細かい問題なので質問はやめておこうかと思ったのですが，せっかくですから。レジュメの２頁の一番下の所で，「労働契約締結といった局面でも情報提供義務がある」ということが指摘されています。質問のメインは，企業の外にいる労働者，まだ労働契約関係に入っていない応募者に対して，どういう法的根拠で，義務として具体的にどういう情報を提供するべきなのか。労基法で定めている労働条件明示義務はもちろん念頭にあるとして，それ以外にどういう法的根拠に基づいて，具体的にどういう情報を提供すればいいのかということをお尋ねしたのです。

竹地 労働契約締結過程における情報提供義務は，一歩先を歩んでいる消費者契約法上の情報提供義務になぞらえて，「募集から採用にいたる労働契約の締結過程において必要な情報を十分に提供する義務」であると考えております。「十分に」情報を提供したかどうかは，提供された情報が「正確な」，「分かりやすい」ものであったかどうかなども考慮して，判断されることとなります。例えば，採用前に提供された情報が不正確であったため，入社後もらった賃金が労働者の期待を大きく裏切るものであったような場合，情報提供義務違反が問題となり，損害賠償責任が生じうるというような意味での「義務」として，私はとらえております。

萬井 ですから，具体的な例を一つ二つ挙げていただくと分かりやすいんです。不十分なとか不正確なというのは，どうい

うことがらについて，「不十分」，「不正確」なことが問題となるのか。例えば，企業の会計状況とかそんなことまで対象となるのですか。

　竹地　具体的に言いますと，日新火災海上保険事件のように，労働契約の締結過程において，応募者が「中途採用であっても，新卒同年次定期採用者の平均的賃金と同等の待遇を受けることができる」といった誤解を生むような説明を受けました。しかし，それを信じ入社してから1年後，給与が新卒同年次定期採用者の下限に位置づけられていたことが明らかとなりました。裁判所はこのような処遇について，労基法15条とともに，「雇用契約締結に至る過程における信義誠実の原則」に反するとし，損害賠償請求を認めております。本件判決は，使用者の情報提供義務という概念を用いておりませんが，同様の考え方に基づくものであるといえましょう。

　労基法15条の労働条件明示義務につきましては，明示する時点および明示する情報の範囲が限定されております。他方，使用者の情報提供義務は，契約の締結時点のみならず，募集からその締結に至る全過程において問題となり，さきほどの事案のような，当初から実現の見込みのない，労働条件についての多大な期待を応募者に抱かせ入社させるような，情報提供ないし説明を行った場合，その法的責任追及のための根拠として，情報提供義務違反が問われるというふうに用いられると考えております。

● **人事に関する個人情報の開示**

　毛塚（司会）　ありがとうございます。竹地会員に対する質問はほぼご紹介を終えたかと思いますが，竹地さんのほうで何か付け加えておくことはございますか。

　竹地　さきほどの森井会員からのご質問に関して，「歩合給，成果給は，その計算の基礎となる売上高の集計は，使用者が把握し労働者には分からないことが多い。また時間外労働の各計算単位における時間数は，使用者が把握しており労働者が把握していない」というような問題状況のご指摘がありました。また，これは廣石会員から砂押会員への質問としてではありますが，人事情報の開示請求という問題が出されていますのですので，ひとこと付言させていただきます。

　今後，成果主義的賃金制度または人事管理におきまして，人事考課結果をはじめ人事情報の開示が問題となることが想定されます。これにつきましては従来から，公正評価義務または適正評価義務の一環として，使用者の人事情報開示義務が語られておりました。しかし，来年度から個人情報保護法が一定数の個人情報を有する民間企業に適用されることとなり，消費者の個人情報ばかりではなく従業員のそれについてもその保護をはかることが求められることとなります。その一環として，同法25条1項では，個人情報の開示義務が定められております。

　その対象となる個人情報には，単なる事実情報ばかりではなく，企業の作成した評価情報も含まれます。したがって，人事情

情報と労働法

報であるからといって開示しないことは認められません。ただし，25条1項には，原則に対する例外として不開示事由が定められております。今後，人事情報，とりわけ人事考課結果の開示が不開示事由にあたるかどうかが，大きな議論になってくるでしょう。

しかしながら，成果主義的賃金制度ないし人事管理の適正な実施にとりまして，その客観性，公平性および透明性の確保の観点から，人事考課結果の開示は不可欠であり，不開示事由の「業務の適正な実施に著しい支障を及ぼす恐れがある場合」にあたるとはいえず，結論的には人事考課結果を含め多くの人事情報が開示義務の対象とされることになりましょう。このことだけを付け加えさせていただきます。

毛塚（司会） ありがとうございます。ただいまの質問は，砂押会員のご報告にも関連することでございますので，砂押会員のほうから一言ありましたら。

砂押以久子（立教大学） 今日お配りしました資料の2に「労働者の個人情報に関する行動指針」第3の1の(2)があります。ここに，「使用者は労働者から自己に関する個人情報について開示の請求があった場合には，法律的な範囲内でこれに応ずる」という規定があります。ただし，「業務の適正な実施に支障が生ずる恐れがある」場合には開示をしなくてよいということになっています。

これはあくまでも主観的な支障ではなくて，客観的な支障ととらえるべきだと思います。今，ご紹介しました「行動指針」は

平成12年に作成されておりますが，もう一つの資料3の「雇用管理に関する個人情報の適正な取扱いを確保するために事業者が講ずべき措置に関する指針」は，個人情報保護法の8条に基づいて，厚生労働大臣が今年（2004年）7月に作成したものです。こちらは，「業務の適正な実施に，著しい支障を及ぼす恐れがある場合」とされております。先程の，12年の「行動指針」にはない「著しい」という言葉がこちらの指針に入ったということで，支障の状況が，より「著しい」場合に限られることが明らかにされ一層「客観性」が求められるようになると思います。

毛塚（司会） ありがとうございました。話題もちょうど竹地報告から砂押会員のテーマに移りましたので，司会も代わらせていただきます。

4 労働者の個人情報とプライバシー

● **個人情報保護法および同指針の実効性確保**

石田眞（司会＝早稲田大学） それでは司会を代わります。ここからは，砂押会員の報告に直接かかわるご質問に入らせていただきます。最初のご質問は，同志社大学の土田会員からのものです。ご質問の内容は，質問用紙によりますと，「個人情報保護法，あるいは指針に違反する企業の措置が，法的にどのような評価を受けるのか。あるいは評価がなされるのか。法律上，あるいは労働契約上さまざまな側面があり得るわけですが，それについてご教示ください」というものです。土田会員，この紹介

でよろしいでしょうか。もし，何か付け加えることがありましたら，ご発言いただければと思います。

土田 砂押会員のご報告で，この個人情報保護法なり指針に違反した場合は法的にどのように評価されるのか。言い換えれば，個人情報保護法や指針の効果という問題です。局面によっては，労働契約上の問題にもなってくると思うのですけれども，実は，今日私は，そこに一番関心があったのですが，割とさらりと流されたので，少し詳しく説明してもらいたいと，それだけです。

砂押 質問にお答えする前に個人情報保護法の実効性の確保について多少補足させていただきます。個人情報保護法は，民間部門の従事者の個人情報の漏洩行為等に対しまして，従業者の内部的な処分を通じた自主的な是正が求められており，直接罰則で担保する仕組みを設けていません。しかし，裁判所に持ち込まれる前に，やはり行政で何らか関与すべきであるという観点から，一定の要件の下に主務大臣が改善・中止命令を発し，個人情報取扱事業者がこれを守らない場合に罰則を適用し，間接的に個人情報の適正な取扱いがなされるような仕組みが設けられています。

司法と行政が，いかに分担して法律を実効的なものにしていくかという点に関しましては，将来的課題ということで，今後状況を見て，どのような措置がとられるべきかを探っていくということになっているようです。

また，第三者機関についてですが，例えば私が研究していますフランスやイギリスなどでは，独立の行政機関が監督するシステムがとられております。わが国の場合は主務大臣が監督をするということになっていますので，厚生労働大臣が労働分野においてはこの任務に就くということになっております。できれば，独立の行政機関が望まれるところでありますが，この第三者機関につきましては国会でも議論がなされております。

そこでは，このような機関を設けるとなると，行政組織をかなり広範に改革しなくてはならないという非常に面倒な問題が生ずることが指摘されまして，結局，第三者機関は設立されずに，各主務大臣が一定の役割を担うことになりました。

この点に関しましては，全面施行の3年をめどとして，もう一度検討するということが衆議院，参議院の付帯決議とされています。

付け加えて言いますと，プライバシーや個人情報というものは，知られてしまえば，もう終わりなわけです。事後的な救済よりも事前の関与を行うことが重要でありまして，できればヨーロッパにありますような機関が行政を含めて監督するという姿が，将来的には望まれるのではないかと私は考えております。

次に，個人情報保護法と労働契約との関係ですが，個人情報保護法の制定にかかわらず，そもそも使用者は，労働契約の信義則により労働者の個人情報の収集，管理および利用について，適正に取り扱う義務を負っていると考えられます。個人情報保護

法は，個人情報取扱事業者に多様な義務を課しておりますが，これらは，使用者の信義則上の義務の内容を具体化するものであると解することができると思います。

個人情報保護法は，個人情報取扱事業者と本人との間に生ずるトラブルが，基本的には私人間の問題として当事者間で扱われるべきものであり，まず当事者間で解決することが望ましいということを前提とするものであります。このような個人情報保護法が有する性質からいっても，そのように解することが可能なのではないかと思います。

ですから，使用者が同法に違反した場合に，労働者は，個人情報保護法に違反したこと自体で使用者に不法行為責任を問うことがありうると同時に，労働契約上の信義則に基づいて適切な取扱いの履行を求めることができると考えます。

石田（司会）　土田会員，よろしいでしょうか。

土田　前半の話は，それはそれで興味深いのですが，後半の点です。例えば，本人の同意のないような情報を取得したり，本人の同意のないままに取得した情報を根拠に何らかの人事異動を行った。あるいは人事考課を行った。あるいは本人の同意がないままに，第三者に情報を委託したり，開示した。後者のほうは，今おっしゃった不法行為の問題が出てくると思いますが，前者の情報取得の問題は，これからしばしば生じてくると思うのです。これまでは情報コントロール権というものがきちんとないまま，包括的な人事権の中に取り込まれて，そして，人事権の内容とか濫用という議論で枠をはめてきたということがあると思うのです。

今日のご報告の内容は，まず制度的にかなりそういった人事権に枠をはめるものでしょうが，さらにご報告の中では，自己情報コントロール権なり，企業の配慮義務ということを言われたわけです。では，労働契約上の権利義務と，この新しい立法なり指針といった制度がどのように関連して，それが砂押会員の言われる情報コントロール権なり配慮義務にどのように関連するのか。その辺りは詰めて考えると，かなりいろいろな問題があると思うのです。

ですから，今のご回答は不法行為なり信義則というお答えだったんですが，それをもう少し詳しくお考えなのかなという気がしたものですから，その点を質問したんですけれども。

石田（司会）　関連して，宮里会員，どうぞ。

宮里邦雄（弁護士）　今の土田会員の質問にも関連する点ですが，この個人情報保護法を根拠に，例えば情報漏洩の差止請求権とか，司法上の請求権が発生する根拠になるのかどうか。不法行為というのは，別にこの法律がなくても先ほどのようなケースは不法行為を構成すると思うのです。

つまり，この法律によって，私法上の請求権が発生するのか。あるいは，一種の監督権限を前提としての保護をやっているので司法上の請求権を直接発生させるものではないのか。この種の法律の性格というのは，男女雇用機会均等法でも同じような議

論がありますけれども，その辺はどのようにお考えでしょうか。

　　砂押　　まず，土田会員のご質問ですが，先ほど述べましたように，個人情報保護法の制定以前においても，労働契約の信義則上，使用者は，労働者の個人情報の適正収集・管理・利用等の義務を負っていたと解することができると考えますが，必ずしもその内容は明らかにされてこなかったといえます。個人情報保護法の制定により，その内容がより鮮明にされたということがいえると思います。今後，人事権の行使の前提としてなされる個人情報の収集のあり方が，個人情報保護法に合致したものであることが要求されることになるでしょう。従来当然視されていた個人情報のあり方が見直されなければならないということです。具体的な問題につきましては，現時点で十分詰めておりませんので，今後の検討課題とさせていただきたいと存じます。

　　また，宮里会員のご質問ですが，個人情報保護法が当事者間での紛争解決を前提としていることを考慮しますと，そのいくつかの規定は，私法上の強行的な効力を有すると解されると思います。個人情報保護法が本人関与の仕組みとして，自己情報が同法に違反して取り扱われていることを理由に，本人が利用停止や消去等を要求することを認めていますので，差止請求の根拠にし得るのではないかと思います。この点が情報コントロールと関わってくる点だと思いますが，この問題につきましても，検討課題とさせていただきたく存じます。

● 事業者の知りえない個人健康情報と事業者の安全配慮義務

　　石田（司会）　　砂押会員の報告では，個人情報保護法から直接なんらかの私法上の請求権が発生するとしたのではく，個人情報保護法と具体的な請求権との関連については課題的な問題提起であったと思います。非常に重要な問題ですので，砂押会員には，本日の報告をペーパーにする段階で今の議論を踏まえていただければと思います。

　　それでは，引き続き砂押会員のご報告に対する質問です。これは，砂押会員がレジュメの3頁で，使用者の安全配慮義務と，労働者の受診義務にかかわって議論をされた所と関係があります。お二人から質問が出ております。お一人が東京産業保健推進センターの白﨑会員からです。これをまずご紹介をさせていただきます。

　　「うろ覚えではっきりしませんが，今年9月7日ごろに最高裁が，過重労働による十二指腸潰瘍を業務上と認定し，監督署長の認定をくつがえしました。ご承知の通り，胃，十二指腸等の検診は法定検診では実施されておらず，事業者は原告が基礎疾病たる十二指腸を患っていることを知らなくても，事業者責任，安全配慮義務違反を問われることになるのでしょうか。実際の案件は，海外出張の検診で胃等の検査は実施していたということですが。また，仮にこの検診結果を産業医のみが知って事業者が知らなかった場合は，事業者は責任を問われるのでしょうか。なお判決は，通常の倍以上の時間外労働が基礎疾病たる十二指腸潰

瘍を，自然的経過を超えて増悪したとしております」というご質問です。

砂押 この事案ですけれども，基礎疾病が自然的経過を超えて増悪したような場合に，労災が認定されることになりますが，労災に関しましては，使用者は無過失責任を負うことになりますので，特に使用者が情報を知っていたか否かの問題は生じないと思われます。

石田（司会） 白崎会員，今のご回答でよろしいでしょうか。それではどうぞ，お願いいたします。

白崎淳一郎（労働者健康福祉機構） 作業関連疾病で，確かに自然の経過を超えて発症した場合であって過重な労働があった場合には労災でみるというんですけれども，だからといってどこの監督署も勝手にそういうふうにやっているわけではないのです。すべて認定基準というものでやっているわけです。脳，心臓疾患に関しては，「確実に過重労働があって，自然経過を超えたらしますよ」と言っているわけです。今までは，過重労働による十二指腸潰瘍の認定基準も事例もなかったのです。

例えば，がん。がんでも小さいやつもあるわけです。このがんも，「仕事の関係で残業が増えたから，残業を倍やったからがんが発生しましたよ」と言って監督署に持ってこられても多分駄目だろうと思います。労災とはそういうシステムなのです。

問題は，私はそのことを言っているのではなくて，例えば，たまたま健康診断機関のお医者さんが産業医を兼ねていたと仮定しましょう。で，その先生は，「この人は，十二指腸潰瘍の小さなものを持ってるよ」と法定項目外健診を行った結果その事実を知っているのです。だったら，普通は労働者本人だけでなく事業者に対しても，私は嘱託産業医だけれども，リスクがあるので残業などには「気を付けてくださいよ」という保健指導をするわけです。現在多くの健診契約では，事業者にも伝えるわけです。だから事業者は，「これは残業させてはならないな」とか，「海外出張多いから困るな」とかいろいろ判断して，なるべくそういうふうにならないようにやる。今行われている，過重労働の対策もそうです。すべて，そういうふうにならないように，基礎疾病やリスクのある人たちに何とか疾病を出さないようにするために労働時間を短くするというのを優先的にやっているわけです。

ですから，事業者がそういう健康情報を知らないで法定項目だけを知らされていたという場合は事業者はどう対応するでしょうか。その労働者には多分，脳，心疾患は何にもなかった，基礎疾病は何にもなかった。血圧も何にもなかった，糖尿にもなっていなかった，BMIも大丈夫だったといったときに，多少，労働基準法では月45時間という上限がありますから，その倍の90時間を仮にやったとしても，何にも体に害がない人が，急に発症しても普通は労災にはならないです。なるとしたら，認定基準にある脳疾患，心臓疾患，あるいはメンタルヘルス，精神疾患だけだろうと思います。

だから，判例のような場合に，お医者さんだけが知っている。もしくは，労働者本

人だけが知っている。しかし事業者は知らない。ために、そのまま通常通りみんなと同じように働かせてしまった。そうしたら民事的な責任を問われたというのは、「ちょっと酷ではないですか」ということを訊きたかったのです。

砂押　恐らく安全配慮義務との関係になると思います。私は、今日の報告で、法定外検診に関しまして、基本的に労安衛法が適用されませんので、一般的な法律関係に戻りまして労働者個人に開示される、そして労働者個人から事業者へ開示するというルートが取られるべきだと申し上げました。企業が海外出張のために健診を実施したのであれば、その企業は本人にその結果を一応問いただすべき義務があると思います。それでもあえて本人が、「これはプライバシー情報なので、私はどうしても開示したくない」と言ったのであれば、使用者はそれについては気を付けようもないわけですから安全配慮義務を免れるというと考えます。

ただ、使用者が事情を説明し、本人に健診を促し、健診の結果の開示を求めるということも配慮義務の内容に含まれると考えます。

石田（司会）　この問題については島田会員のほうから、若干補足をお願いします。

島田　今、白﨑会員がおっしゃられたような状況は以前からあったと思います。問題は、ではだからすべて労働者の健康情報というのは、法定検診にしても法定外検診にしても事業者が持っていなければならないのかということです。今後の健康情報の流れは、そうあってならないだろうというのが報告全体の出発点です。

したがって、健康情報について、例えば今おっしゃられたような意味で、産業医が事業者に対してどういうアドバイスをしなければならないのかという問題は残るでしょうし、また例えば労働者が自己の基礎疾病を自覚して、それについて使用者に対して申し出て、「自分について、そうした点を配慮してほしい」ということもあるでしょう。しかし、だからといって、パターナリスティックに、最初から健康情報すべてを事業者に与えるという方向で問題を考えるべきではないという枠組みの中で議論していることをご理解いただければと思います。

ですから、安全配慮義務ということについては、使用者としては情報を知り得なかったという場合には、その限りで義務の免除などが考えられていいと思います。

石田（司会）　まだご議論があり得るかもしれませんが、同じような質問が出ております。これは東京大学の濱口会員からで、「本人拒否により使用者の安全配慮義務をはずすという砂押説は、これによって生じた過労死、過労自殺に対しても責任を負わせないということになるのでしょうか」というご質問です。

砂押　過労死や過労自殺の問題に関しまして使用者が配慮義務を負っている内容は、主に使用者の仕事の調整の問題であると考えられます。ですから、情報提供の問題がこの問題のすべてではなく、情報提供

がなされなかったために安全配慮義務の履行ができなかったという点は，先程のご質問と同様に，やはり安全配慮義務が縮減されると考えるべきであると思います。

石田（司会）　濱口会員のほうから，ご意見はありますでしょうか。

濱口　問題意識は，仕事の調整の話だけで済むのだろうかということです。その方の元の健康状態なり，メンタルヘルスの面では，もともと精神的な構造にちょっと問題があって特別配慮しなければいけなかったような場合，「そんなこと知られたくない」と言って拒否したら，その部分，責任が削られてしまうということで，これはもう判断の問題です。「それはいいんだ」と言われれば，それ以上，特に申すことはありません。

● プライバシー保護の法的根拠と三菱樹脂事件最高裁判決

石田（司会）　この点については以上のやり取りで終えさせていただき，他の質問に移ります。和田会員から砂押報告へ質問が2点出ております。最初に第1点目を紹介させていただきます。「情報化社会でのプライバシー保護というとらえ方が砂押会員の報告では強いと考えられるのですが，プライバシー保護は憲法13条に根拠を要する普遍的なものかどうか」ということです。和田会員のほうで，質問の趣旨について，何か補足される点はございますでしょうか。

和田　一番最初の島田会員の報告もそうだったんですけれども，情報化社会ということを前面に出すと，私はプライバシーの問題は情報化社会になってからの問題ではなくて，昔からあるかなり普遍的な問題で，かつプライバシーの保護というのは，やはり普遍的な価値を持っているものではないかというふうに考えています。そういうふうに考えていいのかどうかというのが，第1点目の質問です。そうしたら，そういうふうになった場合に，何に，憲法のどのことによって根拠付けられるのか。

平成12年の行動指針との関係で，三菱樹脂事件の最高裁判決の大法廷判決を見直す必要があるというふうにおっしゃったのですけれど，両者の関係というのはどうとらえたらいいのかということと，もし見直すとしたら，あれは非常に重要な憲法判断をしているものですから，どの部分をどういうふうに見直さなければならないのかということを，もう少し明らかにしていただきたいというのが質問です。

石田（司会）　二つの質問がいまおっしゃったような意味で関係していることが分からなかったものですから分けましたけれども。質問全体について砂押会員のほうからお答えをお願いいたします。

砂押　労働者のプライバシーの権利は，情報化社会が始まったから発生したというものではなく，かつてより存在してきた普遍的な権利であるといえると思います。恐らく，現在の視点にたてばプライバシー権や人格権を考慮したといえる裁判例もいくつか存在したように思われます。それが現在，情報化社会になり，プライバシーの重要性が高まり，プライバシーというものが正面から明確に認められることが必要にな

和田 今の話だと，私の質問に1割か2割ぐらいしかお答えいただいていないのではないかと思うのです。例えば，憲法13条といったときには，三菱樹脂事件のころには憲法13条という話はあまり出てこないのです。19条の話は出てきて，間接的適用いかんという話は出てきますけれども。三菱樹脂事件は，「何でも情報を収集できるという権利が使用者にある」ということをある意味で言っているわけです。砂押説ですと，「それを見直すべきだ」というふうにおっしゃったものですから，その憲法判断，あるいは憲法構成を，どのように変えたら砂押説のようになるのか。

それから，もし普遍的な権利だというふうにおっしゃるならば，そのことと労働省が出している行動指針というのと，法的な性格の関係はどうなるのかというのが私にはまだ分からないものですから，そこをもう少し説明していただきたい。

石田（司会） では，砂押会員。

砂押 三菱樹脂事件においては，憲法19条に基づく思想信条の自由がもっぱら問題とされ，労働者のプライバシー侵害については一切言及されていません。この事件当時においては，労働者のプライバシー意識が希薄であったためであるといえると思います。思想信条情報に関しましては，本人が秘匿しているものであれば，プライバシー情報に位置付けることができます。この事件で問題とされた思想信条は，まさに本人が秘匿していたものであり，ここでいうプライバシー情報であったということが

できます。そして，国際的に見て思想信条情報はプライバシー情報の中でもより慎重な取扱いが求められるセンシティブデータとされています。

現在におきましても，三菱樹脂事件の判例法理は，その後この問題についても争いがないために，残っているといえますが，これはあくまでも当時の判断であり，現在の社会にはふさわしくない，古くなってしまって現状に合わなくなってしまったということができると思います。

そして，旧労働省の「行動指針」ですけれども，三菱樹脂事件判決の法理とは異なり労働者のプライバシーが尊重されるべきであるという視点で作成されております。このような指針が問題なく受け入れられている状況は，現状に合わなくなってしまった判例法理が実質的に見直されているということなのだと考えます。現実に，企業が思想信条などのプライバシー情報を当然に収集できるとは，考えられていないと思われます。また，仮に三菱樹脂事件判決の法理を前提としても，この判決で最高裁は，「法律その他による特別の制限がない限り」企業に採用の自由があると述べていまして，現在は個人情報保護法が制定されているわけですから，企業の個人情報収集が無制限に正当化されることはもはやないのだと考えます。

石田（司会） ということで，和田会員よろしいでしょうか。

和田 十分ではないのですが，時間がないのでこれ以上の議論は省略します。ペーパーを書く際に取り入れて下さい。

石田（司会）　今のご趣旨は，砂押会員も十分にご理解いただけたと思います。ペーパーにする時に，その辺を含めて考えて書いていただくということで，よろしくお願いしたいと思います。なお，今のご質問については，総論報告とも若干関係をいたしますので，島田会員のほうからご発言をいただきます。

島田　プライバシーの問題自体が情報化という以前からの問題だというのはおっしゃる通りなのですが，そこで言われていたのは，どちらかというと，放っておいてもらうという私的な領域におけるプライバシーの問題であったと思います。

これに対して，今日議論になっているのは，どちらかというと，狭いプライバシーを越えたところで，個人情報のコントロールという点からどう考えるかということです。情報の時代となると，特に企業においては共同体的な発想からプライバシーなど成立しないという状況ではなくなってきていると思います。つまり，労使双方が他者というものをきちんと意識して，お互いの情報を取り扱うということが求められていると思います。

そうなると，情報社会では，プライバシーあるいは個人情報のコントロールについて，双方が相当きっちりしていかなければならない状況となってくるでしょう。特に労働者については，その要請が非常に強くなると思います。

ですから，一般に憲法13条というだけではなくて，情報化社会の中で情報が流通していることを前提として，どこまでそのコントロールを認めていくのかという点が，労働者の個人情報をめぐる問題で特徴的に前面に出てくるのではないでしょうか。

三菱樹脂最高裁判決については，砂押会員がご説明になったかと思いますが，労働者または求職者のプライバシーという観点が欠落していたと思います。プライバシーという権利が憲法13条を根拠に認められ，かつ情報の収集についても，センシティブデータについては，原則としてはこれを収集できないという規範が国際的にも成立したという状況からすると，三菱樹脂最高裁判決の言う調査の自由という発想は，この観点から見直されるべきでしょう。

また，先ほど，砂押会員がおっしゃったような意味で，最高裁の枠組みを前提としても，法令による制約という部分を意識すれば，当時とは異なり，現在ではこれに該当する法令が個人情報保護法も含めて増えてきているということから，実質的に調査の自由が制約されるという限定的な解釈も不可能ではないでしょう。

石田（司会）　砂押会員へのご質問については，あと1件，萬井会員から出ているのですが，時間があまりないものですから，「情報提供ですので」というお言葉に甘えさせていただきまして，砂押会員にテイクノートしていただくという扱いにさせていただきます。では，砂押会員のご報告についての質疑は以上で終わらせていただきます。

5　内部告発の法的諸問題

● 公益通報者保護法の射程範囲

　石田（司会）　次に，内部告発の法的諸問題ということで，小宮会員のご報告に対する質疑に入りたいと思います。この点については，質問用紙そのものは出ておりませんが，内部告発問題はホットイシューでありまして，いろいろなご意見があり得るところだろうというふうに思っております。ご質問の方は，フロアから挙手をしていただきましてご発言をいただければと思います。いかがでしょうか。では，弁護士の清水会員が挙手をされていますので，よろしくお願いいたします。

　清水洋二（弁護士）　弁護士の清水です。先程の報告は非常に興味を持って聞かせていただきました。ありがとうございました。1点，確認の意味もあって質問させていただきます。ご承知のように，近時，労働者は職場で長時間労働によって非常に健康被害にさらされておりまして，過労死あるいは過労自殺というのが著しく増加しております。そのほか，サービス残業というかたちで残業はさせられますけれども，残業手当の不払いという問題も増大しております。

　こういう事態を防止するために，企業内で苦情処理委員会等の制度があることは事実ですけれども，残念ながら労働組合がある所でも十分には機能していないということで，近時，労働組合まで被告にして訴えられる例が出てきたりしているわけです。労働者個人としては，もちろんそういう過重労働になる業務命令を拒否できる自由が完全に保障されていれば問題はないわけですけれども，何らかの事情から企業の中だけでは是正できないということで，外部にその問題を持ち出すということもこれからは必要になってくるのではないかという気がしております。

　そうした視点で考えた場合，この公益通報者保護法というのは，果たしてこういう労働者を保護する実効性を持っていると言えるかという点が，質問の第1点としてお聞きしたい点です。そして，仮に若干の実効性はあるとしてもほとんど実質的な機能ないし有効性を持っているとは言えないとすれば，過労死あるいは過労自殺の危険を感じたような労働者は，どういう手段をどこに対して取るのが最も効果的であると考えられるのかという点が第2点ですが，これらの点について報告者にご意見を伺いたいと思います。

　もちろん，サービス残業ということで，残業手当の不払いとか，あるいは三六協定がないという場合に，それらの問題を持ち出すのであれば，従来通り労働基準監督署に持っていけば，その範囲では救済の道はあろうかと思いますけれども，過労自殺とか過労死というレベルで考えると，ただそれを監督署に持っていっただけではなかなか実効性がないのではないかと思われますので，その辺りを，内部告発との関係で実効性のある手続や，手段等があるというふうにお考えかどうかという点につきましてお教えいただきたいということで，質問させていただきました。

石田（司会）　ありがとうございました。ご質問の趣旨は明解だと思いますので，小宮会員，よろしくお願い致します。

小宮文人（北海学園大学）　質問が出てこなかったところを質問していただいて，ありがとうございます。今の点につきましては，一つは公益通報者保護法の中で，三六協定違反とか何とかそういうことのない状況のもとで，この公益通報者保護法の適用で救えるのかということですね。それからもう一つは，公益通報者保護法でいけないとすると，ほかに方法があるのか。こういうことですね。

まず一つめの問題につきましては，労働基準法の104条の問題として一つは考えられるわけですが，今，三六協定があり法律の違反が明確なかたちで存在しないということですから，そういう意味では，基準監督署に持っていった場合でも，実効性は期待できないかもしれません。

公益通報者保護法においても，勧告等の基礎となる事実が存在しなければいけないことになっていますので，そういう意味では違反が前提になると考えられると思います。この法律では，3条の3号の「ホ」というのがありますが，これは，今述べた違反事実が存在することを前提にしたうえでの規定ですから，外に持っていくのは難しいということになると思います。したがって，一般法理で労働者が外に持っていけるかどうかという点になるというふうに理解しています。

その場合，私の発想でいきますと，自己の労働条件の問題は法律違反状態にない場合は，基本的には内部で処理をすべきだという考え方です。過労死というような健康等に危険な状況が存在する場合は，外に持っていっていいという発想をしていますから，外部通報，私の言うところの内部告発というかたちで圧力を掛けることになるのではないかと思います。それ以外は，組合が何らかのかたちで関与してくることになるというのが私の考え方です。

石田（司会）　清水会員，よろしゅうございましょうか。何かご発言があれば。

清水　外部というのは，どこを意識されておっしゃったのか，その点を補足していただければと思います。

小宮　外部というのは，例えば民間の機関，場合によっては報道機関とか，要するに，今の健康に関するような場合は，必ずしも行政機関じゃなくてもよろしいというのが私の発想です。

● 公益通報者保護法と刑事免責

石田（司会）　それでは，今，お手をお挙げになった方，所属とお名前を最初にお願いいたします。

阪口徳雄（弁護士）　傍聴人でございまして，弁護士の，大阪から来た阪口と言います。質問ですけれども，刑事免責が公益通報者保護法については全く規定していない。もちろん民用ルールですからそれはそれでいいのですけれども，先生の立場でいきますと，少なくとも，例えば外部通報にしても，外部通報要件，内部通報要件，行政通報要件があるわけですけれども，それで保護されている場合に，例えば名誉毀損

に当たるとか，または，いろいろなところに情報アクセスして情報を外に開示したとかいう場合の刑事免責の問題はどう考えたらよろしいのでしょうか。

小宮 私は，この報告では刑事免責について必ずしも明確にしておりませんが，とりあえず基本的な発想は，刑法の具体的な構成要件に該当することがまずあるとすると，基本的に違法性阻却というかたちでやるしかない。もちろん民事と刑事の違いというのがあって，民事の場合のほうがより使用者との調整原理になじむと思います。しかし，刑事の場合は刑罰というかたちですから，民事免責が得られるようなケースは，通常刑事免責も得られるのではないかというのが一応今の考えです。

石田（司会） よろしゅうございましょうか。どうぞ。

阪口 もう1点だけ。違法性阻却事由ですか，それとも刑法の35条の正当行為とか，いわゆる内部告発権があるから正当な行為なんだと，そういうことにはならないわけですか。

小宮 私の今回の報告のところで，実は違法性阻却というかたちでやるか，今，刑事の問題をちょっと置きますと，民事のいわゆる懲戒処分の該当事由性を否定するかということも一応考えたのですが，私の発想による公益目的という，つまり契約外的な要素がそこに入ってくるということから，むしろ該当性否定というよりは，個別に判断するための相当性という判断基準を入れたほうが説明しやすいのではないかなと思いまして，違法性阻却というふうに申

し上げています。刑事の場合もそれと同じように考えていただければと思います。

石田（司会） 今の論点については，いろいろなご意見はあると思うのですが，以上のやり取りでだいぶはっきりしたと思います。時間が押しておりまして，遅くとも5時20分までには終われという開催校からのご指示でございます。ただ，大変重要な問題ですので，なお，ご質問がございましたら，あとお一人はお受けできるのではないかと思います。いかがでしょうか。

森井利和（弁護士） 弁護士の森井です。公益目的に関して伺います。内部告発には，例えばこういうケースがあると思います。「おかしいなあ，おかしいなあ」と思っていたが，そのうちに上司から全然別の件で怒られて，「何くそ」と思って公益通報をしたというケースは多分いっぱいあるだろうと思います。この場合に動機と目的を区別する必要があるだろうと思っています。公益目的を，今のケースの場合にどういうふうに考えるのかについてお尋ねいたします。

小宮 今のケースだと非常に難しいケースですね。通常のケースは，労働者の利益に結び付けて公益通報を利用するということなのですが，今のケースだと非常に難しいですが，その場合……。どうしましょう。（笑い）

目的と動機の関係ですよね。そうすると，とりあえずこの場合，今までは言うつもりはなかったけれども，それに対する反発から事実を告知してしまったということですね。申し訳ないですけれども，その点は十

分に考えておりませんでした。今の時点ではお答えできません。もう少し考えさせていただきます。

石田（司会） 森井会員，よろしゅうございましょうか。司会の不手際で時間が押してしまっておりまして，申し訳ございません。恐らく内部告発の問題については，なお様々な観点からのご議論があり得るだろうと思います。ただ，残念ながら延長していただいた時間もなくなってしまいましたので，ここでシンポジウムを閉じさせていただきます。長時間，熱心なご議論，本当にありがとうございました（拍手）。

【終了】

回顧と展望

2004年育児介護休業法改正の内容と問題点　　　　　　　　　　　　内藤　忍
男女雇用平等の新段階へ——男女雇用機会均等政策研究会報告書——　　相澤美智子
産後休業・育児時間取得を理由とした賞与不支給および減額措置の適否
　　——東朋学園事件・最一小判平15・12・4労判862号14頁——　　丸山　亜子

じん肺訴訟における規制権限不行使と国家賠償責任
　　——筑豊じん肺訴訟・最三小判平16・4・27民集58巻4号1032頁——　　新谷　眞人

2004年育児介護休業法改正の内容と問題点

内 藤 忍
(早稲田大学大学院)

I はじめに

2004年12月1日,第161回国会において,「育児休業,介護休業等育児又は家族介護を行う労働者の福祉に関する法律等の一部を改正する法律」(平成16年法律第160号)が成立し,2005年4月1日より改正育児介護休業法が施行されることになった。今回の法改正は,かつての改正時の見直し規定を受け,2003年4月より労働政策審議会雇用均等分科会において検討が開始されたものであり,同年12月に同分科会の建議を経て,翌2004年2月,第159回国会に本法案が提出され,同年12月に成立に至った。

今回の主な改正点は,①一定の条件を満たす期間雇用者を原則的に育児・介護休業の適用対象としたこと(5条1項,11条1項),②一定の場合において,子が1歳6ヶ月に達するまで育児休業を認めたこと(5条3項),③介護休業を要介護状態ごとに1回ずつ通算93日間まで取得可能としたこと(11条2項),④子の看護休暇を制度化したこと(16条の2第1項)である。本稿は,法の改正点を簡単に紹介したうえで,今回の改正の中心的事項である期間雇用者の育児・介護休業の適用拡大をめぐる問題点を指摘する。

II 今回の主要な改正点

1 期間雇用者の育児・介護休業の適用拡大

(1) 今回の改正までの経緯

育児休業法は1991年に成立した当初から,「日々雇用される者及び期間を定

めて雇用される者」を育児休業の適用対象から除外していた（旧法2条1号）。同法は，介護休業制度の創設に伴い，1999年に育児介護休業法となったが，「期間を定めて雇用される者」（以下，「期間雇用者」という）はこの介護休業の適用対象からも除外された。

　しかし，これまで期間雇用者であっても契約が更新されている常用的な者については，育児・介護休業の適用を完全に除外するのではなく，実態に応じてその適用対象となるか否かを判断するという行政解釈がとられてきた。特に2002年の旧指針策定以降，行政解釈は，期間雇用者の雇止めの可否が争われた裁判例で着目されてきた事項やその判断枠組みを参考にし，「当該契約が期間の定めのない契約と実質的に異ならない状態となっている」と判断される場合には，「期間雇用者」に該当せず，育児・介護休業の適用対象になるとしてきた。しかし，裁判例の判断事項を参考にするにしても，実際に休業の適用対象となるかは不確実であり，期間雇用者にとっては休業を利用しづらい事態が継続していた。また，期間雇用者を法文上で原則的に適用除外していたために，実務上，期間雇用者には一律に休業の権利が付与されていないという誤解が生じていた。日本労働研究機構の調査において，期間雇用者に育児休業制度を適用していないと回答した企業（77.7％）のうち，適用しない理由を「法律にあわせて」と回答した企業が47.1％にものぼっていることは，このことを如実に示しているといえる[2]。このような状況において，育児・介護休業制度における期間雇用者の取扱いの再検討が課題となっていたのである。

(2)　今回の改正内容について

　今回の改正は，2003年の労基法改正により，期間雇用者の労働契約期間の上限が1年から3年に緩和されたことが直接の契機になったと指摘されている[3]。これまで，契約の上限期間が1年であった期間雇用者は，1年間の長期休業である育児休業の性質になじまない雇用形態の労働者であるとして排除されてき

---

1)　平成14年1月29日厚労省告示第13号。
2)　日本労働研究機構「育児や介護と仕事の両立に関する調査報告書」（2003年9月）（http://www.jil.go.jp/kokunai/statistics/doko/h1507/subindex.html）。
3)　濱口桂一郎『労働法政策』（ミネルヴァ書房，2004年）420頁参照。
4)　1991年4月25日参議院社会労働委員会議録11号。

たが、この理由は、労働契約期間の上限が3年となることによって根拠を失ったのである。

今回の改正においては、これまで原則として適用除外とされていた期間雇用者も育児・介護休業の適用対象となった。しかし、期間雇用者については通常の労働者とは別に休業申出に関する要件が定められた（5条1項、11条1項）。具体的には、①当該事業主に引き続き雇用された期間が1年以上であること、②育児休業については、その養育する子が1歳に達する日（介護休業については休業開始予定日から93日経過日）を超えて引き続き雇用されることが見込まれること、③当該子の1歳到達日（介護休業については93日経過日）から1年を経過するまでの間に、その労働契約の期間が満了し、かつ、当該労働契約の更新がないことが明らかでないこと、の3点である。期間雇用者が育児・介護休業を取得するためには、これらの要件をすべて満たす必要がある。期間雇用者を育児・介護休業の適用対象としたことは大きな改善ではあるが、その利用のために必要とされる要件には多くの問題点がある。この点については後に詳しく指摘する。

2 育児休業期間の延長

これまで労働者に保障されていた育児休業の期間は子が1歳になるまでであったが、今回の改正により、一定の場合には育児休業期間を1歳6ヶ月まで延長できることになった（5条3項）。一定の場合とは、子が1歳の時点で本人か配偶者のどちらかが育児休業を取得していて（同1号）、保育所に入れない場合や、常態として育児を行っていた配偶者が死亡したり、病気や負傷によって育児ができない場合、もしくは離婚などによりそのような配偶者と別居となった場合、そのような配偶者が産前産後期間に入った場合である（育児介護則4条の2）。この場合、期間雇用者についても1歳までの休業の際の要件を満たし、上記一定の場合に該当すれば延長することができる。また、雇用保険法上の育児休業給付の支給期間も子が1歳6ヶ月になるまで延長される。この改正は、労働者のニーズにも対応し、評価できるものである。しかし、保育所入所が4月に集中したり、待機しなければ入所できないなど、解決されるべき問題が残

3　介護休業取得方法の柔軟化

　介護休業制度については，1999年の施行以来，対象家族1人につき1回の連続する3ヶ月の休業が保障されてきた。しかし，対象家族1人につき1回しか休業が取得できないために，休業利用希望者にとって，休業を取得する時期の判断が非常に難しいということがこれまで指摘されてきた[6]。

　介護休業制度に関しては初めてとなる今回の法改正では，対象家族の要介護状態ごとに1回，通算して93日間の休業が可能になった。介護休業の期間については当初から，緊急的対応措置であり，介護の長期方針を決めるためと説明されてきたが[7]，こうした介護休業の位置づけは，介護保険法の施行など介護に関する社会的な支援体制が整うにつれて，ようやく現実的なものになりつつあるといえる。今後は，介護サービスの普及とともに，サービス開始までの介護，サービス利用中の補助的介護，および看取りのために，比較的短期の休業を複数回取得できる制度が求められることになろう。

4　子の看護休暇の創設

　病気やけがをした子どもの世話をするための休暇は，育児をしながら働き続けるために欠かせない制度である。調査によると，仕事と育児を両立させるために必要だと思う対策として，子の看護休暇が32.6%と第1位を占めている[8]。この休暇は2001年の法改正で努力義務として規定され（旧法25条），その際追加された附則において3年後に検討することになっていたことを受けて，今回の改正により制度化の運びとなった。休暇付与日数に関しては，小学校就学前の

5）　日本労働研究機構・前掲注2）調査によれば，1歳を超える子の育児休業に対する男女労働者のニーズは55.0%で第1位であった。
6）　菅野淑子「育児・介護をめぐる法的問題と今後の展望」日本労働法学会編集『講座21世紀の労働法　第7巻　健康・安全と家庭生活』（有斐閣，2000年）254頁参照。
7）　大臣答弁。1995年3月24日衆議院本会議会議録17号。
8）　労働省「育児・介護を行う労働者の生活と就業の実態等に関する調査」（女性労働協会に委託）(2000年8月発表)（http://www2.mhlw.go.jp/kisya/josei/20000804_01_j/20000804_01_j.html）。

子を養育する労働者1人につき1年間に5日とされた（16条の2第1項）。育児・介護休業と同様に，労使協定を結ぶことにより，雇用後6ヶ月未満の者と週の所定労働日数が2日以下の者からの休暇申出を事業主は拒むことができる（16条の3第2項，則30条の2）。また，看護休暇申出や取得を理由とした解雇その他不利益取扱いも，育児・介護休業と同様に禁止されている（16条の4）。なお，休暇取得に伴う休業補償は規定されていない。

今回の改正による看護休暇の創設は，大きく評価されるべきではあるが，これで十分ではないことに留意する必要がある。実際，保育園に通う子どもを持つ母親を対象に行った調査では，1年間に子どもが病気などのために保育園に預けられなかった日数が平均16.3日という結果が出ており[9]，5日という付与日数については少なすぎると思われる。また，子どもの世話という目的からすれば，日数は労働者ではなく子どもの数に応じて付与されなければならない。また，1人親の場合は，2倍の日数にするなど，両親がいる場合よりも優遇すべきであろう。さらに，将来的には小学校低学年の子どもについても看護休暇を認めることが検討される必要がある。

III 期間雇用者の適用拡大をめぐる問題点

1 期間雇用者の休業申出要件

今回の改正は，期間雇用者を育児・介護休業の原則的な適用対象者とした点で評価できるが，II1(2)で述べた3つの休業申出要件（①〜③）については以下の問題点を指摘しなければならない。

第1に，育児休業についてはその養育する子が1歳に達する日を超えて引き続き雇用されることが見込まれること（②）という要件については，そもそもなぜ子の「1歳時における」雇用見込みが必要とされるのかという問題がある。法は子が1歳（新法では，一定の場合には1歳6ヶ月）に達するまでの育児休業の権利を保障しているが，これまでの実態を見ると，育児休業を取得した女性労

---

9) 連合総合男女平等局「子ども看護休暇に関する調査報告」（2000年5月）『連合女性活動ハンドブック2003-2004』（協同社，2003年）123頁以下。

回顧と展望①

働者のうち，半数以上は10ヶ月未満で復帰し，そのうち約半数は休業期間が6ヶ月未満であった[10]。雇用見込みを要件とする場合には，それが必要とされる時点は，一律に1歳時点ではなく，当該期間雇用者の希望育児休業期間に合わせて決められるべきであろう。また，介護休業についても，休業開始予定日から93日経過日を超えて引き続き雇用されることが見込まれること（②）という要件に関し，同様の問題を指摘できる。

また，この要件については，いつの時点で誰がどのような基準で雇用見込みを判断するのかという問題がある。これについて新指針[11]では，「休業申出のあった時点において判明している事情に基づき相当程度の雇用継続の可能性があるか否かによって（見込みを）判断する」として，まず(a)契約期間の長さ，それから，契約更新に関しては，(b)契約更新の有無，(c)契約更新回数の上限の有無，(d)自動更新の有無，といった明示の事項に着目して契約につき個別的に判断するとしている（第二の一の㈡のロ，ニ）[12]。ただし，上記事項によって相当程度の雇用継続の可能性があると判断されない場合や，契約更新の明示がないなどの場合には，(i)雇用の継続の見込みに関する事業主の言動，(ii)同様の地位にある他の労働者の状況，(iii)当該労働者の過去の契約の更新状況等に基づいて判断することとしている。しかし，(i)〜(iii)の事項に関し，どのような実態がある場合に「見込まれる」と判断されるのかは明らかにされていない。これらについては当該契約を取り巻く状況や契約の内容等を考慮して総合的かつ柔軟に判断されるべきであろう。

第2に，期間雇用者に過去の1年以上の継続雇用期間（①）と，当該子の1歳到達日（介護休業については93日経過日）から1年を経過するまでの間に，その労働契約の期間が満了し，かつ，当該労働契約の更新がないことが明らかでないこと（③）を求めている点が通常の労働者に比べて厳格に過ぎる。通常の無期契約の労働者には，原則的にはこうした要件は求められていないからであ

---

10) 厚労省「平成14年度女性雇用管理基本調査」（2003年7月発表）。
11) 平成16年12月28日厚労省告示第460号。
12) なお，労基法14条2項に基づく「有期労働契約の締結，更新及び雇止めに関する基準」（平成15年10月22日厚労省告示第357号）では，有期契約締結時に更新の有無を明示することとしている。

る。日本が1995年に批准したILOの「家族的責任を有する男女労働者の機会及び待遇の均等に関する条約（第156号）」(1981年採択) 第2条は，条約がすべての部門・種類の労働者に適用されることを規定し，同勧告（第165号）は，臨時労働者と常用労働者の雇用条件を可能な限り同等とすべきであると規定している（21項）。この視点からすると，育児・介護休業について，通常の労働者と期間雇用者は可能な限り同等に取り扱われなければならず，今回の改正において，期間雇用者にのみ①や③の要件を求める点は適当でないだろう。なお，最長期間が93日間にとどまる介護休業の場合でも，「1年」の継続雇用が要件とされることは，育児休業の場合に比して厳し過ぎるのではないだろうか。

③の要件について，新指針は「休業申出のあった時点において判明している事情に基づき労働契約の更新がないことが確実であるか否かによって判断する」としている。そして，通達[14]は，この要件を定める理由について，休業後短期間で雇用関係が終了する者を対象とすることが雇用継続という制度目的と事業主の負担の観点から適当でないためと説明する。しかし，休業後に雇用が継続する期間が多少なりとも存在するのであれば雇用継続という目的を達成することができるであろう[15]。また，有期契約の場合にのみ事業主の負担を考慮するのは適当でない。したがって，期間雇用者のみに対するこうした要件は合理性がなく，不要であると考える。

2　常用的期間雇用者の今後の取扱いと今回改正の意義

今回の改正で期間雇用者全体が法の育児・介護休業の適用対象とされたことに伴い，従来から休業が適用されてきた常用的期間雇用者に，一般の期間雇用者と同様の要件が課されることになるのではないかという懸念があったが，こ

---

13) ただし，労使協定で定める場合に限り，継続雇用期間が1年未満の労働者や，育児休業申出から1年以内（介護休業の場合は3ヶ月以内）に雇用が終了することが明らかな者による休業申出を事業主は拒むことができることとなっている（6条1項ただし書，12条2項）。
14) 平成16年12月28日厚労省雇児発第1228002号。
15) 行政解釈上も，本法1条の「雇用の継続」とは，育児・介護休業の期間中の労働契約関係が継続すること，としか示されていない。厚労省雇用均等・児童家庭局『詳説育児・介護休業法〔改訂新版〕』（労務行政，2002年）304頁。

の点について，改正後の新指針では，常用的期間雇用者に対する従来の取扱いを継続し，当該契約が無期契約と実質的に異ならない状態となっていると認められる場合には，実質的に期間の定めのない契約に基づき雇用される労働者であるとして，新法の要件を問わないことを明確に示した。

　この問題に関する今回の改正の意義は，常用的期間雇用者を休業の対象としてきた指針上の取扱いを維持したまま，指針ではカバーしきれない3年の初回契約の期間雇用者などについて新たな枠組みで休業の対象としようとしたものである。新たに休業の適用対象となる人数が必ずしも多数とはいえないとしても，休業を取得できる期間雇用者が拡大するものとして肯定的に評価できよう。[16]

　もっとも，これまでの常用的期間雇用者の取扱いを実務において定着させるためには，指針によるというのではなく，法律の中に取り込んでいくことが必要であろう。また，今後，期間雇用者の育児・介護休業の適用を減らす目的で使用者が短期の有期契約を増やしたり，契約更新がある旨の明示をしないのではないかという懸念も残る。これらの問題の改善は，今後の法改正を待つほかはないが，そのためには有期労働契約法制全体の抜本的見直しが不可欠であることを指摘しておかなければならない。

　なお，今回の改正にあたっては，衆参両院の厚生労働委員会の附帯決議において，「有期契約労働者の均等処遇について所要の検討を進めること」が盛り込まれ，衆議院においては有期契約労働者の休業等につき施行後適当な時期において検討するとの附則（2条）が追加されたことを付言しておく。

Ⅳ　今後の課題

　本法に関しては，今後も検討すべき点が多く残されている。例えば，休業中

---

16) 今回の期間雇用者の適用拡大によって，育児休業の取得に関しては約1万人の増加しか見込まれていない。2004年11月17日衆議院厚生労働委員会会議録第8号。なお，日雇いも含めた期間雇用者は現在約746万人。総務省統計局「労働力調査（平成16年平均）」（2005年1月発表）。

17) 本法改正に伴い雇用保険法施行規則が改正されたが，期間雇用者に対する休業給付の要件は育児・介護休業の適用の要件よりも厳格にされており，問題である。

の所得保障[17]，男性の休業取得促進[18]，休業取得方法の柔軟化，原職または原職相当職への復帰，勤務時間短縮制度の義務化，時間外休日・深夜労働の免除請求権の拡充，適用対象者の拡大（配偶者が常態として育児をしている労働者など），諸権利の取得要件である子の年齢の拡大などである。この点で，今回の改正の衆参両院の厚生労働委員会の附帯決議において，男性の育児休業取得の促進，時間外労働の抑制，育児休業中の所得保障などについての措置が決議されたことは重要である。

　最後に，今後最も取り組むべき制度の一つとして，男性の休業取得を促進する制度を指摘したい[19]。なぜならば，育児介護休業法の制定の背景には，女性差別撤廃条約やILO 156号条約の採択といったジェンダー変革を目指す国際的な動きがあり，本法もジェンダー変革を目的とするものととらえるべきだと考えるからである[20]。育児・介護休業制度は，本来，性別役割分業の解消を通して，男女労働者がともに家族責任を担い，そして自己の能力を存分に発揮できるという，真の男女平等の実現のために利用されるべき制度なのである。これに対し，我が国では近年，少子化対策の一環として育児休業制度が位置づけられる傾向が強く[21]，そこにはジェンダー変革の視点がほとんど見受けられない[22]。育児休業が促進されても，女性ばかりが休業を取得するという現状が維持されるの

---

18)　2003年時点の育児休業取得率は，女性73.1%，男性はわずか0.44%。厚労省「平成15年度女性雇用管理基本調査」（2004年7月発表）。

19)　男性の育児休業取得を促進するしくみを提案する代表的なものとして，佐藤博樹・武石恵美子『男性の育児休業—社員のニーズ，会社のメリット』（中央公論新社，2004年）がある。

20)　神尾真知子「労働法における育児休業と男女雇用平等」『21世紀における社会保障とその周辺領域』（法律文化社，2003年）154頁参照。

21)　少子化に対応して，2003年7月には少子化社会対策基本法や次世代育成支援対策推進法が制定された。後者は，301人以上の労働者を雇用する事業主に対し，育児休業制度など，仕事と育児の両立を図るために必要な雇用環境の整備等についての「一般事業主行動計画」の策定・届け出を義務づけた。

22)　ただし，厚労省「少子化社会対策大綱に基づく重点施策の具体的実施計画について」（子ども・子育て応援プラン）（2004年12月発表）など，最近の少子化対策の方針については，男性の働き方の見直しや男性の育児時間の増加を提言するなど，方向性に変化の萌芽が見られる。

23)　前田由美子・斎藤周「性別役割分業型夫婦の関係性—事例調査に基づく一考察」群馬大学教育学部紀要人文・社会科学編第52巻（2003年）286頁参照。

ならば,性別役割分業の強化となってしまう[23]。男女共同参画社会を実現するために今後の育児介護休業法に望まれる法制度とは,単に男女労働者に等しく休業の権利を保障するといったレベルを超えて,ジェンダー変革を意識したものであるべきであろう。

(ないとう　しの)

男女雇用平等の新段階へ
——男女雇用機会均等政策研究会報告書——

相澤 美智子

(一橋大学)

I はじめに

　2002年11月より厚生労働省に設置されていた男女雇用機会均等政策研究会（以下，研究会）は，2004年6月に報告書を発表した。1985年に男女雇用機会均等法（以下，均等法）が成立してから，ちょうど20年目にあたる年に発表された本報告書は，現行の均等法に残されている課題を整理し，次の均等法改正を展望するものである。

　本報告書が出されるにいたった背景には，1997年に改正された現行の均等法（以下，改正均等法）に対して国内外から見直しの声が上がっていたこと[1]，また1999年に男女共同参画社会基本法が制定されたことなどがある。男女が持てる能力を十分に発揮できるような社会を構築するために，均等法には何が要求されているのか。報告書はそれを「男女双方に対する差別の禁止」，「妊娠，出産等を理由とする不利益取扱い」，「間接差別の禁止」，「ポジティブ・アクションの効果的推進方法」という4つの点から整理している。以下，それぞれにつき報告書の内容を概観したうえで，それらについての若干の考察を行う。

---

1) 改正均等法に対する批判は，国内においては早くも97年の法改正直後に，国会の附帯決議という形で表明された。具体的内容は，労働法律旬報1411号（1997年）61-62頁に掲載されている。国際的には本報告書も指摘するとおり，日本は2003年夏に国連女子差別撤廃委員会からいまだ間接差別を禁止していないことについての指摘を受けた。

回顧と展望②

Ⅱ　報告書の概要

1　男女双方に対する差別の禁止

　1985年に成立した均等法の解釈通達は，男性が女性と均等の取扱いを受けない状態については同法が直接触れるところではないとし，女性が男性に比べ有利に取り扱われることを許容していた。いわゆる均等法の片面的性格といわれるものである。改正均等法は，この片面性を原則として禁止した。しかしながら，改正均等法も文言上は「女性に対して」あるいは「女性であることを理由として」差別をしてはならないとなっており，いわゆる男女平等法にはなっていない。報告書は，他の先進諸国では概ね男女双方を対象に差別を禁止していることに言及し，男女双方に対する差別を禁止することの意義を整理している。そのうえで，仮に男女双方に対する差別を禁止した場合に，ポジティブ・アクションとの関係にどう対処すべきか，いくつかの留意点を挙げている。

　報告書が男女双方に対する差別を禁止することの意義として掲げるのは，以下のようなことがらである。第一に，均等法を福祉的な色彩から脱却させ，性差別の理念が明確になるということ。第二に，男女の職域分離の是正が進み，賃金格差も縮小することが期待されること。第三に，性差別の問題が男性の側から共感を得られ易くなり，そのことが女性に対する差別の是正にプラスに働くであろうということ。ポジティブ・アクションとの関係については，男性に対するポジティブ・アクションも許容するのか否かという点が検討されなければならないとする。先進諸国の例を見てみると，法律で男女双方に対する差別を禁止したうえで，ポジティブ・アクションについても男女双方について明文で許容している国もあれば，ポジティブ・アクションについては女性についてのみ明文で許容している国もある。報告書は，「わが国の女性の置かれた状況，特に男女間格差の現状に十分留意して検討が進められる必要がある」と結んでいる。

2　妊娠，出産を理由とする不利益取扱い

近年，日本では妊娠・出産を理由とする不利益取扱いの事案が増加の傾向にある。不利益取扱いの内容は，解雇，不利益な配置転換，パートタイムへの変更を迫るなど様々である。しかしながら，現行の均等法は解雇以外の不利益取扱いを規制していない。

このような状況に対し，報告書は「妊娠・出産は女性のみが担う機能であり，(中略)この点についての手当てが十分でないと男女の雇用機会均等の実質は確保できない」こと，また「少子・高齢化が進展する中にあって，働く女性が妊娠，出産に伴い不利益を専ら負担するという在り方は望ましくな」いことを指摘し，検討課題を次のように掲げている。第一に，諸外国においては，解雇以外の不利益取扱いについても法規制が行われていること。第二に，我が国の育児介護休業法が，育児休業の申出または取得を理由とした不利益取扱いを禁止している点を鑑みると，均等法が妊娠・出産を理由とする解雇以外の不利益取扱いを禁止していないのはバランスを欠くこと。第三に，産休の期間，産後休業が強制休業であるという点，また産休を制度化している諸外国の例を踏まえると，産休明けには原職または原職相当職への復帰を求めることも合理性があるということ，などである。

3　間接差別の禁止

1997年の均等法改正時には，間接差別を明文で禁止することが検討されたが，結局，間接差別という概念に対する理解が得られず，立法化は見送られた。報告書は内容的に，立法化に失敗した過去の経緯を踏まえ，できるだけ多くの人に間接差別の概念を理解してもらえるようにとの配慮を施している。分量的にも，この間接差別の禁止に関する部分にもっとも紙面を割いている。

間接差別について，報告者はまず「外見上は性中立的な規定，基準，慣行等が，他の性の構成員と比較して，一方の性の構成員に相当程度の不利益を与え，しかもその基準等が職務と関連性がない等合理性・正当性が認められないものを指す」と一般的に定義している。そのうえで，間接差別の概念に対する理解を促すために，他の概念との比較を行っている。具体的には，直接差別と間接

差別の概念の違いを明らかにし，間接差別といわゆる結果の平等との関係，及び間接差別とポジティブ・アクションとの関係について説明をしている。報告書はまた，「間接差別として考えられる例」を7例列挙し，読者が間接差別を具体的にイメージできるようにしている。加えて，諸外国の間接差別法理にも目を配り，何が間接差別に該当するかという判断については，国によって違いがあることにも言及している。

上記のような考察を踏まえ，報告書が留意事項として掲げるのは次の4つである。第一に，諸外国においては，間接差別の規定の仕方は異なるが，何らかの形で法規制が行われている状況にあること。第二に，いわゆる結果の平等とは異なる等，間接差別法理の理解の徹底が必要であること。第三に，どのようなものが間接差別に該当する可能性があるかについて，あらかじめイメージを示し，予測可能性を高め法的安定性を高めることが必要であること。第四に，間接差別に該当しない場合であっても，ポジティブ・アクションの積極的な推進により機会の均等の実質化のための取り組みが広く行われることが望まれること，である。

4　ポジティブ・アクションの効果的推進方法

1997年の法改正により，均等法はポジティブ・アクションを差別禁止に対する特例措置として許容することとなり，ポジティブ・アクションを行う企業に対しては国が援助を行うことができる旨を定めた。報告書は「近年，明白な差別は是正されつつあるが，個々人の意識等に起因する男女の処遇差の改善は，ポジティブ・アクションによることが適切」と指摘し，ポジティブ・アクションの意義を再確認している。しかし，ポジティブ・アクションの実施状況については，「企業の理解は進みつつあ」っても，「なお大きな広がりを持った動きにはいたっていない」と述べている。

報告書は，諸外国におけるポジティブ・アクション実施例を参考にしながら，我が国においてポジティブ・アクションを効果的に推進する方策を検討するにあたって留意すべきことを以下のように述べている。第一に，ポジティブ・アクションには，職業生活と家庭生活の両立支援施策や，採用・登用の基準の明

確化等男女双方を対象とした幅広い，多様な手法が含まれていることについて，いっそうの理解を進めることが重要であること。第二に，雇用状況報告書の作成や，雇用状況改善計画の策定を義務付ける等の規制手段については，一定の成果が上がることが期待される一方，企業・行政にコストも伴うことから，費用に見合った効果を上げる工夫が必要であること。第三に，ポジティブ・アクションをもっぱら奨励的な手法によって実施し，実効性を持たせるには，企業へのインセンティブ付与の工夫，特に企業トップに必要性を理解させる仕組みのあり方が重要であること。第四に，意欲と能力のある女性の活用を推進するには，女性のチャレンジを阻む社会制度・慣行の見直しも必要不可欠であり，そのためには，個々の企業の取り組みだけでなく，様々な分野においてポジティブ・アクションが着実に実施されることも重要であること，である。

III 報告書の検討

　報告書を読んで最初に思ったのは，なぜ検討課題が4つなのかということである。概説したとおり，本報告書は4つの課題について，研究会が検討を行うにいたった経緯と検討の結果を公表したものである。報告書の目的が次の均等法改正を展望することにあることを考えるならば，課題が4つのみというのは守備範囲が狭いと思う。例えば，職場で後を絶たないセクシュアル・ハラスメントにつき，現行の均等法の下で事業主は防止配慮義務しか負わない。事業主に防止義務を負わせることなども検討される必要がある[2]。また，現行法の下では，法違反を犯した事業主に対しての最終的な制裁としては，企業名の公表が存在するのみである。より効果的な実効性確保手段が検討される必要がある[3]。このように均等法改正に向けた課題は多いと思われるので，報告書が次回の法改正に向けての議論の間口を狭くしてしまったことを残念に思う。

　次に，報告書で検討されている4つの課題について考えると，現行の改正均

---

[2] 相澤美智子「平等の中身を問い直し一切の片面性を解消していきたい」『未来を拓く均等待遇（季刊『女も男も』臨時増刊）』(2005年) 50頁。

[3] 山田省三「改正均等法の禁止規定化と救済手段・補論」季刊労働法187号 (1998年) 74-76頁。

等法は男女平等法にはなっていない点や間接差別を禁止していない点などで，これまでにも他の先進諸国における差別禁止立法に劣ると批判されてきた。[4] 4つの課題はいずれも，均等法を他の先進諸国における男女雇用平等法に近づけるために重要なものである。少なくとも，これら4つについてはすべて法改正が実現してほしいものである。

第一の検討課題である「男女双方に対する差別の禁止」につき，均等法を完全な意味での男女雇用平等法にすることで男女の職域分離の是正が進み，男女賃金格差が縮小することが期待されるという報告書の記述には，いささか期待過剰との印象を持つ。しかし，日本は男女共同参画社会基本法を制定したのであるから，その精神に従えば，均等法が男女双方に対する差別を禁止するというのは当然である。男女双方に対する差別を禁止することにより別途検討しなければならない事項は，報告書も指摘するとおり，男性に対するポジティブ・アクションを許容するか否かということであるが，筆者は男女が共同して働く職場作りを進めることが男女差別の解消につながると考えるので，男性に対するポジティブ・アクションを許容することについても賛成である。

第二の検討課題である「妊娠・出産を理由とする不利益取扱い」についても，当然禁止すべきだと考える。その理由は，報告書が余すところなく記述していると思うので，ここでは繰り返さない。ただ，一昨年前に出された東朋学園事件最高裁判決[5]を思い起こすと，産後休業の期間も欠勤日数に含め，賞与等の減額控除の対象にするということに最高裁が異を唱えなかった点については，産後休業が強制休業であるという観点から疑問を覚える。それゆえ，均等法で妊娠・出産を理由とする不利益取扱いを禁止するにあたっては，単にそれを禁止するだけでなく，労基法で強制的に休業が定められている産後休業を欠勤と扱うことや，それにより生じる一切の不利益取扱いも禁止すべきだと考える。

加えてもう一点，第二の検討課題につき筆者が望むこととしては，産休後，

---

4) 改正均等法に対する批判を述べた文献は枚挙にいとまがないが，例えば，浅倉むつ子『均等法の新世界』（有斐閣，1999年）35頁〔片面性が残されたことについて〕，66頁〔妊娠・出産を理由とする不利益取扱いが禁止されていないことについて〕，山田・前掲注3）論文77-78頁〔間接差別が禁止されていないことについて〕など。

5) 東朋学園事件・最一小判平成15年12月4日労判862号14頁。

原職または原職相当職に復帰する権利というものを保障してほしいということである。ある研究報告は、産休後、職場復帰したときに、辺縁労働力として扱われることが、女性の社会で働こうという気持ちを失墜させ、彼女たちに家庭で育児に専念していた方がまだましであるという気持ちを起こさせるのだと指摘する[6]。ということは、男女共同参画社会を築いていけるか否かの分かれ目の1つは、産休後、職場復帰した女性をどう扱うかにかかっているといえよう。妊娠・出産した女性が職場においてマージナライズされるようであっては、少子高齢化問題は解消されない。

4つの検討課題の中でもっとも注目を集めているのは、前回の法改正において立法化が見送られた「間接差別の禁止」であろう。今回、研究会が間接差別禁止規定の立法化をにらんで、間接差別という概念の理解を促進させるための記述に報告書の紙面を割いたのは評価されてよい。しかし、次回の均等法の改正を通して日本の雇用社会に男女平等を定着させようと真剣に考えるならば、第三の検討課題である「間接差別の禁止」と密接に関連し、それを補強する役割を果たす第四の検討課題「ポジティブ・アクションの効果的推進方法」については、とりわけ積極的な提言があってもよかったと考える。

間接差別は、性中立的な基準等が一方の性に著しく不利益な効果をもたらしていても、それだけでは認定されず、使用者による正当性の抗弁が退けられて初めて認定される。したがって、何を正当な理由と考えるかという価値判断が結果を左右することになる。使用者が述べる理由に合理性・正当性があるか否かは、当然、事案に即して判断されなければならない。事案によっては、問題となっている性中立的基準を維持することについての使用者の抗弁に、職務関連性などの合理性・正当性が存在しないことが比較的容易に判断できるものもあろう[7]。しかし、その一方で使用者の抗弁に合理性・正当性が明らかに存在する場合もあるだろうし、また市場原理と「社会的公正」との折り合いをどうつけるのかという価値判断を迫られる場合もあるだろう。

---

6) Glenda Roberts, *Globalization and Work/Life Balance: Gendered Implications of New Initiatives at a U.S. Multinational in Japan* in EQUITY IN THE WORKPLACE: GENDERING WORKPLACE POLICY ANALYSIS 315 (Heidi Gottfried & Laura Reese eds., 2004).

特に，従業員の非正規化が進む昨今，間接差別という文脈においてもっとも大きな争点の1つになると考えられるのが，女性が大部分を占めるパートタイム労働者と正社員との賃金をはじめとする処遇格差の問題である。そして，企業も経営が苦しい中にあって，市場原理と「社会的公正」との折り合いをどうつけるのかというもっとも難しい価値判断を迫られるのは，まさにこの問題においてということになろう。この問題につき，ヨーロッパ諸国とアメリカとでは結論が分かれており，前者はこれを間接差別と捉えるのに対し，後者はそう考えない。ただ，そこで何が結論の分かれ目であったかを分析してみると，結局，非正規労働者と正規労働者との処遇格差の問題を間接差別と判断するか否かは，格差を争う者が非正規労働者であるというだけの事実を格差の正当理由とは「認めない」か否かという二者択一的な価値判断の問題に還元されるということが見えてくる[8]。

　これまで日本では，パートタイム労働者と正社員との賃金格差を間接差別と捉えるか否かという問題につき，パートタイム労働者であるというだけの事実でも格差の正当理由になるという学説が登場したこともあり[9]，逆にそれだけでは正当理由にはならないのだという社会的合意が形成されにくかった。しかし今後日本で雇用の劣化を防ぎ，富の分配が著しく不公平になるのを避け，男女共同参画を実現しようとするのならば，男性が大半を占める正社員の一部が特権的な処遇を享受する代わりに過重労働を担い，女性が大部分を占めるパートタイム労働者が実際に従事している職務の内容には見合わないような低処遇を受けている現状は解消されなければならない。それゆえ，この問題を間接差別という概念を用いて解決しようとするならば，単にパートタイム労働者である

---

7) 三陽物産事件（東京地判平成4年6月16日労判651号15頁）においては，使用者は女性に不利益になることを「容認して」性中立的な基準を導入したと認定され，使用者の抗弁には正当性がないと判示された。だが，日産自動車家族手当事件（東京地判平成元年1月26日労判533号45頁）においては，使用者が性中立的な基準を導入した経緯に着目して，使用者の抗弁には正当性がないとする判断手法はとられていない。

8) 相澤美智子「間接差別の禁止をめぐる日本の課題」労働調査2004年11・12月号（2004年）11-13頁。

9) 菅野和夫・諏訪康雄「パートタイム労働と均等待遇原則」北村一郎編『現代ヨーロッパ法の展望』（東京大学出版会，1998年）131頁。

ことを処遇格差の正当理由として「認めない」という決断に基づく社会的合意が求められることになり、パートタイム労働者であることが格差の正当理由になるのか否かという議論そのものは余り意味がないと考える。

ところが、報告書は間接差別の一例として、「処遇の決定に当たって正社員を有利に扱ったことにより、有利な処遇を受けられる女性の割合が男性に比べ相当程度少ない場合において」、使用者から「正社員とパートタイム労働者の間で職務の内容や人材活用の仕組みや運用などが実質的に異なること等」の抗弁が認められない場合、というのを挙げている。上記の「人材活用の仕組みや運用など」というやや分かりにくい表現は、パート労働法の指針第二にある「人事異動の幅及び頻度、役割の変化、人材育成の在り方その他の労働者の人材活用の仕組み、運用等」という表現を引用したものである。つまり、報告書はパート労働法の指針が掲げる事由が、違法性（間接差別）を阻却する事由になると述べたも同然であり、これだけでは多くの場合に単にパートタイム労働者であることが違法性阻却事由となってしまう可能性が高い。

日本では正社員が頻繁な配転・出向などの負担を負っていることを強調して、同一賃金は同一義務に対して保障されるべきであると主張する学説がこれまでに提示されているが、上記パートタイム労働法指針も、この説を踏まえて作成されたものと考えられる。だが、こうした立場に対しては「日本の正社員の勤務のあり方を考慮したうえでの現実的な均等待遇のあり方を考慮するものと評価すべきであるが、少なくとも立法論の次元で考える限り、現在の正社員の勤務実態を所与の前提としている点に問題がある[11]」との鋭い指摘がなされており、パートタイム労働者と正社員の処遇格差を間接差別という文脈で考えるにあたっても重大な意味をもつ指摘であると考える。報告書は、パートタイム労働者と正社員の処遇格差が正当とされるためには、使用者は正社員の勤務実態を変えることや、正社員の勤務に対する報酬のあり方を変えること[12]などが困難であることを証明しなければならないと言及してもよかったのではないかと考える。

---

10) 水町勇一郎『パートタイム労働の法律政策』（有斐閣、1997年）235頁。
11) 西谷敏「パート労働者の均等待遇をめぐる法政策」日本労働研究雑誌518号（2003年）66頁。

もっとも，研究会の立場を好意的に理解するならば，研究会は，この先，経営側からの反発を招き，間接差別禁止の立法化を再び見送らねばならなくなるような事態は何とか回避しなければならないと，パートタイム労働者と正社員の処遇格差の問題が間接差別として争われる場合の抗弁については，既存のパート労働法指針の表現を借りた記述にとどめ，核心に迫ることを回避したのかもしれない。そうなのだとしたら，パートタイム労働者と正社員の処遇格差につき，何を正当な抗弁とみなすか否かの判断は，将来その点についての判定を迫られる人による判定が下されるまで持ち越されたともいえる。それならば，研究会としては男女雇用平等のために現在可能な最大の努力をするという意味において，ポジティブ・アクションの強化に関する提言をもっと積極的に行うべきであったと考える。しかし，報告書は「間接差別に該当しない場合であっても機会の均等の実質化のための取組みはポジティブ・アクションの積極的な推進により広く行われることが望ましい」と述べ，男女雇用平等におけるポジティブ・アクションの重要性を唱えながらも，その実効性確保の方策については何ら積極的に提言していない。

　報告書が提示する諸外国のポジティブ・アクション実施例を概観して気づくのは，ポジティブ・アクションにより女性の登用が３割を超えている国では，概ね事業主にポジティブ・アクション計画表ないし実施状況報告の作成が義務付けられていることである。女性の登用が３割を超えてはいるが，ポジティブ・アクションの実施が表向きは企業の自主的な取組みに任せられているという点で例外に入るイギリスでも，実際は活発な民間団体の働きかけによって，ポジティブ・アクションが積極的に推進されている状況にあるという。こうした成功例から読み取れるのは，ポジティブ・アクションを効果的に実施しようとするならば，企業のまったく自主的な取組みに任せておくのではなく，何がしかの義務付けないし義務付けに類する働きかけが必要ではないかということである。

12）　例えば，配転や出向に対しては手当を支給し，基本給格差に結びつけないことなどが挙げられる。山田省三「パートタイム労働者と均等待遇原則」日本労働法学会誌90号（1997年）122頁参照。

アメリカのように政府調達契約を締結する事業主には計画書及び実施状況報告の提出を義務付け，政府がそれらの審査を行うという方法は魅力的ではあるが，審査も含めるとコストがかかるということであれば，せめて計画書及び実施状況報告の義務だけは事業主に課してもよいのではないだろうか。そして，報告書の内容は原則公開とすることである。そうすれば，日本でも活発に活動している民間団体などが，自発的にそれらを集計したり，分析したりして，データに基づき女性（ないし男性）を十分に活用していない企業に社会的圧力をかけていくことができるだろう。社会変革のためには市民による運動が重要であり，民間団体の活動の高まりに一層期待するという点からも，ポジティブ・アクション計画とその実施状況報告の内容の公開は是非とも行ってほしい。報告書にも，こうしたことを言及してほしかったと思う。

　報告書をベースとした審議会での議論は，2006年の国会への法案提出を目標に，2004年9月から開始されている。実りある議論により，次回の均等法改正が成功に終わることを期待するものである。

（あいざわ　みちこ）

産後休業・育児時間取得を理由とした
賞与不支給および減額措置の適否
―― 東朋学園事件・最一小判平15・12・4労判862号14頁 ――

丸　山　亜　子
(宮崎大学)

I　事実の概要

　1　学校法人である上告人Yに，事務職として採用された被上告人Xは，出産した翌日にあたる平成6年7月9日から同年9月2日までの8週間，産後休業を取得した後，Yの育児休職規定13条に基づき，同年10月6日から翌7年7月8日まで，1日につき1時間15分の勤務時間短縮措置を受けた。

　Yでは，慶弔休暇・配偶者が出産した際の休暇・産前産後休暇・生理休暇等の特別休暇を職員就業規則で定めるとともに（45条），これらの休暇のうち，産前産後休暇についてのみ無給としていた（47条）。さらに，育児休職規定により，育児休職および勤務時間短縮制度が認められていたものの，育児休職中ならびに短縮した時間相当分については，産前産後休暇と同様，無給の扱いとされていた（同規定11条，13条1項）。また，賞与（年間総収入額の約27％～31％を占める）の支給を受けるには，給与規定19条2項2号により，出勤率が90％以上でなければならず（以下，本件90％条項と記す），賞与の支給日および支給の詳細については，「その都度回覧で知らせる」としていた（同項3号）。

　Yは，平成6年度年末賞与支給に関して，上記の特別休暇のうち，産前産後休暇・生理休暇についてのみ，出勤率の計算に際して欠勤日数に加算する旨，平成6年11月29日付けの文書で回覧した。その結果，8週間の産後休暇を取得したXは，40日分が欠勤扱いされ，平成6年度年末賞与の支給を受けられなかった。のみならず，Yが，平成7年6月8日付けの回覧文書により，育児のための勤務時間短縮措置を受けた場合には，「短縮した分の総時間数を7時

間45分（7.75）で除して欠勤日数に加算する」（備考⑤）としたため，Xは，1日当たり約16％の割合で欠勤している計算となり，平成7年度夏期賞与の支給対象からも除外された。そこで，平成6年度年末賞与・平成7年度夏期賞与不支給の根拠となった就業規則の定めは，労働基準法65条・67条，育児休業法10条の趣旨に反し，公序に反する，あるいは就業規則の不利益変更にあたるとして，XはYに対し，各賞与ならびに債務不履行（選択的に，不法行為）による損害賠償を請求した。

　2　第1審（東京地判平10・3・25労判735号15頁）では，Xの主張を認め，平成6年度年末賞与・平成7年度夏期賞与分全額の支払いをYに命じた。原審（東京高判平13・4・17労判803号11頁）も，第1審判決とほぼ同様に，以下のように判示し，賞与2回分の請求部分を認容した。まず，年間総収入額に占める賞与の割合が大きいことを考慮すると，控訴人における賞与は，労働の対償としての賃金性を持つこと，本件90％条項が，主として女性が取得する休暇を，欠勤に加算して処理するという不合理な取扱いになっていること，産前産後休業・育児時間は，それぞれ，労働基準法・育児休業法によって保障されるものであり，労働者の責めに帰すべき事由による不就労とは区別されなければならないこと等を，原審は確認する。その上で，①本件90％条項は，従業員の出勤率確保という「一応の経済的合理性を有しているが，その本来的意義は，欠勤，遅刻，早退のように労働者の責めに帰すべき事由による出勤率の低下を防止することにあり，合理性の本体もここにあるものと解するのが相当である。産前産後休業の期間，勤務時間短縮措置による育児時間のように，法により権利，利益として保障されるものについては，そのような労働者の責めに帰すべき事由による場合と同視することはできないから，本件90パーセント条項を適用することにより，法が権利，利益として保障する趣旨を損なう場合には，これを損なう限度では本件90パーセント条項の合理性を肯定することはできない」と解し，本件90％条項中，産前産後休業および育児時間を出勤すべき日数に算入し，かつ，出勤した日数からこれらを除外すべきとしている部分については，公序良俗に反し，無効であるとした。さらに，②ノーワーク・ノーペイの原則

から，不就労期間に応じて賞与も減額すべきとするYの主張に対し，「休業日数に正比例して賞与をカットすることが一般原則であるとまでは認めるには足り」ず，「賞与の減額控除の対象をどのような範囲とすべきであるかまでを的確に判断すべき資料はない」として減額を認めず，賞与の全額支払いを命じた。Y上告。

Ⅱ 判　　旨

(破棄差戻し)

　原審が下した①の判断は是認するが，②については是認できないとして，次のように判示する。

　1　産前産後休業・育児時間を出勤取り扱いとすることまでは法律上義務づけられていないことから，「当該不就労期間を出勤として取り扱うかどうかは原則として労使間の合意にゆだねられているというべきであ」り，また，「従業員の出勤率の低下防止等の観点から，出勤率の低い者につきある種の経済的利益を得られないこととする措置ないし制度を設けることは，一応の経済的合理性を有する」。本件各回覧文書によって具体化された本件90％条項は，労働基準法65条及び育児休業法10条の趣旨に照らすと，これにより休暇取得の「権利等の行使を抑制し，ひいては労働基準法等が上記権利等を保障した趣旨を実質的に失わせるものと認められる場合に限り，公序に反するものとして無効となると解するのが相当である」。本件90％条項は「出勤率が90％未満の場合には，一切賞与が支給されないという不利益を被らせるもの」であること，従業員の年間総収入額に占める賞与の比重が相当大きいこと等から，「上記権利等の行使に対する事実上の抑止力は相当強いものとみるのが相当であ」り，「上記権利等の行使を抑制し，労働基準法等が上記権利等を保障した趣旨を実質的に失わせるものというべきであるから，公序に反し無効であるというべきである」。賞与支給の根拠条項と本件90％条項は「不可分一体のものであるとは認められず，出勤率の算定に当たり欠勤扱いとする不就労の範囲も可分であると解される」し，また，産前産後休業・勤務時間短縮措置による不就労を出勤率

算定の基礎とする部分以外について本件90％条項の効力を認めたとしても，「労使双方の意思に反するものではないというべきであるから，本件90％条項の上記一部無効は，賞与支給の根拠条項の効力に影響を及ぼさないものと解される」。

2　Yの給与規定及び回覧文書における賞与額の算定規定（以下，「本件支給計算基準条項」と記す）では，備考④・⑤で産前産後休業の日数及び育児のための勤務時間短縮措置による短縮時間分を欠勤日数に加算するとしていることから，「各計算式の適用に当たっては，産前産後休業の日数及び勤務時間短縮措置による短縮時間分は，本件各回覧文書の定めるところに従って欠勤として減額の対象となるというべきである。そして，上記各計算式は，本件90％条項とは異なり，賞与の額を一定の範囲内でその欠勤日数に応じて減額するにとどまるものであり，加えて，産前産後休業を取得し，又は育児のための勤務時間短縮措置を受けた労働者は，法律上，上記不就労期間に対応する賃金請求権を有しておらず，上告人の就業規則においても，上記不就労期間は無給とされているのであるから，本件各除外条項は，労働者の上記権利等の行使を抑制し，労働基準法等が上記権利等を保障した趣旨を実質的に失わせるものとまでは認められず，これをもって直ちに公序に反し無効なものということはできない」。この点につき，原審は，本件各除外条項が公序に反する理由を具体的に示さないまま，本件支給計算基準条項を適用せず，各賞与全額の支払義務を肯定しているため，破棄を免れず，「就業規則の不利益変更及び信義則違反の成否等の点について更に審理を尽くさせる必要がある」とし，本件を原審に差し戻した。

なお，本判決には，本件支給計算基準条項の備考⑤（育児時間部分）が，Xのみを対象に遡及適用されることから公序良俗に反し無効とする横尾和子裁判官の意見と，備考④（産前産後休業部分）も⑤と同様に，女性のみを対象に不利益を負わせるものであって，公序良俗違反により無効であり，これらを本件支給計算基準条項に適用する余地はないとした泉徳治裁判官の反対意見がある。

III 検　　討

1　本判決の位置づけ

　本判決は，産後休業および育児時間を取得したことを，欠勤とみなして，所定の出勤率を満たさないことを理由に賞与を支給しないことの是非が争われたものである。精皆勤手当支給や賃金引き上げ等に際して，各種休暇の取得を欠勤扱いにすることが争点となった，同種の最高裁判決としては，日本シェーリング事件・最一小判平元・12・4労判553号16頁，エヌ・ビー・シー事件・最三小判昭60・7・16労判455号16頁，沼津交通事件・最二小判平5・6・25労判636号11頁があり，それぞれ，本判決でも引用されている。とりわけ，日本シェーリング事件は，賃上げ対象者から前年の稼働率が80％以下の者を除外するという，本件90％条項と類似の規定により，労働者が多大な不利益を受けていたこと，稼働率の計算に際して，不就労時間に，産前産後休業・育児時間を含んでいたことなど，本判決との共通点が多い[1]。ただし，日本シェーリング事件では，産前産後休業・育児時間以外にも，「投網方式」とも称されるほど[2]，ありとあらゆることが不就労事由として列挙されており，その結果，80％条項に対する公序性判断も，これらの多種多様な不就労事由に向けられた，いわば概括的なものとなっている。本判決では，この公序性判断基準を，ほぼそのままの文言で用いることにより，有給が法律上保障されていない産後休業・育児時間の二つのみを不就労事由に含めた場合にも，日本シェーリング事件における公序性判断基準が該当することを明らかにしたものと解される。さらに，本判決は，出勤率の算定において，産後休業・育児時間を欠勤扱いすることにより，出勤率が90％を満たさないとして，賞与を全く支払わないことについては，労働基準法等が権利を保障した趣旨を実質的に失わせるため，公序に反し無効とするものの，他方で，賞与の支給額計算において，産後休業・育児時間分を

---

1)　野田進「産後休業，育休時短措置取得者の欠勤扱いと賞与不支給措置」労判865号9頁。
2)　中嶋士元也「稼働率80パーセント以下を賃上げ対象者から除外する旨の協約条項の効力」ジュリスト973号（1991年2月）123頁。

欠勤として減額対象にすること自体は,「これをもって直ちに公序に反し無効なものということはできない」としており,賞与支給における産後休業・育児時間の取扱いにつき,新たな判断を示したものといえよう。

2 本件90％条項の公序性判断について

本件90％条項の,産後休業・育児時間を欠勤扱いしている部分につき,本判決の判断は,以下の点で,高裁判決・地裁判決と共通する。すなわち,本件90％条項自体は,従業員の出勤率確保という目的を持つことから,一応の経済的合理性を持つことを確認した上で,当該措置が権利の行使の抑制につながり,各法律が労働者に権利を保障した趣旨を実質的に失わせたことになるかどうかを判断するとしている点である。しかし,何に着目していかにその具体的判断をなすべきかについては,最高裁と,地裁・高裁とで,見解の相違が見られる。

まず,本判決においては,日本シェーリング事件最高裁判決と同様に[3],本件90％条項に関して,「出勤率の低下防止等の観点から,出勤率の低い者につきある種の経済的利益を得られないこととする措置ないし制度を設けること」は,「一応の経済的合理性を有する」とするのみであり,高裁・地裁判決と異なり,この条項の目的・趣旨に則して,休暇の欠勤扱いの是非を判断するということはしていない。しかし,通常,こうした出勤率規定は,地裁・高裁が指摘するように,労働者の責めに帰すべき不就労を減少させるという,「勤務成績不良者に対する懲戒的機能」を持つものであり[4],本事件もその例外ではない。こうしたことを考慮すると,規定の当初の趣旨に適う不就労,すなわち,合理的理由を欠く欠勤(明らかに「さぼり」と思われる場合など)のみを,不就労として取り扱えば足りるのであり,労働基準法・育児休業法上保障された権利である,産後休業・育児時間の取得時間分を,出勤率算定に際して欠勤として扱うことは,通常許されないと解すべきである[5]。この点につき,本判決は,「権利等の行使を抑制し,ひいては,労働基準法等が上記権利等を保障した趣旨を実質的

---

[3] 林和彦「"稼働率"を基準とする賃上げ協定の効力」季刊労働法156号(1990年8月)82頁。

[4] 道幸哲也「労基法,労組法上の権利行使と欠勤評価の適否」法学セミナー425号(1990年5月)135頁。

に失わせるものと認められる場合に限り」，各休暇の欠勤扱いが許されないという，原則肯定，例外否定の立場を取る。本事件においては，出勤率が90％と非常に高く設定され，かつ，年間総収入額に占める賞与の比重が大きかったために，本件90％条項の，休暇取得分を出勤率算定において不就労とする部分につき，公序に反し無効とされることにはなったが，この「例外」にあたると認められる範囲は，一般にはそれほど広くない可能性もある。また，公序違反かどうかの判断にあたり，こうした不利益性の大きさを重視するのも，本判決の特徴の一つであるが，そもそも，公序性の有無の判断が，不利益の程度に左右されるのかについては，疑問の余地がある。[6]

さらに，本判決は，高裁・地裁と異なり，賞与支払いの要件である出勤率算定において，産前産後休業・育児時間が，法律上，有給であることまでは要請されていないことから直接に，労使間の合意があれば，原則として，各休暇の取得期間を欠勤とみなすこともできると結論づけている。しかし，各休暇が法律上，有給とされるかどうかと，賞与支給に際して，休暇を欠勤扱いすることが許されるかどうかは，本来，別個の問題であろう。[7] 次に述べる本件支給計算基準条項についても，90％条項と同様に，法律上賃金請求権の対象とならないことから直接に，公序に反し無効なものとはいえないとされているが，そのように即断できるかどうかについては，検討の必要があると思われる。[8]

3 本件支給計算基準条項について

地裁・高裁判決においては，本件90％条項が公序に反し，無効であることから，Yに全額の賞与支払いを認めていたのに対し，本判決では，本件支給計算基準条項まで公序に反するとはいえず，賞与額算定において各休暇を欠勤扱

---

5) 道幸・前掲注4) 論文135頁では，出勤率条項の性格から，労基法，労組法上の権利行使に基づく欠勤のみならず，慶弔休暇を不就労とみなす場合についても，公序違反にあたるとする。
6) 山田省三「産後休暇などの取得を理由とする賞与不支給条項の公序違反性」労判739号11-12頁。
7) 日本シェーリング事件・大阪高判昭58・8・31労判417号51頁も同旨。
8) 野川忍「産休・育休取得者に対する賞与不支給措置の適法性」ジュリスト1279号（2004年11月）164頁。

いにし，賞与を減額することも可能であるとした。この点については，横尾裁判官による意見，泉裁判官の反対意見でも指摘されているとおり，賞与支給額の計算において，育児時間を欠勤日数に加算すると定める本件支給計算基準条項は，賞与の対象期間が終了した後に挿入されたものであり，実際には，X１人のみを遡及的に不利益に取り扱うものである。したがって，この規定自体を，公序良俗違反にあたり，無効と解すのが適切である。また，賞与額算定の上で産後休業を欠勤と扱う規定を置くことについては，産後休業の特殊性，すなわち，労働者には，休暇を取得するかどうかの選択肢はなく，法律によって休むことを強制されるという点や[9]，労働基準法39条７項が，年休日数および年休取得の要件である出勤率の算定において，産前産後休業期間を出勤日とみなしている点を考慮すると，通常の欠勤と同様に扱うのは適当でなく，公序に反し無効とするべきであった。当判決は，こうした各休暇の欠勤扱いが，本件90％条項に比して，それほど不利益性が大きくないこと，それぞれの休暇が，法律上有給とはされていないことから，「直ちに公序に反し無効なものということはでき」ず，就業規則の不利益変更及び信義則違反等にあたらないかどうかをさらに審理すべきとして，原審に差し戻しているが，疑問である。仮に，本判決のように，経済的不利益性の程度を重視するとしても，本件支給計算基準条項により，Xの賞与額は平成６年度には約59％，平成７年度には約72％にとどまり，Xが受ける経済的不利益は決して小さくない。さらに，反対意見中で泉裁判官が指摘するとおり，男性が取得する配偶者出産特別休暇については，賞与の支給においても出勤扱いとされていたこと等を見ると，本件支給計算基準条項が，主として女性が取得する休暇のみを，賞与に関して不利益に取り扱うものとなっていたことは明らかである。これらに鑑みて，裁判所は，本件90％条項のみならず，支給計算基準条項についても，公序に反し無効であるとして，Yの請求を棄却する旨，自判するべきであったと考える。

なお，類似の最高裁判例に，年休取得期間につき使用者に一定の賃金支払いを義務づけた労働基準法旧39条４項の趣旨から，賞与の計算に際し，年休取得日を欠勤扱いにして賞与を減額することは許されないとした，エス・ウント・

---

9) 片岡曻・他『新労働基準法論』〔萬井執筆部分〕(1982年・法律文化社) 412頁。

エー事件判決（最三小判平4・2・18労判609号12頁）があるが，本判決では，これへの言及がまったくない。法律上有給扱いが保障された休暇に関する事案かどうかという違いはあるにせよ，先例にあたるエス・ウント・エー事件判決が，なぜ本判決中で無視されているのかは，理解しがたいところである。[10]

(まるやま　あこ)

---

[10] 年休取得を理由とする皆勤手当の減額・不支給が問題となった沼津交通事件・最二小判平5・6・25労判636号11頁でも，本判決と同様に，エス・ウント・エー最高裁判決がまったく無視されている（西谷敏「タクシー運転手の手当支給約定と公序違反」私法判例リマークス1994〈下〉13頁）が，疑問である。

じん肺訴訟における規制権限不行使と国家賠償責任
―― 筑豊じん肺訴訟・最三小判平16・4・27民集58巻4号1032頁 ――

新 谷 眞 人

(北海学園北見大学)

I 事実の概要

(1) 被上告人（1審原告）Xら176名は，筑豊地区の炭坑で粉じん作業に従事したことによりじん肺に罹患したと主張する者またはその承継人である。本件は，Xらが，上告人（1審被告）Y（国）に対し，Yがじん肺の発生またはその増悪を防止するために鉱山保安法に基づく規制権限を行使することを怠ったことが違法であると主張して，国家賠償法1条1項に基づく損害賠償を求めた事案である。じん肺とは「粉じんを吸入することによって肺に生じた線維増殖性変化を主体とする疾病」（じん肺法2条1項1号）であり，粉じんに暴露した後においても，じん肺結節が拡大融合するなどの病状が進行すること（進行性），いったん発生した線維増殖性変化等を元の状態にもどすための治療法がないこと（不可逆性）に特徴がある。

(2) 戦後わが国は，石炭の増産が戦後経済復興のための最重要課題であるとの認識に基づき，傾斜生産方式による石炭増産政策を強力に推進した。また，政府は，エネルギー革命に対処するため，昭和30年以降，石炭鉱業合理化臨時措置法に基づき，各企業に具体的な合理化策を指導し，数次にわたる石炭合理化政策を策定した。このように，政府は，戦後，いわば国策として，強力に石炭増産政策を推進し，また，合理化政策への転換後においても，石炭産業に対して強い影響力を及ぼしてきた。

(3) 炭坑夫のじん肺は，戦前，戦中までは重大な職業病としての認識は，一般に希薄であった。しかし，戦後，労働省によるけい肺巡回検診等により，

回顧と展望④

炭坑においても、多くのけい肺患者が存在することが明らかとなり、また、医学的知見では、昭和30年前後から、炭じんを長期間吸入した場合には、じん肺に罹患するおそれがあることが明確になった。政府は、けい肺に限定していた従来のじん肺に関する施策（けい肺特別保護法など）を根本的に見直す必要があるとの認識に立ち、昭和34年12月、じん肺法案を国会に提出し、同法案は、昭和35年3月31日に可決成立した（同日公布、同年4月1日施行）。

(4) 一方、鉱山保安法30条は、鉱業権者に対する具体的な粉じん防止のための規制内容を省令に委任しているところ、昭和34年当時の炭鉱粉じんに関する保安規制としては、粉じんの飛散を防止するため、粉じん防止装置の設置、散水等適当な措置を講じなければならないこと、ただし、防じんマスクを備えたときはこの限りでないことと定められているにすぎなかった（昭和54年改正前の石炭鉱山保安規則284条、以下「炭則」）。なお、昭和25年8月から、炭則に「けい酸質区域」指定制度が設けられ、指定区域においては規制を強化し、せん孔前の散水、衝撃式さく岩機の湿式化を義務づけていた（昭和61年改正前の炭則284条の2）。

(5) 工学的知見では、昭和30年代初頭までには、さく岩機の湿式化により粉じんの発生を著しく抑制できることが明らかとなっていた。しかし、石炭鉱山においては、昭和36年の調査で、さく岩機の湿式化率は、九州大手炭鉱で18.7%、九州中小炭鉱で5.9%にとどまり、金属鉱山と比較して大きく立ち遅れていた。また、九州地区において、けい酸質区域に指定された抗（指定抗）は、全体の3.6%にすぎず、その指定の基準も、合理性の認められないものであった。昭和35年当時は、防じんマスクの設置率も低調であり、じん肺教育も不十分であって、石炭鉱山におけるじん肺防止対策が適切に実施されているとはいえない状況であった。

(6) 本件の主な争点は、①Yが、じん肺の規制権限を行使しなかったことが国賠法1条1項の適用上違法となるか、②民法724条後段の除斥期間の起算点はいつか、の2点である。本件は、当初の原告480名に及ぶ大型訴訟であり、すでに消滅した中小炭鉱の元従業員が相当数含まれているため、Xらは、大手石炭企業6社と国（Y）の双方を被告にせざるをえなかった。

被告企業6社との関係では，第1審判決（福岡地飯塚支判平7・7・20判時1543号3頁）は，安全配慮義務違反を理由に損害賠償請求を認容した。その後，3社につき和解が成立し，残り3社については，第2審判決（福岡高判平13・7・19判時1785号89頁）が，損害賠償責任を肯定した。上告審において，2社が和解したが，1社が上告し，最高裁は，本件と同日の別判決で，上告を棄却している（筑豊じん肺〔日鉄鉱業〕訴訟・最三小判平16・4・27労判872号13頁）。

Yとの関係では，上記第1審判決は，Yに裁量権の濫用もしくは逸脱があったとは認められないとして，Yの賠償責任を否定した。これに対し，上記第2審判決は，Yの規制権限の不行使は「許容される裁量の限度を逸脱して著しく合理性を欠く」もので違法性があると判示し，Yの違法行為とXらの損害との間の因果関係を認め，逆転してYの賠償責任を肯定した。損害額は，合併症のない管理2，3の認定を受けている者（療養を要しない）を除外した者につき，それぞれの損害の3分の1を限度とした。これに対し，Yが上告したのが本判決である。

II 判　　旨

（上告棄却）

1　「国又は公共団体の公務員による規制権限の不行使は，その権限を定めた法令の趣旨，目的や，その権限の性質等に照らし，具体的事情の下において，その不行使が許容される限度を逸脱して著しく合理性を欠くと認められるときは，その不行使により被害を受けた者との関係において，国家賠償法1条1項の適用上違法となるものと解するのが相当である」。

2　これを本件についてみると「通商産業大臣は，遅くとも，昭和35年3月31日のじん肺法成立の時までに，前記のじん肺に関する医学的知見及びこれに基づくじん肺法制定の趣旨に沿った石炭鉱山保安規則の内容の見直しをして，石炭鉱山においても，衝撃式さく岩機の湿式型化やせん孔前の散水の実施等の有効な粉じん発生防止策を一般的に義務付ける等の新たな保安規制措置を執った上で，鉱山保安法に基づく監督権限を適切に行使して，上記粉じん発生防止

策の速やかな普及，実施を図るべき状況にあったというべきである。そして，上記の時点までに，上記の保安規制の権限（省令改正権限等）が適切に行使されていれば，それ以降の炭坑労働者のじん肺の被害拡大を相当程度防ぐことができたものということができる。

　本件における以上の事情を総合すると，昭和35年4月以降，鉱山保安法に基づく上記の保安規制の権限を直ちに行使しなかったことは，その趣旨，目的に照らし，著しく合理性を欠くものであって，国家賠償法1条1項の適用上違法というべきである」。

　3　除斥期間の起算点は「身体に蓄積した場合に人の健康を害することとなる物質による損害や，一定の潜伏期間が経過した後に症状が現れる損害のように，当該不法行為により発生する損害の性質上，加害行為が終了してから相当の期間が経過した後に損害が発生する場合には，当該損害の全部又は一部が発生した時が除斥期間の起算点となると解すべきである」。これを本件についてみると「じん肺被害を理由とする損害賠償請求権については，その損害発生の時が除斥期間の起算点となるというべきである。これと同旨の原審の判断は，正当として是認することができる」。

Ⅲ　検　　　討

1　本判決の意義

　本判決（民集58巻4号1032頁）は，国（または公共団体）の規制権限の不行使が「許容される限度を逸脱して著しく合理性を欠くと認められるとき」（判旨1）には国賠法上違法となるという判例法理にそくして，国家賠償責任を認めた初めての最高裁判決であり，また，民法724条後段の除斥期間の起算点につき，じん肺のように長期蓄積型の損害については「損害発生の時」との初判断を示した点において，重要な意義を有する。[1]

---

1)　本判決の評釈として，宮坂昌利・ジュリ1279号140頁（2004年），北村和生・法学教室290号126頁（2004年），小宮学・季刊労働者の権利255号64頁（2004年）がある。また，筑豊じん肺（日鉄鉱業）事件最判については，原田剛・法セミ598号116頁（2004年）がある。

国の規制権限の不行使が国賠法上違法とされる場合があり得ることについては，学説では異論がない[2]。また，判例も，本判決の引用する二つの最判（宅建業者事件・最二小判平元・11・24民集43巻10号1169頁，クロロキン薬害訴訟・最二小判平7・6・23民集49巻6号1600頁）が，このことを判示している。しかし，その理論構成および結論については，判例・学説とも，かならずしも一致しているわけではない。前記二つの最判も，事例判断の域を出ず，しかも，両判決とも結論において，国賠法上の責任を否定した。これに対し，本最高裁判決は，これらの最判の論理を一般的な判断枠組みにまで高め，しかもその具体的な適用にあたり，初めて国の責任を肯定したものである[3]。

　除斥期間の起算点については，最高裁は，じん肺訴訟では明確に損害発生時説を採用し，被害者の救済に重点をおいた判断を示した。

2　じん肺訴訟における国家賠償責任

(1)　規制権限不行使と国家賠償責任

　一般に，規制権限の不行使がいかなる場合に国賠法上違法となるかについては，裁量権収縮論，裁量権消極的濫用論およびいずれにも属さない第三の説（便宜上「許容限度逸脱論」とよんでおく）がある。裁量権収縮論は，裁量がゼロ

---

2) 秋山義昭『国家補償法』76頁（ぎょうせい，1985年），古城誠「権限不行使と国家賠償責任」『新・現代損害賠償法講座4』269頁（日本評論社，1997年）。
3) じん肺訴訟で，国の規制権限不行使が争われたものに，長野石綿じん肺訴訟・長野地判昭61・6・27判時1198号3頁（否定），植田満俺精錬所事件・最一小判平元・10・19労判556号84頁（要旨，否定），北海道石炭じん肺訴訟・札幌地判平11・5・28判時1703号3頁（否定），同・札幌高判平16・12・15未登載（肯定）がある。また，石炭じん肺に関し，企業の安全配慮義務違反が肯定されたものとして，常磐炭坑じん肺訴訟・福島地いわき支判平2・2・28判時1344号53頁，長崎じん肺（日鉄鉱業）訴訟・最三小判平6・2・22判時1499号32頁，同差戻し控訴審・福岡高判平7・9・8判時1548号35頁，長崎伊王島じん肺訴訟・最一小判平11・4・22労判760号7頁，長崎日鉄鉱業じん肺訴訟・最二小決平13・5・14未搭載，北海道石炭じん肺訴訟・前掲，岩手じん肺訴訟・盛岡地判平13・3・30判時1776号112頁，三井鉱山・三井石炭鉱業事件・福岡地判平13・12・18労判818号98頁（要旨）がある。なお，石炭以外では，マンガン（植田満俺精錬所事件・大阪高判昭60・12・23労判466号5頁），アスベスト（長野石綿じん肺訴訟・前掲），採石（日鉄鉱業松尾採石所ほか事件・最三小判平6・3・22労判652号6頁），金属鉱山（細倉じん肺訴訟・仙台地判平8・3・22判時1565号20頁），石灰石（秩父じん肺訴訟・東京高判平13・10・23判時1768号138頁）などがあり，すべて企業責任が肯定されている。

になる要件として4つの要件を指摘する（①被侵害法益の重要性，②予見可能性の存在，③結果回避の可能性の存在，④期待可能性の存在。これに，規制権限の補充性を加えて，5要件とする立場もある）。しかし，他の説においても，多かれ少なかれ，これらの要件を斟酌して総合的に判断せざるをえず，結局は説明の仕方の相違にすぎない。[4]

本件1審判決は，前記宅建業者事件最判を引用したうえで，規制権限の不行使が違法となるのは，その不行使により「法令が行政庁に権限を授権した趣旨，目的を没却するような事態が生じるという特殊例外的な場合」に限定されるとした。そして，前記裁量権収縮の5要件に言及しながら，このほかに「裁量権収縮に消極的に作用する要素」なども考慮すべきであるとして，本件において，予見可能性の存在は肯定したものの，結果回避の可能性ないし補充性の要件の充足が不十分であるとして，結論として国の責任を否定した。

これに対し，本件2審判決は，1審と同様に宅建業者事件最判を引用しながら「特殊例外的な場合」という文言をはずし，また，裁量権収縮の5要件のみで「裁量権の濫用」の有無を判断することは困難であるとして「具体的な事情のもとにおいて，規制権限の不行使が著しく合理性を欠くと認められるか否かを判断するほかない」とした。その結果，じん肺法制定以降の国の規制権限不行使が炭鉱企業の安全配慮義務不履行に大きな影響を及ぼしたとして，国の不作為と労働者の損害との間に因果関係を認め，1審判決を逆転させて，国の賠償責任を肯定したのである。

本最高裁判決は，2審の結論を維持したものであるが，権限不行使の違法性判断にあたり，2審判決にみられる「法令が行政庁に権限を授権した趣旨，目的を没却するような事態」という文言すら使っておらず，いわば純粋の「許容限度逸脱論」に立つものといえよう。本判決は，裁量権収縮論にとらわれず，権限不行使の違法性を合理性の判断にゆだねたものと解される。そして，じん肺が重大な労災職業病であることにかんがみ，国の規制権限不行使が許容限度

---

[4] 宇賀克也『国家補償法』156頁以下（有斐閣，1997年），芝池義一『行政救済法講義〔第2版補訂増補版〕』225頁以下（有斐閣，2004年）。

を逸脱し「著しく合理性を欠くとき」に該当すると判断されたものである。

(2) じん肺訴訟と国家賠償責任

じん肺は，労災職業病であるから，第１次的に企業の責任が問われるのは当然であるが，国賠法上の責任との関係を媒介する論理として，２審判決は，憲法27条２項のいわゆる労働条件法定原理を重視した[5]。すなわち，鉱山保安法４条の鉱業権者の講ずべき措置および同法30条により省令に委任された危害防止のための具体的事項は「憲法27条２項にいう勤労条件（したがって，その内容は使用者と労働者との労働契約の内容となる。）となるものであり」担当行政庁（当時の通産省）は，適切な労働条件を定める行政上の義務を負い，また，規制権限の行使によって個々の労働者が受ける利益は，国賠法上保護された法的利益に該当する，と述べている。

この点につき，本最高裁判決は，鉱山保安法の趣旨・目的にてらし「鉱山保安法は，職場における労働者の安全と健康を確保すること等を目的とする労働安全衛生法の特別法としての性格を有する」ものと位置づけ，通産大臣の保安規制権限は「鉱山労働者の労働環境を整備し，その生命，身体に対する危害を防止し，その健康を確保することをその主要な目的」としていることを指摘し，その権限は「できる限り速やかに，技術の進歩や最新の医学的知見等に適合したものに改正すべく，適時にかつ適切に行使されるべきものである」と判示した。つまり，通産大臣は，労働大臣に代わって，じん肺法成立の時までに，炭則を改正して「炭坑労働者のじん肺の被害」（判旨２）を防止する義務があったということになろう。本判決もまた，じん肺防止が重要な労働条件の一つであることを十分に意識したものといえよう[6]。

本判決で特徴的と思われるのは「国策としての強力な石炭増産政策」等政府による石炭産業への強い影響力を重視している点であろう（事実の概要(2)のほか，もう１カ所同旨の表現がみられる）。この歴史的事実が，本判決において，国家賠償責任を肯定する積極的な要素として作用したことはまちがいないであろう。

5） 小宮・前掲注１）論文67頁。
6） このことは，労災職業病としてのじん肺については，権限不行使の例として行政法学上通常あげられる野犬被害とか，薬害，公害の場合とは異なる独自の法理が構築されるべきことを示唆するものであろう。

結局，本判決は，鉱山保安法の下で，国策として強力に増産政策が推進された石炭産業に関する事例であり，同じじん肺の事案でも，マンガン（植田満俺精錬所事件・前掲）やアスベスト（長野石綿じん肺訴訟・前掲）等の場合とは，いささか事情が異なるといえよう。石炭以外のじん肺訴訟においては，ただちに国の不作為責任が肯定されることにはならないと解される。

3　じん肺訴訟と除斥期間の起算点

本判決は，一般論として，民法724条後段の除斥期間の起算点につき，加害行為のときに損害が発生する場合には「加害行為の時」が起算点となるが「加害行為が終了してから相当の期間が経過した後に損害が発生する場合」には「当該損害の全部又は一部が発生した時」が起算点となると解すべきであるとする。そして，じん肺のケースについては「その損害発生の時」を起算点と解すべきであり「これと同旨の原審の判断」を是認している（判旨3）。これは，いわば加害行為時説と損害発生時説を使い分ける立場であり，近時の学説の動向にそうものである[7]。最高裁が，この立場を明言したのは，本判決が初めてである。

ところで，本判決が是認した原審の判断を子細にみると「除斥期間の起算点も，最終の行政上の決定を受けた日あるいはじん肺を原因とする死亡の日と解するべきである」と判示している。したがって，本判決のいう「損害発生の時」とは，具体的には，最終の行政決定日または死亡日を意味するものと解される。

周知のように，じん肺訴訟においては，企業に対する安全配慮義務違反を理由とする損害賠償請求権の消滅時効（民法166条1項，167条1項）につき，最終行政決定時説（長崎じん肺〔日鉄鉱業〕訴訟・最三小判平6・2・22前掲）および死亡時別途起算点説（筑豊じん肺〔日鉄鉱業〕訴訟・最三小判平16・4・27前掲）が，判例上確立している[8]。このような解釈が必要とされるのは，本判決が他の箇所

---

[7] 内田貴『民法Ⅱ』438頁（東京大学出版会，1997年），松久三四彦「消滅時効」『新・現代損害賠償法講座1』255頁（日本評論社，1997年），井上英治『現代不法行為論』141頁（中央大学出版部，2002年）。なお，松久教授は，民法724条後段の20年につき，時効説をとる（松久・前掲論文288頁）。

で述べているように「損害の発生を待たずに除斥期間の進行を認めることは，被害者にとって著しく酷」であり，また加害者側においても，相当期間の経過後に「損害賠償請求を受けることを予期すべきである」からである。結局，除斥期間の起算点の解釈は，消滅時効の場合と本質において変わりはなく，上記原審の判断は妥当なものであり，本最高裁判決も，これを端的に是認したものと解される。[9]

(あらや　まさと)

---

8) 判例の動向につき，松本克美『時効と正義』387頁以下（日本評論社，2002年）、同「じん肺訴訟における消滅時効の起算点と援用制限—筑豊じん肺訴訟控訴審判決の検討」法時74巻10号97頁（2002年）。
9) 本判決後に出された，北海道石炭じん肺訴訟札幌高裁判決・前掲注3）は，除斥期間の起算点につき，本件原審と同様「最終の行政上の決定がなされた日ないしはじん肺で死亡した日」と判示したが，国は「最初の行政上の決定日」を主張して上告したと報じられた（北海道新聞2004年12月23日付朝刊）。しかし，本判決の最高裁の立場は，国の主張とは異なることは明白と思われる。

《特別企画》

座談会

法科大学院における労働法教育

出席者　野田　　進（司会・九州大学）
　　　　橋本　陽子（学習院大学）
　　　　三井　正信（広島大学）
　　　　盛　　誠吾（一橋大学）
　　　　山田　省三（中央大学）
　　　　吉田美喜夫（立命館大学）
　　　　和田　　肇（名古屋大学）

座談会　法科大学院における労働法教育

● 企画の趣旨

盛（学会誌編集委員長）　本日は，お忙しいところをお集まりいただきましてありがとうございました。学会誌編集委員会では，学会誌105号の特別企画として，昨年4月から始まったロースクールにおける労働法教育について，会員間の情報や認識の共有を目的とする特集について検討いたしました。しかし，学会誌の紙幅の都合もございまして，一度に多くの情報を掲載することは困難だということもあり，まずはロースクールの授業を実際に担当された会員による座談会を開催し，これまでのご経験などをもとに，ロースクールにおける労働法教育の現状や問題点，今後の課題などについてお話し合いいただこうということで，急きょお集まりいただいた次第です。

事前にすべての法科大学院のホームページを調べてみましたところ，本年度はロースクールで労働法関係の科目が開講されていないところも少なくないようです。労働法関係の科目が3年次（既修者2年次）配当科目になっていて，来年度以降開講される予定であるとか，本年度は既修者がいないということがその理由のようです。本日は，本年度実際に授業を担当なさった方にお集まりいただいたわけですが，ご体験談などを交えて，いろいろと有意義なお話をうかがえればと思います。この後の進行は司会の野田先生にお任せいたしますので，よろしくお願いいたします。

野田（司会）　それでは始める前に，まずはメモとして準備させていただいたものをご覧いただきたいと思います。前半の方は，わりと制度的な話題ですので，順番にそれぞれの法科大学院の状況をお話しいただくことで実情を出していただいて，情報を共有するということに重きを置いてやっていきたいと思います。後半は，適宜ご自由にお話ししていただいて結構だと思います。また，山田先生のように資料を用意していただいてお話になるという方法ももちろん歓迎ですし，必ずしもそうでなくても，ご記憶とかあるいはお手元にご持参いただいた資料を参照しながらお話しいただいても結構です。

それでは座談会を始めたいと思います。昨年，全国68校で法科大学院が開設されまして，まる1年がほぼ終わりまして，私はちょうど昨日自分の労働法の期末試験を終えたところです。1年を経ましたが，法科大学院が，何かと社会的な注目を浴びているのも相変わらずです。

その中にあって，ご承知のように，労働法は新司法試験の選択科目の一つとされまして，倒産法と並んで有力な選択科目と予想されております。そして，昨年12月にはサンプル問題が発表され，さらに今年の8月には模擬試験も予定されておりまして，選択科目も模擬試験の対象になっているようです。

一方で，法科大学院は，これからの法学教育あるいは研究者養成の有力な柱として位置付けられることになりまして，実用法学としての労働法学にもそのことが何らかの影響を及ぼしてくるのではないかと思われます。労働法学における研究者養成の方法，あるいは労働法研究のあり方といった，

それなりの伝統を形成してきた労働法学における研究教育のあり方についても少なからず影響が及んでくるように思います。その意味では，労働法学会としては重要な関心事であり，見守っていくべき問題だろうと思うわけです。

そういった意味で，先ほど盛先生からお話がありましたように，法科大学院における労働法の教育について情報を共有して，問題や将来展望を議論する機会を設けていただいたことは，労働法学会として意味のあることではないかと思っております。課題は非常に大きいですし，論ずべきことは多いのですけれども，さし当たってまだ1年間が済んだだけですし，労働法が3年生科目であったり，既修者がいなかったりで，既に労働法を担当した学会メンバーはそれほど多くはありません。先生方には，ご経験にてらして活発なご議論をお願いしたいと思います。

最初に，項目に入る前に，盛先生のほうでお作りいただいた「法科大学院　開講科目・担当者一覧」という資料で，全体的な概要をお話しいただければと思います。

　盛　ロースクールの数は最初は68校でしたが，2005年度からは74校に増えます。それらのホームページを調べた結果がこれです（資料・略）。新設校では詳しい内容がまだ載っていないところもあるのですが，全体を通して見た特徴としては，まず，すべてのロースクールで労働法関係の科目が開設されていて，そのほとんどが選択科目となっています。開講の仕方としては，2単位科目を二つで合計4単位というところが最も多く，1科目4単位とするものや，3単位プラス1単位科目とするところ（中央大学）もあります。それに，2単位・2科目プラス演習ないしは労働訴訟関係科目を開設している大学（一橋大学，静岡大学，立命館大学，神戸大学）を含めると，過半数に達します。次に多いのは1科目2単位だけというもので，ざっと数えて25校ありましたが，そのほとんどが，いわゆる先端科目としての位置付けです。それから，2単位科目が3科目というところもいくつかある（京都大学，大阪大学，甲南大学，広島大学，九州大学）ほか，やはり定員の大きなロースクールになりますと，実務家教員を配置したり（中央大学，東京大学，早稲田大学），合計で8単位ないし14単位の科目を開設するなど（慶應義塾大学，早稲田大学，関西大学），規模による違いが目立ちます。担当者については，ほとんどのロースクールで研究者が担当者になっていますが，一部には，実務家だけが担当するという例も見受けられました。大まかな特徴としては，以上です。

1　労働法の授業カリキュラム

　野田（司会）　それでは，以上お話しいただきました全体像を背景に，ご所属の法科大学院として予定されている労働法の授業カリキュラムについてお話しいただきたいと思います。最初に山田先生からお願いします。

　山田　中央大学では，労働法は選択科目として2，3年次に配当されています。

完全ゼメスター制が採用されており，前期・後期それぞれで完結します。2004年度は，講義・試験とも全部終了していますが，前期・後期ともに，1コマ30分の講義が30回行われることになります。

　労働法の単位数は，先ほど盛先生から2単位・4単位という法科大学院が多いというお話があったのですが，中央大学だけが3単位という変則的な単位数になっています。これは，研究者教員が2単位を分担するほかに，実務家，弁護士教員2名に実務的観点からの講義を1単位お願いし，別の曜日に交互にやっていただくというかたちになっているからです。したがって学生は週2日労働法を取らなければいけないという変則的なかたちになっています。

　2004年度は既修の2年生だけが受講対象ですけれども，来年度からは未修の2年生も加わってくるので，かなり受講者数が増えるのではないかと予想されます。2004年度の受講者数は，前期が15名で後期が19名でした。ただし履修希望者はいつも多くて，事前アンケートでは150名ほどあったのですけれども，必修科目と重なっていたので，実際に履修できたのはその数でした。ただ，実際に履修はしないけれども聴講で出させてくれという学生が数人おりました。

　中央大学では労働法という3単位のほかに，さらに専門的な法曹を目指したいという学生のためにテーマ演習という科目があります。「雇用差別と法」というのがテーマなのですけれども，労働法における要件事実などのテーマも取り上げました。2004年度は，4名の履修者がありました。

　さらに講義科目ではないのですけれども，個別労働紛争を取り扱うリーガル・クリニックがあります。これは，教員2名（実務家・研究者各1名）に学生6名で構成される科目です。2004年度は裁判所や労働委員会に傍聴に行き，事件の争点について裁判官と意見交換したり，議論したりいたしました。労働法という講義に限定しないで，テーマ演習（ゼミ）とかリーガル・クリニックを使って，労働法における理論と実務の架橋を果たそうと努力しているところです。

　アンケートなどでも，新司法試験の選択科目で，労働法の人気は1，2を争うようですから，来年度は労働法の履修者がかなり増えるのではないかと思います。場合によっては，同じ講義を2回する必要もあるかと考えているところです。

野田（司会）　ありがとうございます。質問などはあとでまとめてやることにして，次は橋本先生お願いします。

橋本　学習院大学での労働法は，前期・後期に2単位ずつ労働法1と労働法2という科目を開講しています。1回の授業時間は90分で週1回です。回数は14回です。対象学年は2年生と3年生で選択必修科目です。今年度は，前期は私が海外留学のためいませんでしたので，後期に2科目開講しましたけれども，受講生が少なかったので，1科目は開かずに労働法2という科目だけ開きました。1と2に分けたのですけれども，学生の中でどちらか片方だけ取って，労働法を必ずしも司法試験の選択科目とはしないけれどもちょっと勉強しておこ

うという学生もいるかと思いまして，どちらでも一通り個別法も集団法も学ぶという構想を立てました。それで1と2でどちらを先にやってもいいということにしています。

シラバスでは主要な判例を具体的に検討することにしていまして，それはホームページで公開されていますが，実際には構成はかなり変えてあります。そのように判例を検討するけれども，それでは全論点がカバーできないので，例えば賃金がテーマのときには賃金に関する大体の論点を一問一答形式のようなプリントを事前に配って，予習に使ってもらっていました。

講義参加者ですけれども，正規登録したのは1名だけでした。これは山田先生のお話にもあったとおり，2年生は必修科目が多いうえに，必修科目も取りたいだけ取れるのではなく，単位修得のために登録できる科目数にも上限があったために，2年生のうちに選択必修科目である基礎法科目を取ってしまおうという学生が多かったようです。ほかに2名聴講で，合計3名でした。一応講義形式なのですけれども3名しかなかったため，実質的にはゼミ形式でした。

野田（司会）　ありがとうございました。引き続き和田先生お願いします。

和田　名古屋大学の労働法は，前期に労働法Ⅰ（労働実体法），後期に労働法Ⅱ（労働紛争法）という名前で開講しています。対象学年は2年で，両方で4単位ですけれども選択科目になっています。今年の受講生は既修者クラスが約30名だったのですが，前期は12名，後期は8名でした。授業形式はあらかじめケース問題と解説を提示して，それについて完全にソクラテスメソッドの形式でやっています。したがって講義というかたちでは全く行っていません。

後期の労働紛争法の中では，できるだけ実務に近いものをとり入れたいということで，4回分弁護士に来ていただいて，実際に扱っている訴訟，今年は解雇と雇用差別と労働災害についての事件をとり上げましたけれども，訴状を読む，判決を読むというかたちの授業を行いました。来年はもう少し学生が増えるのですけれども，ソクラテスメソッドをやっていると，やはり学生の数としてはどんなに多くても30人が限界で，理想的には恐らく20人ぐらいがいいのだろうと考えています。

吉田　立命館大学の吉田です。まず，科目は労働法務Ⅰ，労働法務Ⅱ，労働法務演習の三つ置いております。労働法務ⅠとⅡはそれぞれ2単位，そして労働法務演習は4単位で，いずれも配当の回生としては2回生の前期に集中開講するという格好です。労働法務演習は4単位ですので，週に2回開講するという格好ですが，今年度はまだ開講しておりません。今年度開講したのは労働法務ⅠとⅡだけで，カリキュラム上は前期配当ですけれども，ちょっと事情がありまして後期に行いました。

実は，当初前期の段階で受講の仮登録を求め，そのときにはそれぞれ大体10名ぐらいの受講者の規模でしたが，先ほども紹介がありましたように，途中から労働法が新司法試験の選択科目の中に加わるという情報が入りまして，本登録をした段階では登

録者数が倍増以上になりまして結果的に言いますと，労働法務Ⅰ，これは労働契約法が中心ですけれども，この登録者が26名になり，労働法務Ⅱのほうは，主に労働団体法が中心ですけれども13名という構成です。加えまして今年度の特殊な事情，つまり開講当初ということに配慮して，単位にはならないけれども聴講を認めるということをした結果，それぞれ労働法務Ⅰが33名，労働法務Ⅱが20名という規模で行いました。

なお，労働法務演習は，これは先ほどの資料では私が担当ということになっていますが，実はその後変更がありまして，実務家にやっていただくことになりました。内容は弁護士が実際に担当したケースをベースにしながらゼミ形式で授業をしていただくことになっております。クラスの規模そのものは講義の場合は上限50名，演習の場合は30名としておりますけれども，先ほど数字を紹介しましたように，大体20名から30名ぐらいのところに収まるのではないかと思っております

来年度の予定ですが，あらかじめ受講希望を聞いたところ，労働法務Ⅰ・Ⅱについて，実は非常に希望者が多くて，労働法務Ⅰのほうが24名，労働法務Ⅱのほうが6名という希望が出ております。実はこの数はほかの科目と比較してダントツに多いのです。そういう点で労働法にかなり関心が強いという印象を持っております。

　三井　広島大学は2単位ものを三つやりまして，個別的労働関係法が2単位のものが二つ，労働契約法と雇用関係法に分かれます。労働契約法のほうが2年後期，雇用関係法のほうが3年前期ということになります。まず雇用契約法のほうで労働契約法理と労働契約理論をやって，次に，労働基準法等実体的な個別関係法の分野を3年で開講します。それからもう2単位，2年後期ですけれども，組合法関係を労使関係法という名称でやっております。合計6単位なのですけれども，広島大学の場合はひとコマが120分ですから，実際かなりの時間を労働法にあてておりまして，6単位といいながら事実上は8単位分ぐらいの内容の授業を行うことができます。

広島大学の場合は既修者が14人おりますが，今年一人司法試験に通りましたので実際には13人です。労働契約法のほうは少し少なくて12名の登録があり，ほぼ全員とっているという状況です。それから労使関係法は9名になっております。学生のアンケートによりますと，既修者13名中10人が労働法を選択科目でとるということでありまして，労働法の人気が非常に高いという状況になっています。

授業形態としては，今まで現行の司法試験向きの勉強をした学生が多く，学部ですら労働法をとっていないという状況ですので，まず基礎から始めて，2時間というとけっこう時間的に余裕がありますので，講義をある程度やったうえでソクラテスメソッドといいますか，論点とか判例を挙げて学生と議論をして質疑応答するというかたちで進めております。ですから，学生のほうは講義を聞きながら議論をするということで，わりと好評といいますか，なかなか理解が深まったということを言っておりま

特別企画

す。来年度もかなりの数の学生がとるということを聞いております。広島大学では選択科目が発表になってから学生が労働法を選択することを決めたケースが多いという状況でしたが，結局のところ選択科目でありながら，けっこうな数の学生が，特に今年は既修者がとったという状態であります。

教科書等はあとで話題になると思いますが，菅野和夫先生のあの分厚い本（『労働法〔第6版〕』）を辞書代わりに指定しまして，それから『労働判例百選』もケース・メソッドの教材として指定しまして，あとは私がこのようなレジュメ集を印刷して生協に販売してもらいそれを学生に購入してもらって，それに従って質疑応答型の授業を進めてやっております。

うちは2月中旬まで授業がありまして，まだ試験をやっていないので，どれぐらいの出来か分からないのですけれども，リポートを今まで学生に書かせた限りでは良くできている者からできていない者までさまざまでありまして，これをみると今後授業等を改善しなければならないと考えており，授業のやり方については現在少しばかり暗中模索の状況であるというところです。

盛　一橋大学の状況ですが，開講科目としては労働法ⅠとⅡ，それから発展ゼミという名前の演習科目がございます。今年は2年生向けの労働法ⅠとⅡを開講しました。それぞれ，2年の前期・後期の選択必修科目になっています。

まず労働法Ⅰのほうでは，主として雇用関係法をとり上げました。労働法Ⅱのほうでは，集団的な関係と労働訴訟に関する個別テーマ，例えば労災とか解雇といった問題について，判例を中心に検討するという内容でした。

履修者は法学既修者ですが，学部で労働法を履修していない学生が多かったものですから，当初は本当に素人相手のような状況でした。最初，教科書や資料，判例を読ませておいて，それについて授業で質問するということをやろうとしたのですが，教科書や判例・資料を読んだだけではどこが問題なのかよく分からない，どこをどう読めばいいのか教えてくれという反応が返ってきました。そのため，あらかじめ用意したレジュメを全部書き換えまして，問題点や質問事項を列挙しておいたうえで，授業ではそれをもとに質問ややり取りをするという方法をとりました。

本学の既修者は全部で72人なのですが，そのうち労働法Ⅰを19人，労働法Ⅱを13人が履修しました。労働法ⅠとⅡの両方をとった学生のほか，労働法Ⅱだけとった学生もおりました。労働法Ⅱをとったかなりの学生が，新司法試験では労働法を選択するようでして，この春休みもそのための勉強をするから協力してほしいと言われています。

発展ゼミは来年担当しますが，これは，判例や事例問題の検討のほか，実務家を呼んで話をしてもらうということを考えています。

野田（司会）　それでは九州大学もお話しさせていただこうと思いますが，九大は二つ大きな特色があります。一つは，労働法を必修にしているという点です。もう

一つは，にもかかわらずと言いましょうか，のみならずと言いましょうか，30人クラスを原則にしています。そうすると定員が100人なものですから，労働法を3クラス必修で2年次に実施することになります。この必修の労働法とは別に，「労使紛争処理」と「公共部門労働法」をそれぞれ2単位で，これは選択科目で3年次にやります。

平成16年度に関しては，労働法は2年生科目ですから，14人いる既修者に対して2単位の授業を後期に終えました。平成17年度後期からはいよいよ100人相手に私と同僚の中窪さんで3クラスを担当します。それとは別に3年生次の選択科目を，野田が前期に，中窪さんが後期に担当することになります。

そういうわけで，今年度の労働法に関しては既修者14人であるわけでして，この中には労働法を既に勉強したのみならず，実際に企業の労務担当でかなりのことをよく知っている詳しい学生がいる一方で，社会経験どころか授業を聞いたこともないという学生もいます。私はこの必修の労働法に関しては，学部学生に対する授業の倍速でやることにして，質問などはしますが，時間の制約で講義を基本にしてやる方法にしてしまいました。ただ，リポートをA4・1枚ですけれども全員に毎回書かせています。人数の少ない今年だからできたのかもしれませんけれども，全員に課題を与えて新司法試験問題のタイプの課題を与えて提出させ，毎回それを読んで添削して，評価を付けて返すということをやっています。毎回講義の最初の15分ぐらいはそれについての質疑応答みたいなこともやっています。

17年度からの3年生向けの選択科目ですが，労使紛争処理は野田で，公共部門労働法は中窪です。それぞれシラバスは書いていますが，新司法試験の選択科目として労働法を選択する学生が，相当の高い割合になるのではないかと踏んでいます。ですから，この2科目は学生の希望に即して，かなり受験を意識したような授業に切り替えて，シラバスも書き直さなければいけないと中窪さんと話し合っている状況です。

それでは，いまカリキュラムを中心にお話しいただきましたが，授業方法についてもある程度踏み込んだ話題になっています。それぞれのやり方について何かご質問等がありましたら。

吉田　ちょっと補足をさせていただいてもいいでしょうか。今皆さんのお話を聞いていて触れなければいけないと思いましたのは，一つは今年度の場合既修者が対象だけれども，その中で労働法を既に学部段階で勉強したかどうかという点から言いますと，半分ぐらいの学生が学部で勉強したという状況です。当初は双方向型で講義をしなければいけないという意識を強く持っていて，かなりの量の判例等の資料をあらかじめ学生に読んでこさせて，それを踏まえて授業の場ではディスカッション的にやらなければいけないという意識がすごく強かったのです。

しかし現実に講義を始めてみますと，当初はうまくいきませんでした。学生もこの科目だけではなくて，ほかの科目でも山のような資料を読んでこなければならないと

特別企画

いうことで，学生のほうが悲鳴を上げまして，「先生はあらかじめ読んでこいと言うのだけれども，どうもよく分からない。しかし授業の中で位置付けを説明してもらいながら，いわば読み方をちゃんと言ってもらうと，なるほどなと納得がいく」というわけで，あらかじめ読ませるということよりも，授業の中で簡単に目を通せそうな資料，例えば『労働六法』に解説抜きの事案と判旨だけを要約したようなものがありますけれども，ああいったイメージのものを適宜参照させながら講義をしていくようなやり方をしましたら，何とか学生のほうも少し落ち着いてきたというのが実態でした。

野田（司会） 私も，吉田先生がおっしゃったのと同じイメージを持っているのですけれども，授業では，教科書に出てくる判例については，判旨の重要部分を，判例件数で言えば200ぐらい，ページ数で言えば7，80枚ぐらいの配布資料を配っています。また，通達の重要な部分については一部配っています。学生の方から，あらかじめ判例も読んでおきたいので配ってほしいというので，講義の3日ぐらい前までにはメールで配信する方法で対処しています。

和田 うちは全く逆の発想で，先ほど講義は一切やらないと言いましたけれども，私と土田さんが「ウォッチング労働法」に書いた設問形式と解説形式のものを毎回学生にホームページ上で見れるようにしておき，これについて例えば当事者はどういう主張をするか，そこでの争点は何か，皆さんだったらどういう解決をするのかということについて予習させておき，それをディスカッション形式で最初から最後までやる。最初労働法を勉強しない人がいたのですけれども，何回かやっているうちにこつが分かってきて大体ついてきますし，十分できると思っています。

こういうケース・メソッド方式にしますと体系がなかなか理解できないというのが少し不満で，それは自分で勉強しておいてくださいとしか言いようがないのですけれども，一つそういう問題があります。来年も徹底的なケース・メソッド，ソクラティック・メソッドで一人一人とフェース・ツー・フェースでやっていきたいと思っています。

野田（司会） 労働法でそれは重要なことだと思うのですけれども，和田先生なんかはむしろそういう方向ではなくなる，つまり，規範的なことをしっかり根付かせたうえで発言しないと，どうも常識論に流れたり，かわいそう論に流れたりするような危険性はないですか。

和田 それはないですね。原告はどういう主張をしますか，被告はどういう反論をしますかと，常に両方の主張をさせながら，それについて学説とか判例とかを理解して，自分で結論を導くようにしていますから，かわいそうというような同情論より，むしろ論点の整理と判例や学説の正確な理解ということに重点を置いており，そういう話にはなりません。

野田（司会） それは既修者だからうまくいくということはないですか。

和田 分からないのだけれども，未修者でも全く一緒で，学部段階で労働法を勉

強していない人たちが入ってくる可能性はかなりありますから。最初は私も講義形式というのを考えたのですけれども，司法制度改革の中ではできるだけフェース・ツー・フェースの双方向的な授業ということを言っているものですから，学部と少し違うような授業形式をしようという試みをやっています。

野田（司会） 私の場合は，必修なものですから，嫌々来ている学生もいるはずで，わざわざ来てくださっている方にソクラティック・メソッドみたいなことをやると，なんか気の毒のような気になって，最低のことだけ勉強してくれればそれでいいのだという気分もちょっとあったりして難しいところですね。

山田 いわゆる六法＋行政法である法律基本科目については十分学修されているわけですけれども，労働法については，学生時代に全くやっていない学生から，旧司法試験の選択科目として学修した学生もいますので，差がかなりあります。最初文科省に提出したシラバスは大変立派なものを書きましたが，現実の学生に当てはめたらとてもできないので，かなりの部分を修正して講義を行いました。中央大学では，1コマが50分授業で，2コマ連続となっていますので，1時間目に基本的な説明をしたあと，事前に配布したレジュメ・判例の問題点・論点を学生に報告してもらい，全体で議論するという形式を採用しています。他の発展選択科目と同様，かなり学生にばらつきがあるというのが一番大きな課題ではないかと思います。

三井 広島大学も大体同じような感じでありまして，これまでほとんど勉強したことがないという学生が多かったのです。それで基礎からやってくれという要望もあって，授業形式もやらなければならない。しかも判例のケース・メソッド，ソクラティック・メソッドもやらなければいけない。授業時間はひとコマ120分ありますので，まず山田先生と同じように半分ぐらいを授業に充てて，それから判例解説を4分の1，残りの4分の1ぐらいはゼミ形式というかたちで，二兎追う者は一兎をも得ずといいますが，三兎追うかたちでやりまして，重要な問題であればけっこう難しい論点などであっても授業の最中に学生に当てて議論し，それを基礎的なことと合わせて教え込んだりしています。最終的には司法試験に通ってもらわなければいけないし，学部の一方的な授業とは違うということです。

私も事前にレジュメ集の教材を作っていまして，この中に重要判例とか学説の論点を盛り込みまして，見たいやつは見ておけというかたちで予習をさせておきます。基礎からやるけれども，この場合は事前に予習というかたちで当然教材を見て勉強しているはずだから，それだけではなくてかなり深いところまで突っ込んでやるというかたちで授業を行っています。学生に聞きますと，初学者というと失礼なのですけれども，ほとんど勉強していない人でも労働法に関心がわいてある程度分かってきたという声がありますので，今年は授業に関しては割と成功したのかなという気がします。

山田 今までの司法試験受験生は判例

特別企画

をちゃんと読んでいないと思うのです。せいぜい『労働判例百選』とかだれかが書いた事実認定をそのまま読んでいる。きちんと判例を読むというのが不可欠ですので，事前配布した判例を全部読むことを義務付けています。

　盛　労働法を教えていて一番感じるのは，学生の場合，特に学部のときから司法試験を目指してきたような学生はそうだと思いますけれども，労使関係の実態を知らないのです。労働法を講義する場合に，そのような前提を知らないまま単に理論的な問題はこうなっています，判例はこうなっていますと説明しても，なかなか学生には理解してもらえない。まず実態がこうなっていて，だからこういう問題が出てくるのだということから説明しないと，問題の本質は分かってもらえないと思うのです。そういう意味では，私の場合はできるだけ労使関係の実態というか，問題の前提に立ち入ったような説明をしたうえで，学生の意見を聞くというような方法をとっています。

　それから問題によっては，ともかく一方的に講義をして理解してもらわないといけないという問題もありますので，必要に応じてそのつどやり方を変えるということでやってきました。

　それともう一つ，学生のほうも労働法の前提そのものについて知らないということもあるのでしょうが，逆にこちらのほうが質問されて，講義時間の半分以上が学生からの質問への対応で終わってしまったということもありました。講義の仕方としては誉められることではないのかもしれませんが，学生の疑問にはその場で応えるという方針で対応してきました。時間が足りなくなった分は，補講をしましたが。

　吉田　もう一つ，先ほどの私の発言からすると，一方的に講義しているみたいな印象を与えたかもしれませんけれども，やはり双方向という講義形式が常に頭から離れないものですから，何とかそういう要素を取り入れなければいけないのではないかと考えてきました。ただ，この方法は何のために採用するのかという目的を抜きにするのは生産的ではないと思います。やはり理解を促すために，ちゃんと理解されているかどうかを確認しながら，そして不十分なところについては解説を加えていく，つまり講義をしていく，そういう両方のミックスということに心がけています。双方向の割合ですけれども，全部それでやるというわけにはいかないという感じです。ただ，双方向というものを場当たり的にやってもなかなかうまくいかないということが経験の中で分かったものですから，自分用のレジュメというかシナリオというか，そういったものをあらかじめ作っておきまして，この問題については少なくともこういうことを聞こうというものを用意してかからないと，なかなかうまくいかないということを感じました。

　それからもう一つは，これは山田先生がおっしゃったことですけれども，判例を扱う場合，やはり判例を通して読んでもらうという経験がすごく大事だと思います。特に原告・被告がどういう主張をしているかということについて，きちんと勉強しても

らわないといけないということです。しかし，どの判例についても全部読んでもらうというのは分量的に無理なので，それをいくつかセレクトする。そうでない判例については，やや簡便に判例集に付いている解説とか『労働判例百選』とか，そういうもので終えるケースも多いのですけれども，やはりいくつかについては通して読んでもらうということが必要ではないかと思います。

野田（司会） ちょっとお尋ねしたいのですが，私は双方向型を3年の講義としてやろうと思っているのですけれども，他の科目の授業参観で，双方向型を見ていると，恐らく労働法なんかはもっとそうなるのではないかと恐れているのは，答えが見つからない，正解がないということが多い点ですね。立場によってどちらが正しいとはクリアに言えないことが多いと思われますので，そうすると，いつまでたっても何が正しいのか結論が出ないようなかたちで終わってしまって，煮詰まらないといいましょうか，いわば規範的な部分から遠ざかってしまう。確かに正解はないとしても，収まりの悪い終わり方をしているな，学生はいらいらするだろうなという危惧を感じるのですが，その辺はいかがでしょうか。

三井 過保護かもしれませんけれども，初めに枠付けを行って，この枠の中で議論をやりなさいというかたちで持っていきますので，そこからずれたらそれは事実問題であって法律論ではないというかたちでやっています。とにかくこういう範囲の中で議論して，そこで正解ではなくても自分のきちんとした考えに基づいて結論を出せばいいというかたちで持っていく。あんまり勉強しない人が無軌道にあっちこっちに行ってしまうと，かえって逆効果になります。だから今まで労働法をあまり勉強していない人に対してはある程度の枠付けをする。野田先生もそうだと思いますが，私も昔ちょっとだけ会社勤めをしたことがあり，しかも労務部にいたので，わずかばかりですが実務感覚もあるつもりですので，あんまり変なところに行かないように，とにかく実務的にもおかしな方向に行かないようにというかたちで，学生には釘を刺しながら授業をやっています。だからあんまりずれたことはないですね。

野田（司会） なるほどね。やはりそういう枠付けみたいな準備が要るということですね。

三井 やはり判例でも事実関係からきちんと説明して，次に判旨とか判決の中心部分に焦点を当て，事実関係がこうだからこういう結論になるという道筋を考えさせて，ある程度その思考パターンというかプロセスを覚えれば，学生もあまり変な方向には行きません。そこで逆に細かい論点というか事実関係からある程度分かりやすいかたちで学生にしゃべる必要がありますが，そのためには時間もかかりまして，このような方法をとることは大変なことは大変なのです。

2　授業方法・学生の受講状況など

野田（司会） 次に，すでにかなり踏

特別企画

み込んだ話になっていますので、授業方法と学生の受講状況などを一緒にお話しいただきます。また、学生の受講状況とか、学部学生との違いについてどういう印象をお持ちなのか、それからロースクールの場合学生の要求が強いと思うのですけれども、そういう面でのお話し、その他、試験方法、試験問題の内容なども含めてお話しいただければと思います。これも山田先生からでよろしいでしょうか。

山田 まず課題リポートですが、法科大学院の学生は忙しいものですから、特に今年1年は基本科目で追われていますので、あまり選択科目にまで負担をかけられないという認識がありました。ただ、リポートは、希望者については、今年のサンプル問題について添削したり、後期については前期試験の問題を解いてみろというかたちで、希望者についてそれを添削するというかたちでやっています。

それから、法科大学院というのは実務だけでもいけないし、理論だけでもいけないところがあると思うのですけれども、そういう意味では実務的なものについては弁護士さんに、先生方が扱った事件をやってもらうことで、実際に学生は判決文を見ることがあっても訴状を見ることはないと思いますので、訴状から配ってもらって、当事者がどういう主張をしているのか、何を立証するために証拠資料を出したのかとか、実務的側面も重視しています。

新司法試験の法律選択科目に労働法が採用されたことは歓迎すべきなのですが、判例一辺倒主義になってしまうことは注意すべきです。とにかく判例に従って答案を書けばいいという傾向が出てくるので、研究者教員のほうが判例の問題点などを明確にするという作業は必要ではないかと感じております。

成績評価は、学期末試験、出席状況、授業での発言などを総合的に判断して決定されます。試験は、Ａ４用紙４枚ほどの事実から、法的論点を問うかたちで出題しています。授業の出席状況はもちろん良好です。中央大学では、学生による授業アンケートを年４回実施し、公表しています。また、教員による授業参観と講評を行っており、ひとりよがりの講義とならないように配慮されており、学生だけではなく、教員にも厳しさが求められています。

橋本 学習院大学の学生ですけれども、先ほど申し忘れましたが、３人中１人しか学部時代に労働法を聴講していませんでしたので、ほとんど未修という前提で授業をしています。授業で扱う判決はあらかじめ全文配ってあります。当初は毎回その事実と判旨を簡単にまとめる練習などもしてもらうためにリポートとして出してもらうことも考えていたのですけれども、やはり負担が重いということでそれはやめて、何回かだけそういう形式を取りました。そうするときちんと提出してくれました。判例の検討の前に、そのテーマに関する知識を確認するために、あらかじめ配布した予習プリントの一問一答に答えてもらうのですが、菅野先生の教科書をきちんと読んで答えられるようには準備しています。ただ、正式な履修は１人だけだったので、学期末の成

績評価にあたって，試験はしないで，レポートにしたのですけれども，知識がちゃんと蓄積されているかどうかについては少し不安があります。

　また，私もサンプル問題の添削をすると言っていますが，まだ提出した学生はおりません。こちらとしては予習3時間と復習1，2時間は労働法の1回の授業に当ててほしいと言っていますが，これだけの時間は，ほかの科目との兼ね合いでも，捻出できているようです。

　和田　今年は，資料をあらかじめホームページで全部提示しまして，それを予習してくるということを前提に授業をしたのですけれども，法科大学院の特有の教科書というのが労働法は全くないものですから，何種類かパターンはできてくると思いますが，今後これを作っていく必要があるだろうと思っています。体系書としてはだれのものというふうには言わなかったのですけれども，多くの人たちは菅野先生のものを利用しているようです。

　それからリポートについても何回か課して，それをできるだけ時間を使って添削をしたのですけれども，見ていて非常に気になったのは，変に司法試験の予備校ずれした答案の書き方をしているものですから，そういう癖を実際に書かせて，添削して直していかなければいけないということを非常に強く感じました。実際にはきちんとした答案構成ができない学生が意外と多いのです。先ほどから出ていましたけれども，「判例によれば何とか」というふうに書いたり，議論をきちんと正確に紹介して，分析して自説を展開するということがうまくできない学生が多いものですから，そういうところをもう少し授業の中でもやっていかなければいけないというふうに感じています。

　それから，ソクラティック・メソッドをやっていると，授業の中で非常によく発言する人と，的がはずれてあまりうまく発言できない人がいるのですけれども，実は答案を書かせるとその成績が必ずしも一致しないのです。授業のときにまごまごしている学生が，答案を書かせるといいのを書いたり，授業のときに非常に鋭く指摘する学生が，答案を書かせると箇条書きみたいな答案を書いてきたりして，バランスよく育てるということが非常に難しいと今実感しているところです。

　ただし学生は非常に意欲的で，われわれの所は必ず1週間前にホームページに課題を設定して出さなければいけないのですけれども，ちょっと遅れるとホームページ上でクレームが付いたり，私のメールに「課題がまだ出ていません」ということが来るものですから，非常に意欲的だということだけは確かです。

　吉田　私のところは順番はばらばらなのですけれども，それぞれの科目について途中で2回ないし3回，リポートというよりはちょっとした小テストのようなものをやりました。大体3，4行ぐらいの事例の問題についてＡ4・1枚程度を書いてもらう。そして，それを添削して返すということを3回ぐらいやりました。本来はもう少しそういうトレーニングが要るのではな

いかと思うのですけれども，先ほども言いましたように，ほかの科目でもっとボリュームのあるリポート課題がある関係上，なかなか毎回というわけにはいきません。それで実は事務室に今どの科目でいつまでの締め切りでリポートが課されているかという一覧表が書いてありまして，それをにらみながら，どの時期に小テストをやったらいいのか調整をしながら進めたという状況です。

授業中に質問は毎回２，３ぐらいはありまして，若干のやり取りもしたりします。それから授業が終わってから講師控室に来てもらって質問を受けるということもやりました。これもけっこう毎回あります。そういうときは時間の心配がありませんので，話し込んだりもします。

それからもう一つはメールで質問を寄せてもらう。簡単なものについてはすぐメールで返事をしますけれども，やはりみんなに返しておいたほうがいいという問題については，こういう質問があったのでということで，授業の冒頭で解説を行うようにしております。

それから授業評価もやっておりまして，しかも結果を教員間でオープンにしております。そういう点から言うと，これはなかなかつらいところがあります。「満足」とか「やや満足」とか「不満」とか，あるいは「この科目をほかの学生に受講を勧めるか・勧めないか」とか，そういう評価結果を出しますので，相当シビアで，科目によっては先生の３割ぐらいの学生が「これは勧めない」とか，あるいは「不満だ」とい

う数字が出たりして，さあどうするかという議論をしたこともあります。そういうようなことで従来なかった緊張感を味わわされているという感じです。

しかし他方，受講生コンパもやりました。当然学生は立命館大学だけから来ておりませんので，いろいろな大学の出身者，社会人などと交流し，それが甘えにつながってはいけないと思いますが，双方向型でやっていく場合に多少なりともプラスになっているかなと思いました。例えばコンパで事情を知った社会人に実務上の経験を紹介してもらうということも双方向型の中身に活かしていけたのではないかと思っております。

それから試験については80分の形式で，Ａ４・１枚ぐらいの事例を出しまして，それについて論ぜよという格好で出題しました。先ほど和田先生からも紹介がありましたように，ずっと昔の労働法が試験科目だったころから勉強している学生もいたりしますと，答案練習で培ったがちがちの型にはまった書き方をするような学生も一方ではおりますけれども，しかし他方で非常に柔軟に，そういうものにとらわれないで書いてあり，読み進んでいくと，読むほうも非常にスーッと頭に入っていくような答案を書く学生もいるわけで，そういう答案を書くことのほうがむしろ大事なのではないかという感じがいたします。ただ，評価はなかなか難しいと感じました。

最後ですけれども，これはどこの論点に入るのかちょっと分かりませんが，新司法試験の科目の中で労働法が対象にしている

座談会　法科大学院における労働法教育

法律がずらっと並んでいます。学生のほうはこれを見てびっくりしてしまって、「知的財産法だったら法律が二つで、論点も固定していていくつかしかないようなので、こっちをやったほうがいいでしょうか。労働法は悲鳴を上げるほど勉強をしなければならないようなので」という相談を受けたこともあります。しかしそうではないという話をしました。なぜそうではないかという話をし始めると時間がかかるのですが、ともかくそういう反応が学生から出てきているという状況です。

三井　まずリポートから言いますと、文科省の設置審に出すときに「リポートを課す」と設置申請書類に書いたものですから、それに従って今のところ労働契約法と労使関係法について3回ずつリポートを課しました。試験に合格するためにはやはり学生に書く力をつけてもらわないといけないので、重要論点について書いてもらったのですけれども、広島大学の場合は自説を書く学生が多くて、授業でも学説をいろいろ比較検討してやったのですが、教えたところをなかなかうまく全部きちんと押さえてくれないのです。判例も例えば配転についていえば「東亜ペイント事件」なら「東亜ペイント事件」の判例だけ挙げて、それ以降の「ケンウッド事件」とかの流れを全然書かない一点主義であって、もう少し広くいろいろな判例を見る見方を育てなければいけないのかなという気はしました。

しかし、全体的には初学者の割には良くできておりまして、一応点を付けてコメントして学生に返すことにしております。初めてなのに非常に良くできる学生もいる反面、がんばっても労働法が苦手な人もやはりおりまして、「こんなはずじゃ」というのもありました。その辺りは今後考慮していかなければならない気がします。

労使関係法のリポートでは1回おもしろい試みを行いました。やはり現場を知らないといけないというので、だいぶ昔ですが巨人の中畑選手がプロ野球選手会の組合を立ち上げたときの、つまり昭和61年（1986年）の「プロ野球労働組合」というNHKの50分のドキュメンタリー番組のビデオがあるのですけれども、それを見せて、労働組合法（労使関係法）上の論点をリポートにまとめなさいというのをやったのですけれども、いきなりああいう応用をやると、がちがちの判例とか法体系を勉強していた学生にとっては寝耳に水であったようで、学生の半分はよくできていましたが半分は崩れてしまい、うまくリポートをまとめられませんでした。やはり既存の体系にとらわれないああいうものがいきなりぱっと出てきたら、すぐに柔軟に対応して勉強したことが利用できるような応用力が弁護士実務では必要なのですが、学生にはまさにそれが足りないなという感を強くしました。そういうこともわかったので、「プロ野球労働組合」のビデオを見せて良かったと思います。今後も単なる授業ではなくて、ああいうビデオとかを見せるなど少し変わった側面から課題を与えてリポートを書かせて、学生に柔軟な発想を身に付けさせていかなければならないのではないかという感じがしました。

特別企画

労働法関係の授業は出席は割と良好なほうで，学生は毎回ほぼ完全出席という状況でした。広島大学の場合は学生も熱心で，質問等もしますし，どこの大学も同じだと思うのですが，まだ私は授業が始まったのが後期からですから対象となっていないのですけれども，授業評価アンケートがありまして，前期なんかもけっこうそれをもとに，夏休みにファカルティー・ディベロプメントをやって，みんなで議論し合う。それ以外でも毎回学生から要望が出てきますので，毎月一遍FDをやりまして，そこで授業の問題点を挙げてその対策や解決をどうするのかを議論するとかいろいろやっているという状況で，今のところ労働法も併せてその中で対応しているというかたちです。

リポートについては吉田先生と同じで，FD等でも議論するのですが，リポートがたくさん出されるということは学生にとっては大変なことであって，必須科目だけでも学生がふうふういっているときに労働法もやりますと，それこそ大変な負担になりますので，ほかの科目と調整しながらやっています。具体的には，黒板に，この期間からこの期間までこういうリポートをやるというのを教員全員が板書しまして，労働法に関しては，それを見ながら空いている時期に調整して，基本科目を邪魔しないようなかたちでリポートを課しています。

それから試験につきましては，2時間なのですけれども，私たちは2月中旬まで講義がありますのでまだやっていないのですが，今日の議論を参考に，ある程度学生の思考力を柔軟に問うような問題を試してみたいと思います。

盛 同じような状況にあると感じましたけれども，特にリポートとか試験に関しては学生の負担ということが本学でも問題になっています。要するに基本科目でたくさんリポートの提出を求められていて，さらに労働法でも，ということになると，学生は音を上げてしまいます。本学でもリポートの重複を避けるという意味で，今だれがどういうリポートを出しているかということを掲示板に張り出すことをしました。逆にそれを見てしまうと，かえって出せなくなってしまうこともあって，結局，最後のリポートは試験が終わってから出させるということにしました。

試験についていいますと，学期の最後に試験期間が1週間設定されているのですが，授業時間と試験期間が連続しているということもあって，学生の負担が並大抵のものではないということがありまして，学生の希望で，労働法については，出題する可能性のある問題を事前に何題か示しておいて，その中から出すということにしました。そうしましたら，仲のいい学生同士で事前に相談したらしく，出来は良かったのですが，だいぶ似通った答案が出てきて，採点に困りました。

それから，学生の一般的な傾向としては，やはり非常に熱心であるということです。学部の学生と比べて授業に取り組む基本的な姿勢が大きく違います。やはり，目的意識を持って授業に臨んでいるということがその原因だと思います。確かに，あまりに

も注文とか要求が多すぎるということもありますが，それに対応することによって，徐々に授業内容や方法を改善しつつあるといった状況です。

野田（司会）　それでは九州大学からも何点か言わせていただきます。一つは，これはもう既にご指摘いただいているのですけれども，私は毎回課題を出して提出させて，具体的な事案に対して解決するための法的主張を立てさせます。レポートの中には，やはり当該争点に関連する教科書的な論点を長々と挙げて，終わりの4分の1くらいの場所で，「これを本事案に適用すると」という風に書くという答案が，目に付きます。既修者ですから答案に手馴れている一方で，変な癖が付いてしまっているところがあります。そういう答案の書き方は駄目だということで改善を指導していくと，むしろ若い子のほうが早く切り替えていく。事案に即したところから問題を解き出していくという，先程おっしゃったスーッと入っていけるような答案に変わっていく。やはり若い人のほうが頭の切り替えが早いです。何年も司法試験の勉強をしている人たちは，固まったやり方からなかなか切り替えられないというところがあるような気がします。これは本当に何回も何回もやらせて，同じ指摘をして，少しずつそれこそ氷が解けていくみたいに変わっていくのかなという印象です。

ちょうど昨日試験だったものですから，答案もまだゆっくり見ていないのですけれども，日ごろのリポートなどを見ても，やはり核心部分ののみ込みはしっかりしているようです。私の場合は，必修の労働法に関しては学部とは根本的に違うやり方はしていないのですけれども，学生の側に学部と法科大学院とはどう違うかというと，きちんと教科書を読んでいるかの差だと思います。学部の学生は毎日毎回出てきて，いちいちうなずいて授業を聞いているので，ちゃんとできるのかと思ったら全く解ってないというのがよくあります。法科大学院にそれがないのは，教科書をきちんと読んでいるから，話を聞いて体系的理解ができている，そこが違うのかなと思っております。

どこの大学もそうでしょうが，授業方法についての学生の要望も非常に強くて，私も妥当なものについては釈明しつつも改善していくという方法で，かなりはそれで良かったと思っています。ただ，おもしろいのは，一つは，私は毎回リポートを書かせて，一番いいリポートを発表させてくれと学生に言うのですが，評価を人に見られるのを嫌がる傾向があります。それから，評価に際して，ちょっときつい言葉で批判すると，すごく傷つくと言うのです。「そんなあほな」というくらいのコメントなんですが，「気持ちが傷つくから，そんなきつい言葉はやめてくれ」という要望です。「九州人はナイーブでつき合いにくいね」と応酬していますが，これも，皆さん必死で競争環境で頑張っているので，神経質な一面もあることの表れと思います。

一巡したところで，それぞれについて質問とか補足とかありましたら。いかがでしょうか。

和田 自分でやっていて非常に矛盾を感じる点なのですけれども、こんなに良質の食事を食べさせてブロイラー漬けにして、本当にいい法曹が育つのかというのは、忸怩たるものがあるのです。先ほど判例なども全部資料として提示すると言いましたけれども、本当はそういうものを実際に自分で読んで、まとめて、問題点を探してというのが、数が少なくてもそういうのをきちんとやったほうがいいのかもしれない。ところが、全部素材を提供して、こういう判例を見なさい、こういう文献を見なさいというふうにやっていていい法曹が育つのか。あとで研究者養成の話にも出てくると思いますけれども、こういうことをやっていって、法科大学院から研究者になろうという志向の学生が出てくるかどうかというのは、私としては不安があって、ひょっとしたらあと何年か先に、非常に要領よくこなせる法曹は育つけれども、自分で理論立てる、体系立って問題を発見できるような法曹が育たなくなってしまうのではないかという不安があります。

野田（司会） 彼らにしてみれば、当面のところ試験が最大の課題だから、ロスを少なくして効率的に栄養を摂るというのが一番いいということがあって、われわれもそういう方向に行かざるを得ないところがありますね。ただそれがいいかどうかというのは確かに問題ですね。

三井 ただ、私の経験から言えば、今まで弁護士さんとのやり取りを振り返ってみても、労働事件を受けても全然労働法を知らないというケースがあるのです。例えば、労働者が会社から騙されて、あるいは脅されて辞表を書いたが、解雇ではないのでどうしたらいいのかと弁護士さんから相談されたことがあります。そのケースでは「あなた、司法試験で民法をやったでしょう。詐欺・強迫・錯誤で対処できるのではないか」と回答しました。そうすると「あ、そうか」という反応が返ってきました。弁護士になっても民法から労働法への応用ができない人がいるのです。意外と弁護士も基本的なことを全然分かっていないのです。だから逆にこれぐらいやっておかないと、将来弁護士になって労働事件を引き受けた場合に、到底対応できないのではないかと思います。会社なんかにいても、菅野先生の本などは相当分厚いですけれども、それでもあれに書いてないことが実際に労働問題として起こるわけで、しかも今後世の中は大きく変わっていくわけですから、労働法の分野では新しいものがどんどん出てきている状態であって、ある程度きっちりと基礎付けないし土台作りをやっておかないと、これから新しい問題に対応できないのではないかという気がします。

吉田 院生の勉学の姿勢が非常に熱心だというのはどこも共通していると思います。担当者のほうも授業の準備が非常に大変で、授業のあと今までとは随分疲れ方も違うなというのも正直なところです。しかし、にもかかわらず、正直言って充実感は非常にあるわけです。私は国公立の大学が労働法をこれまでどの程度の授業規模でやられていたのか知りませんけれども、私の経験では、学部段階の講義は数百人に及ぶ

わけで，当然一方的な講義を長年やってきたわけです。それと比較しますと，20名前後で，しかもみんなが目を爛々と輝かせているような人たちを相手にやるというのは，非常にしんどい話だけれどもやりがいのある講義をさせてもらっていると思っています。

そういう点で，今までは講義を通じて自分を変えていくという問題意識はあまりなかったのですけれども，法科大学院では教える側も相当変わっていかなければいけないということをつくづく感じるわけです。確かに今いろいろな課題をていねいに学生に提起するなど，至れり尽くせりのところがあって，これが今後どんなふうに成果につながっていくのか，すぐには結論が出ないかもしれませんけれども，しかしまさに双方向の講義というのは，教師のほうも変わっていかなければならないということを意味しているわけで，そういう点では，今のような年齢になって新しい経験をしなければいけないというのは大変だけれども，やはり大事なことではないかと思っています。

野田（司会） 私はたまたま必修ですけれども，先生方も選択科目であるにもかかわらず，広島大学のように必修に近いようなかたちでたくさん学生が来ておられるということになると，労働法を勉強する裾野が広くなるということは確かでしょうね。そういう意味では，和田先生のおっしゃることももっともですけれども，ある程度受けやすいようなものを用意して，その中でも司法試験科目として労働法をとり，かつ労働事件についてきちんと対応できるような法曹が育ち，一方で場合によっては研究者も育つという対応が必要かもしれません。裾野を広くするためには，確かに三井先生が言われるようなこともあるような気がしますね。

三井 ソクラティック・メソッドをやっていると，僕らでも気付かないようなことを向こうが新しい発想で返してくることがあります。だから吉田先生が言われたように，双方向で自分が教えられるようにもなるのです。和田先生の危惧もあるのですけれども，どこの大学でもせいぜい2単位・4単位でしょう。それでやり過ぎるということはないと僕は思うのです。

和田 いや，すべてがそういう教育をしているわけでしょう。だから，司法試験予備校に対するアンチテーゼとして始まったのだけれども，しかしそれが本当にアンチテーゼとして成り立つのかどうかというのが数年先に試されると思うのです。皆さん一所懸命やっていらっしゃるのは分かるし，僕も設置審の計画書を一所懸命書いたりしましたけれども，枠が決まっていて，やり方も画一的なのです。双方向的にしなさいとか，15回やりなさいとか，何とかしなさいというふうに非常に画一的なメニューが決められていて，その中でわれわれはやっているにすぎない。もちろんその中でいろいろな工夫ができますけれども。

例えば労働法だけだったらいいのですけれども，どこの大学も基本科目のウエイトが非常に高くて，基礎法とか外国法とかは少ない。それから先端科目もいろいろなも

特別企画

のは並べているのだけれども，結局どうやって専攻するかというと，司法試験で勉強しやすい科目を選ぶというかたちになっていかざるを得ない。環境法のような分野は必要ですけれども，試験が難しいということになるとなかなか行かない。国際法なんかもああいうふうになってくると，なかなか選択しづらい。しかし，本来の司法制度改革の中でそういう分野の弁護士を育てなければいけないということでやり始めたわけです。

だからわれわれ労働法にとってはいいのかもしれないけれども，本当に労働法にだけ学生が来ればいいのかどうかということはちょっと考える必要もあるのではないかと思っています。全体の仕組み，スキームをどう見るかということもきちんと押さえておかなければいけないというのが今の印象です。

山田　それは新司法試験の枠組みが変わっていかないと。法科大学院は単なる新司法試験予備校ではないというわれわれの意図とは離れて，学生は合格というのがやはり念頭にあります。社会人は思い切って仕事を辞めて，借金してまでやるからには，やはり試験合格が第一の目標というのはもちろんわからないわけではありません。合格者の比率が増えてくれば，意識も変わってくるかもしれませんが。法科大学院の理想を忘れてはならないと思います。

盛　おそらくは，すべての大学が理想的な目標を掲げてロースクールを立ち上げたわけです。本学でも，ビジネスローコースというものを作って，もともと一橋大学があった神田で開講するということを一つの目玉にしました。入学当初は，既修者の半数以上がそれを履修したいという希望だったのですが，最近のアンケートでは，希望者は一桁に減ってしまいました。新司法試験の合格率は3割という報道もあって，ともかく新司法試験に合格することが先決で，合格したあとどのような法曹になるのか，そのためにいま何をすべきかということを考える余裕すらないという状況になっているように思います。ロースクール開設1年目にしてこういう状況になっているというのは，極めて重大な問題だと思います。

3　法科大学院における研究者養成

野田（司会）　次に法科大学院における研究者養成ということで，ここでは，既に制度ができたのか，あるいは制度的な取り組みをされているのかどうか，あるいはそうした取り組みはしないということもあり得るのかもしれません。もし制度を作るとすると，従来の研究者養成との関係はどうなるのか等も含めて，お願いします。

二つ目に，もし制度的な取り組みをするならば，恐らく博士課程に入ると思うのですけれども，そういう場合に条件を課すようなことをしているのかどうか。新司法試験合格になるのかどうか。そういう場合は入学時期が問題になってきます。秋以降になるので，その間をどうするのかという問題があるだろうと思います。それから論文を課するのかどうか。あるいは先ほどちょっと話題に出ましたけれども外国語，外

国法の知識はどうするのか。

　さらには，労働法学にとって最も本質的なことですけれども，法科大学院終了者が労働法の研究者になる，あるいはこれが増えてくる，あるいは最終的にはこればっかりになるかもしれないということもあるわけでして，そのことについて，労働法の研究の今後のあり方を巡ってどうかということ。こういった問題について，どういうふうに取り組まれているのかお伺いしましょう。

　山田　これは予想ですけれども，これからは実定法科目については，法科大学院を出て後期課程を出た人が研究者になっていく，あるいは法科大学を出て助手になる方を含めて，将来的にはそうなるのではないかと思います。そういう意味で従来の大学院との共存といいますか，両者の併行状態は当面は続くのではないかと思います。中央大学では後期，研究者志望のために研究特論，リサーチペーパーという科目がありまして，これは修士論文の代わりです。テーマ演習を発展させて論文を書いてもらい，博士後期課程の進学希望者用のものです。博士後期課程については，語学は1科目はできることが条件になるのではないかと思います。

　それから，司法試験合格が研究者の要件になるのではないか。というのは下手をすると，司法試験に受からないから後期課程にでも行くかということになってしまう可能性もあるからです。また，入学時期の問題でも，博士後期課程についても秋入学とかいろいろな制度も拡充する必要性がある

のではないかと思います。ただこれはあくまでも一般大学院が考えることです。

　橋本　私も山田先生と同じような将来的な見通しを持っております。学習院では研究者養成の修士課程はロースクールができて廃止になりました。後期の博士課程だけ残してありますけれども，実際に博士課程に進学させる場合の要件についてはまだ議論されていません。個人的には，新司法試験に多大なエネルギーを注ぐわけですから，それからさらに学者になるために勉強する人が出てくるのかどうか，特に外国法研究をやろうという人が出てくるのかどうかという点は心配しています。

　和田　この問題は設置審の書類を書いているときにも大きな議論になりまして，結局最終的に煮詰まらずに，あとの検討課題として残されておりまして，まだ結論は出ていないところです。これは私の全くの個人的な意見なのですけれども，恐らく基本科目，あるいは基本六法も含めた実定法科目について完全に法科大学院経由だけで研究者になるかどうかについては，そういうふうにはならないだろうと思います。

　とりわけ労働法については，将来的には2タイプの研究者が出てくるのではないかと考えています。といいますのは，法科大学院経由の人たちに比較法研究とかをきちんとやらせるのは，恐らく難しいだろう。解釈学に強い研究者，教育者になる。しかし他方，労働法の授業を見てみますと，必ずしも法科大学院だけで授業をしているわけではなくて，他学部とか法学部の学部の段階でも教育をしている。あるいは全体の

研究，これまでの日本の法学研究のことを考えると，こういう比較研究を継承していくという意味から，そういう研究者をどういうふうに育てるのかというと，やはり従来型のマスターから入れてドクターまで行くという部分を残しておかざるを得ないのではないかとは考えています。結論は出ていなくて，ほかの大学も恐らくは制度を変えていないものですから，両方併存して残されて，そうなっていくだろうと思います。

それから法科大学院から行く場合にどうするかというのは，合格だけでいいのか，あるいはある程度小さなものでもいいから論文を書かせたほうがいいのではないかというのが，議論としては少し出ているのですけれども，これは早急に決めて学生に提示しなければいけないという段階です。

吉田 既存の法学研究科との関係を先に説明する必要があるかと思います。法学研究科の入学定員数は130名という大きな数ですけれども，その内訳は，司法試験を目指す人，それから公務員を目指す人，それ以外の隣接の法律系の資格を目指す人，そして研究者を目指す人，こういう将来の進路と結び付けて全体で130名という定員のボリュームを持っていました。この数については，今回法科大学院を作るについても変えずにそのまま維持するという格好になりました。

そうなりますと，当然ですけれども，従来司法試験を目指していた人たちについてはロースクールのほうに行きますので，その分既存の130名をどうやって確保していくのかということが問題になります。従来よりは民間企業や地方公務員あたりを狙っていく人たちを少し膨らませていくようなコースの組み替えをしております。

研究者養成については，従来の法学研究科の中にそのコースを残しますが，ほかに現在考えていますのは，ロースクールを出た人との関係です。その場合，司法試験に受かった人と，受からなかったけれども単位だけ取得して卒業したという二つのタイプが出てくると予想できますので，前者のタイプについては事実上口頭試問だけで法学研究科に入ってもらう。試験は9月に行う。そうではない法務博士の学位を取った人たちについては，外国語の試験と口頭試問で2月と9月の2回試験をやったらどうかという考え方をしております。

この問題については，まだロースクールの見通しがはっきりしないという中で，現実に近々卒業生が出てくるため，やはり受け入れ方をちゃんと用意しておかなければいけないということで決めた方針でして，これを固定的に維持できるかどうかちょっと分からない状況です。本来はきちんとした研究者養成のビジョンを持っている必要があるかもしれませんが，研究の分野にも基礎法の場合，それから実定法科目の場合，当然いろいろあるわけで，それらについて全体としてまだ確たる方向を定めたというよりは，やや妥協的な対応策を立てたという状況です。

三井 広島大学の場合は，基本的にロースクールが法学部とか大学院から切り離されて新しい部局として作られたかたちですので，昔のシステムがそのまま残ってお

りまして，研究者養成も昔のとおり，学部の上にある大学院のほうでやるというかたちになっています。ただ，法務博士のほうでも勉強意欲がわいて大学院でやりたいという方がおられるので，広島大学としては，普通の修士を終わった人と同じように博士課程後期を受験できるというシステムになっております。

法務研究科の教員も，修士課程にはあまりタッチしないのですが，博士後期の場合希望者がいれば，別に法務研究科から上がってきた人かどうか問わずに指導教官になれるというかたちにしています。一応既存の修士課程のコースは残すのですけれども，そういうかたちで法務研究科から博士後期に行った人をフォローできる体制にしようと。ただ，それをどうフォローしようかとか，語学試験にどう対応するかとか，外国法研究をどうするのかとか，修士論文に相当するものはどうするのかというのは，ようやく議論の俎上に上ったところでありまして，それは今後の大きな課題です。だから必ずしも一元的に，法務研究科イコール司法試験ということにはいっていない。もっとも今後具体的にロースクールにおける研究者養成のあり方をどうするかというのは頭の痛い問題になろうかと思います。

盛　一橋大学では，将来の研究者の多くはロースクールを担当することになるだろうから，研究者といえどもロースクールを出ていることが原則になるのではないかということで，修士課程の研究者コースを廃止しました。基本的にはロースクールを出て，博士後期に進学したうえで研究者になるということを想定したわけです。私自身は，本当はそのことには反対でした。つまり，若いうちから外国に留学するとか，理論的な研究を重ねて研究者になる道を断つことになるわけですし，特に労働法に関しては，多様な研究者を育成するという意味からも，そういう可能性も残しておいたほうがいいと思うからです。しかし，研究者コースを残すためにはそれなりの授業科目を用意する必要がありますが，基本科目関係の先生方はこれ以上の負担に耐えられないということでしたので，研究者コースの廃止もやむをえないと考えました。

ただ，単純に研究者コースを廃止することの問題点についても議論がなされまして，ロースクールの授業科目として，3年生を対象とする法学研究基礎という通年2単位の科目を置くことにしました。これは，ロースクールの学生のうち研究者を志望する者を対象に，外国法研究や論文指導をするというものです。

野田（司会）　九州大学も今まさしく議論が伯仲して，そろそろ来年度に向けて制度の枠組みを確定しようという段階です。一般的な流れとしては，一橋が踏み込まれたように，ロースクール出身の法務学科出身の人たちが研究者の道に踏み込んでいくというのははっきりしていると思います。しかも，これも盛先生が言われたように，就職のことを考えると，どちらをとるかと考えると，ロースクールの担当者をとるということになると，5年，10年先にはロースクールの出身者でないとまずいのではないかということになりかねないと思うので

す。そうすると，研究者養成の一つのシステムとしてロースクールを考えていくというのは大きな流れだと思います。しかし一方では，確かに外国法を中心にスタートするような研究者も当然必要であるわけです。

それから私がもう一つ思っているのは，あとの労働法のあり方とのかかわりでもあるのですけれども，ロースクールで教えているのはやはり実務法学であるわけでして，学生の顔を見ていると，やはり企業法務という発想が強いのです。私なんかもできるだけ企業法務という発想で教えていこうと思っているわけでして，それでいいのかというのが一方であるわけです。スタートの時点で企業法務から出発した連中が研究者になっていくということで，労働法全体のあり方が変わってくるような危惧感もあるのです。単純にプロレイバーでもプロキャピタルという分け方ではなく，企業法務から離れたところから出発することで斬新な発想が生じることもありますので，そういうところが失われると，大丈夫なのかなという危惧感も一方であるのです。その辺が難しいところだと思います。

もう1点は実務的なことですけれども，国立ですと今でも多分そうだと思うのですけれども，秋入学にすると進学にならないで入学になる。そうすると細かいことだけれども，間が空くと入学金を払わなければなりません。多額のお金ですから手続的にどうかというのがあります。仕方がないので，今のところは司法試験に合格するように強く指導しつつ春入学を認めるというような，ややあいまいなもので切り抜けよう

かという動きです。しかし，一部の考え方としてはやはりロースクールというのは合格して初めて完結するのであって，合格しないのはまだ終わっていない人なのだと考えるべきだという考え方もあります。

私が気にしているのは労働法学会の企画ということもあって，ロースクール出身者が研究者養成の一つの大きな流れになっていくと，研究のあり方がどうなるのかという点ですが，その辺についていかがでしょうか。

和田　多くの人たちが法科大学院を出たあとに，今までと同じような研究ができるような力量を持つ，そういう研究者が育ってくれれば理想的だと思っているのですけれども，他方では現実問題として法科大学院は非常に実務的な教育をするところなものですから，本当にそういう人たちが出てくるのかどうか。われわれの従来の法学研究というのが，そういうのと少し違った方向で来たものですから，それを絶やしてしまっていいのかという問題意識もあると思うのです。そこでなかなか決断が着きづらい。一橋みたいになくしてしまうというのも一つの決断ですけれども，労働法なんかはそういう研究者，教育者だけで本当にいいのだろうかと，私はまだそこまで踏み込めないのです。

先ほど言いましたように，例えば経済学部で労働法を教える人たちがまだいる。それから学部段階で労働法を教える人たちがいる。例えば一つの大学に2人労働法の先生がいたら，学部はそういう先生で，法科大学院は違う先生というかたちもあり得る

のではないかと思っているのです。あるいは社会のニーズとして比較法研究はまだまだ必要ではないかと思っているものですから，できれば，うちとしてはそういうものを残しておきたい。ただし，それで学生が来るかどうかというのはまた不安材料なのです。

山田 中央大学でも，法科大学院がスタートしたら一般の大学院受験者がものすごく減ったのです。因果関係があるかどうかは分からないのですが，法学研究科で司法試験を受験する層が法科大学院に向かったということかもしれません。和田先生がおっしゃったように，労働法の教員がみんな法科大学院出身者で占められるのではなく，比較法の研究が不可欠で，日本の法律だけでは解決できない問題はたくさんあります。そういう意味では，法科大学院・法学研究科の出身者がお互いに競争してもらって，より高い研究・教育レベルを維持・発展させる必要があります。

吉田 ロースクールでの教育の中身と新司法試験のあり方と絡めて考えなければいけないと思うのです。例えばロースクールの中で外国のこともやり，倫理のこともやり，ジェンダーのこともやり，あるいは外国法，あるいは歴史の問題とか，そういうのも一通りきちんとやって，かなり総合的な力をつけた人材を養成していくということが実現していくのであれば，それは法学研究者の場合についても必要な素養ではないかと思うのです。確かにそのためのロースクールでの教育期間が付加されるので，早く研究者を養成するということになると大変かもしれませんが，もしそういう教育と力をつけていく中身ができあがってくるのであれば，ロースクールを出てから研究者に行く人もいれば，実務に行く人もいるという格好で問題ないと思うのです。

もしそうでなくて，かなり試験目当てで勉強しなければならないという格好になってきて，そういったさまざまな周辺の勉学の部分をカットしてしまうという勉強スタイルの学生たちが，新司法試験に合格していくということになりますと，どうもそのビジョンでは具合が悪いという感じがするのです。ですから，現状ではその辺の見通しがまだはっきりしないものですから，既存の研究者養成のルートについては，現状では守っていかなければいけないのではないかと思っています。

山田 もう一つ，大学院から見て，数年後ですけれども，法科大学を出た博士後期学生が入ってきた場合，大学院後期の授業というのは変わるのでしょうか。基本的には比較法的な文献を読んで検討するというのは割と多いと思います。比較法を学んでいない後期学生が入学してくる。もちろん比較法に詳しい学生もいると思うのですが，恐らくかなり少数だと思います。そうすると，後期課程の講義自体も変質していくのかなと。

野田（司会） むしろ余計にやらなければいけないかもしれませんね。

山田 そうですね。そういう意味では研究者になるとやはり比較法は必要だから，やっていない部分を徹底的にやるということで，逆に比較法は強化されるということ

特別企画

もありますね。

盛　一橋大学の場合は，修士を廃止する代わりに，博士後期課程は基本的には従来どおり維持するという方針なのです。ロースクールから進学する人についても，若干内容は変わってくるでしょうけれども，同じように論文審査をするし，語学試験もやるという方向で考えるということにしています。

和田　学生が来なくなってしまうという心配はないですか。

山田　それでも来る学生を育てなければいけないですね。博士後期課程の入学試験では，語学が二つ課されるのですけれども，それを一つにするということはあり得ると思います。

盛　語学に関しては，一橋大学ではロースクールの入学試験で英語を課しています。例えば去年，アメリカからあるロースクールの教授をお招きして講演をしていただいたのですが，ロースクールの学生が通訳なしでそれを聞いたということもあります。ただ，そのことによって最低限のラインは確保できるかもしれませんが，英語圏にとどまらず，ドイツ，フランスなど多くの国を対象とすることによって，外国には見られない比較法研究の水準を維持してきた日本の状況が今後とも継続できるのかどうかについては，疑問が残ります。

和田　法科大学院の縛りの中では基礎科目と言われているものが4単位しかない。かつ，2年生コースの場合にはいくつかスキップできます。そうなってくると，現実問題として，私は今法科大学院でドイツ法という科目とEU法という科目，これはオムニバスでやっているのですけれども，ドイツ法の受講生は1人でした。EU法はゼロでした。だから感心が非常に少なくて，特定の分野に偏ってきて，受けやすいところを受けるというふうになってくると，必ずしも外国語をきちんとやろうという人たちが出てこなくなるのではないかという危惧は今持っています。法科大学院の学生の志向は非常に実務的な，あるいは司法試験に合格して法曹になるというのが大きな目標なものですから。

盛　その点，一橋では選択科目群というものを作って，国際法とか国際関係論などの中からいくつかの科目を選択するということにして，ある程度強制しています。外国法についても，英米法を必修にしています。学生にとってはかなり負担になっているようですが。

野田（司会）　労働法学の将来において，日本は少なくとも現状では研究者はみんな自分の背後に外国法のバックボーンがあって，一方で解釈論もやるというふうに，みんなそれぞれ両方をまたいでやっているということだと思います。バックボーンを解釈論に反映させるというようなことだと思うのです。皆さんもよくご存じの通り，諸外国ではもっと研究者の幅があって，理論家は理論家で非常に優れた，それこそ社会学とかいろいろなところからの知識も豊富な人，他方で解釈論という側面で優れた人というふうにもっと分かれているような感じもするのです。ロースクールが，例えば労働法学にそういう影響を与えるという

ことはあり得るでしょうか。

　山田　予測ですけれども，ロースクールを出た学生が研究者になるという場合，例えばドイツなんかだと，労働法と商法を2科目講義するということがありますね。法学部では，労働法プロパーということでしょうけれども。

　和田　その代わりドイツなんかは基礎法が弱いです。

　野田（司会）　フランスの労働法学者は，文学部出身などのすごく博識な研究者もいたりしますし，バックボーンにいろいろな知識がある。やはり両方ありうるのだと思います。それでむしろ多様化していって，一方ではおもしろいのかなという気もするのです。実務のところから入ってきて，その後に比較法を勉強するといっても，やはり実務的な関心からしか入っていかないというようなタイプの研究者と，そうではなくて，ロースクールは全く無関係でセオリー一本で走っていくという，そういうのがまた出てこないかなとは思うのです。

　和田　ロースクールを出てさらに研究者のほうに進みたいという人が出てくることをもちろん期待しているわけだけれども，その場合に，さらに何年間か勉強するという格好になりますね。後期課程に入っていくということを前提にしておりますけれども，それでも2年ぐらい勉強しなければいけない。そうすると，そこへ行っても勉強できるような条件を作っていかないと，やはり収入なり生活のことがありますから，実務のほうに先に行ってしまいます。そういう点も併せて考えていかないと，これは

なかなかうまくいかない話ではないかと思うのです。

　もともとロースクールというのは先ほどもあったように，将来実務法曹として活躍していきたいという希望の人たちが多いはずですから，研究者の道もそこからあるかなというのが見えてくればともかく，今はそうでないところが多いわけです。そういう人たちを引き付けていくためには，条件整備の問題も考えないとうまくいかないと思います。

　野田（司会）　ロースクールの中でもそういう道筋を作っておかないと，出るときにありますよというだけではだめで，やはり引き付けるものがないとだめですね。ロースクールの中でも，出たあとでも，おっしゃるように条件整備ということでね。

　吉田　個々の大学の努力という面からだけ言えば，例えば大学院生とは別に助手扱いにして3年間ぐらい勉強してもらうような枠を作るとか，そういうことも必要になってくるかもしれませんね。ちょっとまだ分かりませんけれども，いずれはそういう条件整備の問題が登場すると思います。

　それからこれからのわが国における外国法研究がどうなるかについてですが，そんなに大きな話はともかくとしても，やはりわが国の法学自身の成り立ちのバックグラウンドから見ても，外国法研究の重要性というものがある以上，すぐには変わらないかもしれませんが，これもだんだんと意味合いが変わってくる可能性があると思います。ですから，今後は研究者養成のルートの多様性という方向に確実に進んでいくの

ではないでしょうか。

和田 多様になってくれればいいのですけれども，そうではなくて一方向だけに行ってしまうと，それは法学研究の危機になるのではないでしょうか。

野田（司会） 実際問題，今学部ゼミ生でちょっとできる子に，「大学院に来て研究者にならないか」とは言いにくい状況ですね。一橋は既にだめになっているわけですけれども，そうでなくても両方道筋があっても，ロースクールがこれだけやっているときに，なかなかちょっと言いにくいですね。私なんかは今どうしたらいいのか分からないような感じです。

和田 今の状況が続けば何年かブランクが出てくるのです。研究者養成というのは数年ブランクがあったら，かなり壊滅的になります。

山田 先ほど申しましたように，中央大学では一般大学院の受験生の数はものすごく減っていますが，他大学はどうですか。

和田 激減です。

三井 昔は修士課程で労働法専攻の学生は労働法をみっちりやったわけです。しかし，ロースクールは3年といってもいろいろな科目を一通りやるわけです。今まで修士で2年間鍛えられて博士課程で研究者になる人とでは，労働法をやるにしても力量はかなり違うと思います。ですから仮にロースクールからも研究者を育てて多様な研究者養成ルートを確立することにしても，ロースクールから博士後期に入ってきた段階で，失われた2年というと語弊がありますけれども，かつて修士課程で鍛えてきた状況をどういうふうにカバーするかというのは大きな問題だと思います。

山田 全部の科目をやる中でも，関心のある科目とかテーマはあると思うのです。中央大学では，テーマ演習がこれに該当するのですが，それを伸ばしてもらうということがあるのです。だから全部やっているからということだけではないと思います。

野田（司会） 逆に言えば，いろいろな科目をやりながらあえて労働法の研究者になりたいというのは，期待を込めて言えばそれだけ志向が強いということかもしれないですね。方向付けは難しいですね。

最後になりますが，サンプル問題についてご意見をお願いします。

4 新司法試験のあり方について

和田 サンプル問題についてパブリックオピニオンが求められていたのに対して，うちは大学を通じて出しました。1問がこういうケース問題だとするならば，もう1問は「何々について論ぜよ」式の，あるいはもっと理論的な問題を聞くようなものにしてもらいたい。そうでなければ事例検討というだけで教育も終わってしまうものですから，考える力を養うという問題が必要だろうというのが一つです。

それからこのケース自身についても，あまりにも実務に念頭を置いた設問です。「相談されたら弁護士としてどういう資料を調べますか」というよりも，むしろ出てきた問題についてどういう論点があって，それについてどう考えるのかということを

もう少しきちんと聞いてもらわないとまずいのではないかというのが二つ目です。

三つ目には，従来の司法試験は論点方式の採点をするようになってきているらしいのですが，論点を一つ落したら点数が非常に少なくなるというのはおかしくて，全体として論文がいい出来だったら，ちょっとした論点が落ちていても評価できるような，そういう採点方式を導入してもらいたい。私としてはこの3点を意見として出させてもらいました。

山田　この問題の2について，事実確認というのは，一つは相談事例から出てくることがあります。もう一つ，当然相談者は法的知識がありませんから，重大な論点を落としているかもしれない。例えば組合の問題です。配転同意条項とかあるいは不当労働行為の問題とか，そこまで聞いているのかどうか。つまりこの事実確認の範囲をどこまで想定するか。私は一応両方書いておけばいいとは言っておいたのですがそれが皆目分からないということがありました。それから，もちろん第2問がどういうふうになるのかが分からないと……。これは8月7日のプレテストまで分からないということですか。

野田（司会）　まあそうでしょうね。

山田　もう一つは法令の範囲の多さに，学生はおそれをなしているようです。確かに，出題候補となる法令がたくさんあります。しかし，基本は労働組合法，労働基準法等にとどまると思います。例えば育児・介護休業法がそのまま出るということはあまり想定されないので，例えば配転命令について育児・介護休業法や均等法の関係がとわれるのではないかと考えられます。私は新司法試験委員ではありませんので，勝手な推測はできませんが。

盛　私も似たような印象を持ちました。本学では，後期の労働法Ⅱの受講生は13人だったのですが，経済法は50人近く履修していて，経済法の先生自身がびっくりしていました。先日公表された新司法試験のサンプル問題については，経済法を履修した学生の間では，今のような授業内容では対応できないという不安があがっていると聞いています。それに対して，労働法のサンプル問題にはそれなりに対応できるのではないかという気がします。もちろん，もう1問がどのような問題になるか分かりませんが。先ほども話があったように，「弁護士として」という問いについては，今の段階では学生はかなり戸惑っています。これから1年かけて，そういった観点からの教育もしていかなければいけないのかと考えているところです。

山田　私は，サンプル問題に出る前に，前期の試験でたまたま問題の一つの中で「あなたは賃金体系を，年功賃金体系から成果主義賃金に変える場合に，弁護士としてどのような法的アドバイスをしますか」という問題は出したことがあります。

吉田　私の感想ですけれども，先ほどの試験の対象になる法令の点ですが，確かにこれら全部についてあらゆる分野から出題されるということにはならないとは思いますけれども，これだけ法令が並べられますと，威圧感というのは相当なものですね。

特別企画

基本的なところを問うのであれば，法令をやや絞るような提示の仕方をしていただいたほうがいいのではないかと思います。

それから二つ目はサンプル問題のうちの設問2のほうですけれども，これについてどんなふうに論述するのか極めて難しいと思います。もし実務的な対応の力を問うということであれば，もう少しそれにふさわしい別の問題を立てて問うという方法も考えられないかと思います。サンプル問題では一つの事例について両面から聞くという格好になっていますけれども切り分けたほうがいいのではないかと思います。

それと，単に小手先とは言いませんけれども，基本的な理解というところを本当に問うていくという話になりますと，先ほど和田先生がおっしゃったような理論的な認識というのでしょうか，そういったものを問うような問題も用意しておきませんと，やはりこれは学生の勉強の方向を規定することになりますので，単に実務に役立てばいいのだということだけでは具合が悪いのではないかという感じがしますね。

それともう一つ，今の点とちょっと矛盾するかもしれませんけれども，恐らくいろいろなところで，リーガル・クリニックとかエクスターンシップみたいなことをやられると思うのです。そういう経験が生きるような，つまり判例とかあるいは教科書の中だけということではなくて，じかに相談事に応じる中で身につけてきたものを評価してもらえるような問題というのは，これは難しいかもしれませんが，考えられないかと思います。もしそうではないような，

要は教科書を読んできたら対応できるという問題にしてしまいますと，ロースクールで身につけていくべき力というものがそちらのほうに収斂してしまう，これはまずいのではないかと思います。

三井 労働法といっても細かい実定法だけではなくて，やはり判例法理，労働契約法理なども出るわけですから，示された出題範囲の法令一覧だけでは非常に不自然であって，労働契約法理なども含めて注で詳しく出題範囲を解説するというような親切さも一つあるのではないかと思います。

それから吉田先生と同じで問題2ですけれども，幅広い法曹を育てるのだったら，技術論を問うというのはよろしくないのではないか。ロースクールで今までとは違って幅の広いものの見方・考え方を得たのだというところをストレートに出せるような問題にすべきであって，司法試験だから従来の試験とは違う，違うけれどもそれが技術論に流れてしまうというのは非常に問題ではないかという気はしております。

橋本 ほかの先生方の問題意識と重なるかもしれないのですけれども，個別のケースについて論点を整理するというだけではなくて，労働法の大きな流れと言いますか，例えば女子雇用政策はどう変遷してきているかとか，労働時間の柔軟化に対して労基法はどう変わってきたかというような労働法制全般に対する理解も重要ではないかと思います。その辺は考えられているのかいないのかという疑問はありました。

野田（司会） 私はぱっと見た時に，ある種これまでと違うのだというのを極端

座談会　法科大学院における労働法教育

に出すためにあえてこういう問い方をして，いわば実験的にこういう問題を作ったのかなという気もするのです。これで本当に走り出すと，今先生方が言われたような問題が噴出してくると思います。三井先生が言うように，基本的に非常に技術的なところに方向付けられている一方で，皆さんが言われるように規範的な部分がすっぽり抜けてしまっていて，本来法規制としてどうなのかということについて基本的な知識とか判断が抜けてしまっているという危惧感もあります。あえて問題2を作らないのは，実験的にそういう発信をしているのではないかという気もするので，われわれもまさしくこういうかたちでこたえるというのは，作題者に対しても重要な意味があるのではないかという気も一方ではしております。

　ということで，時間も予定を過ぎてしまいまして，それぞれの問題について，1年間あるいは半年ご経験いただいたうえで非常に貴重なご意見をお伺いすることができました。本当にありがとうございました。法科大学院の授業のあり方そのものもそうですし，それから一方で労働法学会にとって重要な研究者養成のあり方についても，課題ばかりが表れてきて，落ち着く先というのはまだまだ見えない状況であるわけでして，歩きながら考えるということしかできないわけです。けれども，今日のそれぞれについての先生方のご意見なり方向付けが，恐らく一つ一つ重要な意味を持って，これから表れてくるのではないかと思います。それからまた具体的な側面でも，この学会誌の中でこういう情報を出していただいたことが平成17年度に担当される先生にとっては非常に貴重な経験の事例になるのではないかと思っております。どうもありがとうございました。

〔本座談会は，2005年2月11日に東京で開催された〕

日本学術会議報告

浅倉　むつ子
（日本学術会議会員，早稲田大学）

1　学術会議総会および全体の活動報告

　2004年10月26日，27日に学術会議の秋期総会（第143回）が開催された。すでに本誌ではご報告したことであるが，日本学術会議は2005年10月から新体制で発足する。そのために，現在は，第19期における活動をとりまとめながら，同時に新体制の円滑な運営に資するためになすべきことの準備を進めている。総会ではこれらについて報告と活発な討論が行われた。

　第19期の学術会議の活動は，第一に，総合的な研究テーマごとに設けられた7つの特別委員会の活動（「子どもの心」，「安全・安心な世界と社会の構築」，「循環型社会と環境問題」，「若者の理科離れ」，「大都市をめぐる課題」，「人口・食料・エネルギー」，「生命倫理」）と，第二に，現在継続中の「第二期科学技術基本計画」（2001年～2005年）の成果のレビューおよびこれから策定される予定の「第三期科学技術基本計画」に対する提案等の検討，に当面の焦点がある。

　まず第一の活動である7つの特別委員会は，それぞれのテーマにしたがって審議を行い，シンポジウムの開催などを通じて，その成果を社会に公開しながら，最終的には「対外報告」をとりまとめて必要な政策提言を関係諸機関に行うことを課題としている。法学・政治学関連の部門である第2部は，「安全・安心な世界と社会の構築」特別委員会を担当しているが，浅倉はここに委員として参加している。同委員会は，2005年1月28日に，日本学術会議講堂で，「安全で安心な社会をどう構築するか―科学と社会をつなぐ」をテーマにした公開学術講演会を開催した。安全・安心の喪失感が時代とともに深まっている日本で，「安全」の確保が重要なテーマではあることはいうまでもないが，同時に，生活のうえでさまざまな一定量のリスクの存在が消し去れない以上は，科学的な「安全度」と人々の「安心度」が大きく食い違うことがないようにするためにいかなる社会システムが必要なのだろうか，この点をめぐって多方面から議論が行われた。

　第二の活動については，政府が策定する「科学技術基本計画」（1995年制定の科学技術基本法による）に対して，学術会議内部に「レビュー委員会」が設置され，ここが中心になって提言をとりまとめるための議論が進められてきた。これに関連して，第2部の基礎法学・比較法学研究連絡委員会は，科学技術基本法体制についての調

査研究を行うことを課題に取り組んでいる最中である。そしてようやく，2005年2月17日に，学術会議は，棚橋科学技術政策担当大臣に対して「科学技術基本計画における重要課題に関する提言」を行うことができた。提言は，科学技術全般にわたる幅広い内容のものであるが，科学技術推進における人文社会科学の適正な位置づけの重要性を指摘するなど，我々にとっても重要な論点が含まれる。

2　新体制に向けて

新体制に向けた準備としては，日本学術会議会長の下に，外部の有識者からなる「日本学術会議の新しいあり方に関する懇談会」が設置され，ここに学術会議の各部，各常置委員会等の意見を集約して報告をとりまとめ，これを新学術会議に引き継ぐことになった。懇談会は2004年10月から活動を開始しているが，委員は以下の6名である。遠藤實（東京大学名誉教授），大谷實（学校法人同志社総長），土井範久（中央大学理工学部教授），原ひろ子（放送大学教授），古田勝久（東京電気大学教授），森脇和郎（理化学研究所バイオリソースセンター所長）。現在，第2部としても意見をとりまとめる作業を進行中であり，意見がまとまり次第，それを懇談会に提出する予定である。第2部としては，新学術会議と学術研究団体との連携のあり方がとくに重要な論点であると考え，広渡清吾第2部長の下で，継続的に議論を行っている最中である。

一方，新学術会議の会員候補の選考については，改正法に基づき2004年8月に「日本学術会議会員候補者選考委員会」が発足し，活動を始めている。この選考委員会は，日本学術会議会長が任命した30名の委員からなり，委員長は前日本学術会議会長の吉川弘之氏である。同選考委員会は，2004年12月までという期限で，各学協会に対して，会員数に応じた会員候補者に関わる情報提供を依頼してきた。この情報は，会員の選考にとどまらず，その後の連携会員の選考にも資料として利用されると予想されるため，重要な意味をもつものである。そこで日本労働法学会としても，理事会の意向を反映させながら，数名の候補者情報を選考委員会に提供した。これまでに1,058の学協会等から，6,751人におよぶ情報提供がなされているとのことである。

3　第2部および研究連絡委員会の活動について

第2部の活動としては，この間，2004年12月6日に公開シンポジウム「国境を越える生殖医療と法」を開催した。また，2005年2月18日には，第2部と「法学政治学教育制度研究連絡委員会」の共催による公開シンポジウム「法学部をどうするか―法学教育・研究の将来像」が行われた。社会法学研究連絡委員会もこのシンポジ

ウムに協力している。2005年7月7日には，熊本学園大学で，第2部主催の公開シンポジウム「地域社会のエンパワメント——暮らしの中の福祉と安全」を開催する予定である。

　また，研究連絡委員会が主催するシンポジウムも活発に実施されている。浅倉が委員長をつとめている「21世紀社会とジェンダー研究連絡委員会」は，2004年9月27日に公開シンポジウム「法学・政治学とジェンダー——ジェンダー法学・政治学の可能性」を開催した。また，2005年6月4日には，神戸大学で「政治学とジェンダー」に関する公開シンポジウムをもつことを予定している。また，「基礎法学研究連絡委員会」は，2005年3月16日に「ロースクール時代の法学研究・教育を問う——基礎法学の主張」と題するシンポジウムを行う。

　これらシンポジウムの記録はすべて，学術会議の機関誌である「学術の動向」に，随時，記事になって報告されると同時に，時には本として出版され，あるいは法律系の雑誌に論文として掲載されてもいる。シンポジウムは参加自由である。このほか法学系以外の分野のシンポジウムも，実に多彩に活発に行われており，すべて学術会議のホームページから詳しい情報を得ることができるので，機会をみて学生・院生たちにも参加を勧めていただければ幸いである。

(2004年2月20日記)

◆ 日本労働法学会第108回大会記事 ◆

　日本労働法学会第108回大会は，2004年10月24日（日）日本大学において，「情報と労働法」を統一テーマとして開催された（敬称略）。

1　統一テーマ「情報と労働法」
司会：石田眞（早稲田大学），毛塚勝利（中央大学）
1．総　論
　　　島田陽一（早稲田大学）
2．「企業の財産的情報と労働契約」
　　　石橋洋（熊本大学）
3．「労働者による企業への情報アクセス」
　　　竹地潔（富山大学）
4．「情報化社会における労働者のプライバシー保護」
　　　砂押以久子（立教大学）
5．「内部告発の法的諸問題―公益通報者保護法に関連させて―」
　　　小宮文人（北海学園大学）

2　総　会
1．理事選挙の結果について
(1) 青野事務局長より，2004年8月に行われた理事選挙の結果，以下の会員が当選したことが報告された（50音順）。
　　荒木尚志，大内伸哉，毛塚勝利，道幸哲也，中窪裕也，西谷敏，野川忍，山田省三，脇田滋，和田肇
(2) 土田監事から当日理事会における選挙の結果，推薦理事として以下の会員が当選したことが報告された。
　　石橋洋，奥田香子，高木紘一，村中孝史，萬井隆令

2．大会開催予定
　　山川企画委員長より，今後の大会予定に関して以下の報告がなされた。

◆ 109回大会
(1) 日時・会場
日時：5月29日（日）
会場：慶應義塾大学

(2) テーマ
1) 個別報告
• 柳澤武（名城大学）「雇用における年齢差別の法理」司会：野田進
• 大石玄（北海道大学大学院）「スペインにおける従業員代表制」司会：道幸哲也
• 春田吉備彦（国士舘大学）「ドイツにおける企業再編と労働法」司会：毛塚勝利
• 緒方桂子（香川大学）「ドイツにおける労働者の個人情報保護」司会：西谷敏
2) 特別講演
　大脇雅子会員に報告を依頼することが確認された。報告のテーマについては，未決定である。
3) ミニシンポジウム
①「労働関係の変容と「雇用契約」―イギリス労働法学の示唆するところ」
司会・担当理事：石橋洋（熊本大学）
コメンテーター・担当理事：唐津博（南山大学）
報告者：有田謙司（山口大学），古川陽二（大東文化大学）
②「ジェンダーと労働法」
司会・担当理事：浅倉むつ子（早稲田大学）
報告者：笹沼朋子（愛媛大学）「職場における性『差別』再考―定義と戦略」
　　　　菅野淑子（北海道教育大学）「私的領域への法的支援のあり方についての一考察」
コメンテーター：中里見博（福島大学，会員外）「憲法学からのコメント」
③「ホワイトカラー労働とこれからの労働時間法制」
司会・担当理事：盛誠吾（一橋大学）
報告者：梶川敦子(神戸学院大学)「ホワイトカラー労働と労働時間規制の適用除外」
　　　　三柴丈典（近畿大学）「労働時間の立法的規制と自主的規制」
　　　　水町勇一郎（東京大学）「労働時間政策と労働時間法制」

◆ 110回大会（2005年秋）
(1) 会場　岡山大学に打診中である。
(2) 大シンポジウムのテーマ

「労働契約法の基本構造（仮）」
担当理事：毛塚勝利（中央大学）
司　会：浜村彰（法政大学）
報告者：鎌田耕一（流通経済大学），川田知子（亜細亜大学），三井正信（広島大学），野川忍（東京学芸大学）

◆ 111回大会（2006年春）
　開催日時，会場，個別報告，特別講演に関して未定である。
　ミニシンポジウムとして，以下の報告が予定されている。
「労働契約法制─立法目的と実現方法」
司　会：野田進（九州大学）
報告者：川口美貴（関西大学），盛誠吾（一橋大学，担当理事）

◆ 112回大会（2006年秋）
　大シンポジウムのテーマとして「安全衛生と健康」を予定している。

3．学会誌について

　盛編集委員長より，学会開催日との関係上，学会誌106号については学会開催日以降に発送する予定であることが報告された。
　シンポジウムにおける質疑応答の内容をより詳しく学会誌に掲載して欲しいとの要望が出された。これに対して盛編集委員長は，大シンポジウムに関してはその詳細を学会誌にすでに掲載しており，ミニシンポジウムに関しては紙幅の関係上，そのすべてを掲載することは困難であり，現在の「総括」の形式で掲載することで容赦いただきたいと返答した。
　103回の学会誌の内容に関して不正な記載があったとの意見が出され，これに対して盛編集委員長より，次号の学会誌において訂正記事を掲載するとの返答がなされた。

4．日本学術会議報告

　浅倉会員より以下の報告がなされた。
(1)　2004年4月14日に，日本学術会議改正法が施行された。私が拝命している第19期学術会議会員の任期は2005年9月までとなったため，同年2月以降にはとりまとめ段階に入ることになる。
(2)　2005年10月1日に発足する新しい学術会議会員の選考にむけて，「会員候補選

考委員会」が発足し，学術研究団体等に会員候補の情報提供を依頼しているところである。
(3) 第2部（法学・政治学）の活動として，「法科大学院設立後の法学政治学における研究・教育の問題点と今後の課題」について，2005年2月18日（金）午前中にシンポジウムを企画している。学術会議のホームページをご覧いただきたい。この他にも，学術会議は，科学技術に関するさまざまな会議・シンポジウムの開催を企画している。

5．国際労働法社会保障学会について

荒木会員より以下の報告がなされた。
1) 第8回ヨーロッパ地域会議：2005年9月20〜23日　ボローニャ（イタリア）
2) 第8回アジア地域会議：2005年10月31日〜11月3日　台北（台湾）
  ②ナショナル・レポータの決定
    支部会報115号でナショナル・レポータを募集し，第1テーマのナショナル・レポータは相澤美智子会員（一橋大学）に，第2テーマのナショナル・レポータは石田眞会員（早稲田大学）に，お願いすることとなった。
  ③スペシャル・セッションにおける報告論文募集
    今回のアジア会議では新たな試みとして「スペシャル・セッション」が設けられている。これは，本会議のテーマと関連すると否とを問わず，下記の手続でアジア会議組織委員会が採択した論文について報告・議論を行おうとするものである。このセッションでの報告を希望する者は，A4で1頁の論文概要を2004年末までに，アジア会議組織委員会事務局長のStephen Kang氏まで提出する必要がある。組織委員会では，2005年2月末までに採否を通知する。採択された場合，完成論文を2005年7月31日までに提出するということになっている。

6．入退会について

青野事務局長より退会者9名，物故者2名，および以下の8名について入会の申込みがあったことが報告され，承認された（50音順）。
　　阿部未央（宮城県生活環境部）
　　上原紀美子（久留米大学）
　　竹尾祥子（竹尾・島田労務管理事務所）
　　田中建一（社会保険労務士）
　　徳住堅治（弁護士）

日本労働法学会第108回大会記事

　　戸谷義治（北海道大学大学院）
　　半田敦裕（厚生労働省）
　　二片すず（日本労働組合総連合）

7．その他
　学会事務センター問題に関して青野事務局長から報告がなされた。
(1)　学会事務センターに対する債権については，それを破産債権として処理し，その回収が不能であることが確定した場合については，繰越金から回収不能分を補填し，損金処理すること。
(2)　信頼できる業務委託先が見つかるまでの当面の間，現在利用している印刷取引業者に業務を委託すること。

【訂正】　学会誌103号に掲載したシンポジウム記録の編集に不手際がございましたので，同記録のうち斎藤将会員の発言部分を次のように訂正いたします。　　　　学会誌編集委員会

〔78ページ〕
斎藤将（元福岡工業大学）　いま受け皿というお話があったのですが，労働組合として，あまりこういう側面に関心を払ってこなかったことにも問題があると思います。たとえば，わが国の企業別組合は職業訓練にかかわる養成工を組合外に放置してきましたし，そもそも職業訓練の受講を労働者の権利としてとらえるという視野を欠いていました。しかし，現在の労働者が有している強い職業能力開発要求というものを考えた場合，労働組合としてもそれに応えるための独自の教育訓練計画を持つなど，労働者の教育訓練受講の権利化・平等化に向けた取組みが要るのではないか。私は必ずしも今後労働組合がこうした取組みをすることになるとは思いませんけれど，その兆しは少しあるという気がしています。

〔86ページ〕
斎藤将（元福岡工業大学）　職業訓練というのはどうも暗いイメージがあるようです。争議権などにも必要悪という暗い面があります。私は，より明るい未来志向の職業能力開発に向けた労働法を構築できないものかと考えてまいりました。わが国でも，新たな技術革新に伴って，そのことに対応できるような技術・技能を備えた新しいタイプの労働者が求められているのではないか。つまり，さまざまな科学技術・技能に対応できるような新しい労働者像というものが求められているのではないか，そういう労働者像を労働法の中心に据えて再構成したらどうか，ということです。
　その際に重要なことは，労働者は単なる商品ではなく社会生産の主体であることを前提として，「人間の尊厳」さらには「労働の人間化」という理念に基づいて，たとえば労働者を生涯職業能力開発の主体としてとらえ直していくことではないかと思います。そのような意味での新たな職業能力開発というものを労働法の中核に位置付けるというようなお考えが報告者におありかどうかということで，質問させていただきました。

◆ 日本労働法学会第109回大会案内 ◆

1　日時：2005年5月29日（日）
2　会場：慶應義塾大学
　　　　　〒108-8345　東京都港区三田2-15-45
3　個別報告・特別講演・ミニシンポジウムの内容（敬称略）

《個別報告》午前9時20分～11時25分
　柳澤武（名城大学）「雇用における年齢差別の法理」
　大石玄（北海道大学大学院）「スペインにおける従業員代表制」
　春田吉備彦（国士舘大学）「ドイツにおける企業再編と労働法」
　緒方桂子（香川大学）「ドイツにおける労働者の個人情報保護」

《特別講演》午前11時30分～午後0時15分
　大脇雅子（弁護士）「労働立法の現場に立って―参議院議員12年の経験から―」

《ミニシンポジウム》午後2時～午後5時
第一分科会：テーマ「労働関係の変容と「雇用契約」―イギリス労働法学の示唆す
　　　　　　るところ」
　司　会：石橋洋（熊本大学）
　報告者：有田謙司（山口大学），古川陽二（大東文化大学）
　コメンテーター：唐津博（南山大学）

第二分科会：テーマ「ジェンダーと労働法」
　司　会：浅倉むつ子（早稲田大学）
　報告者：笹沼朋子（愛媛大学），菅野淑子（北海道教育大学）
　コメンテーター：中里見博（福島大学）

第三分科会：テーマ「ホワイトカラー労働とこれからの労働時間法制」
　司　会：盛誠吾（一橋大学）
　報告者：梶川敦子（神戸学院大学），三柴丈典（近畿大学），水町勇一郎（東京大学）

日本労働法学会規約

第1章 総則

第1条　本会は日本労働法学会と称する。
第2条　本会の事務所は理事会の定める所に置く。（改正，昭和39・4・10第28回総会）

第2章 目的及び事業

第3条　本会は労働法の研究を目的とし，あわせて研究者相互の協力を促進し，内外の学会との連絡及び協力を図ることを目的とする。
第4条　本会は前条の目的を達成するため，左の事業を行なう。
　1，研究報告会の開催
　2，機関誌その他刊行物の発行
　3，内外の学会との連絡及び協力
　4，公開講演会の開催，その他本会の目的を達成するために必要な事業

第3章 会員

第5条　労働法を研究する者は本会の会員となることができる。
　本会に名誉会員を置くことができる。名誉会員は理事会の推薦にもとづき総会で決定する。
　（改正，昭和47・10・9第44回総会）
第6条　会員になろうとする者は会員2名の紹介により理事会の承諾を得なければならない。
第7条　会員は総会の定めるところにより会費を納めなければならない。会費を滞納した者は理事会において退会したものとみなすことができる。
第8条　会員は機関誌及び刊行物の実費配布をうけることができる。（改正，昭和40・10・12第30回総会，昭和47・10・9第44回総会）

第4章 機関

第9条　本会に左の役員を置く。
　1，選挙により選出された理事（選挙理事）20名及び理事会の推薦による理事（推薦理事）若干名

2．監事　2名
（改正，昭和30・5・3第10回総会，昭和34・10・12第19回総会，昭和47・10・9第44回総会）

第10条　選挙理事及び監事は左の方法により選任する。
　1．理事及び監事の選挙を実施するために選挙管理委員会をおく。選挙管理委員会は理事会の指名する若干名の委員によって構成され，互選で委員長を選ぶ。
　2．理事は任期残存の理事をのぞく本項第5号所定の資格を有する会員の中から10名を無記名5名連記の投票により選挙する。
　3．監事は無記名2名連記の投票により選挙する。
　4．第2号及び第3号の選挙は選挙管理委員会発行の所定の用紙により郵送の方法による。
　5．選挙が実施される総会に対応する前年期までに入会し同期までの会費を既に納めている者は，第2号及び第3号の選挙につき選挙権及び被選挙権を有する。
　6．選挙において同点者が生じた場合は抽せんによって当選者をきめる。
　　推薦理事は全理事の同意を得て理事会が推薦し総会の追認を受ける。
　　代表理事は理事会において互選し，その任期は1年半とする。
　　　（改正，昭和30・5・3第10回総会，昭和34・10・12第19回総会，昭和44・10・7第38回総会，昭和47・10・9第44回総会，昭和51・10・14第52回総会）

第11条　理事会及び監事の任期は3年とし，理事の半数は1年半ごとに改選する。但し再選を妨げない。
　補欠の理事及び監事の任期は前任者の残存期間とする。
　（改正，昭和30・5・3第10回総会）

第12条　代表理事は本会を代表する。代表理事に故障がある場合にはその指名した他の理事が職務を代行する。

第13条　理事は理事会を組織し，会務を執行する。

第14条　監事は会計及び会務執行の状況を監査する。

第15条　理事会は委員を委嘱し会務の執行を補助させることができる。

第16条　代表理事は毎年少くとも1回会員の通常総会を招集しなければならない。
　代表理事は必要があると認めるときは何時でも臨時総会を招集することができる。総会員の5分の1以上の者が会議の目的たる事項を示して請求した時は，代表理事は臨時総会を招集しなければならない。

第17条　総会の議事は出席会員の過半数をもって決する。総会に出席しない会員は書面により他の出席会員にその議決権を委任することができる。

日本労働法学会規約

第5章　規約の変更

第18条　本規約の変更は総会員の5分の1以上又は理事の過半数の提案により総会出席会員の3分の2以上の賛成を得なければならない。

学会事務局所在地

〒101-8301　東京都千代田区神田駿河台1-1明治大学研究棟1227号室
電話　03-3296-2333
e-mail　rougaku@kisc.meiji.ac.jp
（事務局へのご連絡は毎週金曜日午前10時より12時までの間に願います）

SUMMARY

Some Problems on Labor Law in the Information Society

Yoichi SHIMADA

I Introduction

II Definition of Information and Information Society

III Circulation of Information in Labor Relation

IV Problems of Labor Law in the Information Society

SUMMARY

Protection of Business Proprietary Information and Contract of Employment

Hiroshi ISHIBASHI

I Introduction

In recent years, as we all know, an information and knowledge is becoming more important to run a business. Especially the business proprietary information is becoming the most important assets for employers. But not surprisingly one of the principal sources of potential competition to any businesses is the employee/ex-employee who works/worked for it. Because such an employee/ex-employee is likely to use or disclose the business proprietary information obtained from his/her employer/ex-employer to pursue his/her own interests or the interests of rival companies. Therefore employers have two ways to protect their business proprietary information against employee's/ex-employee's unfair competition. One is by Unfair Competition Prevention Act. The other is by the contract of employment. My paper is placed to focus on the duty of confidentiality and the duty not to compete under contract of employment to protect business proprietary information from the viewpoint of the distinctive nature of information as intangible business assets.

II Distinctive Nature of Information as Business Assets

III Protection of Trade Secrets and Unfair Competition Prevention Act

IV Duty of Confidentiality and Contract of Employment
  1 Extent of Protected Proprietary Information
  2 Duty of Confidentiality during Employment
  3 Duty of Confidentiality after Employment

SUMMARY

V　Duty Not to Compete and Contract of Employment
　1　Duty Not to Compete during Employment
　2　Duty Not to Compete after Employment
　3　Non-Poaching Agreements

SUMMARY

The Employees' Access to Related Information about Working Conditions held by Employer

Kiyoshi TAKECHI

I Why does the employees' access to information of a employer become the point at issue now?

II Equality in determining working conditions and the employees' right of access to information

III The access to information of a employer by employees' representation

IV The access to information of a employer by a employee

Protection of Workers' Personal Data and Privacy in the Information Society

Ikuko SUNAOSHI

The protection of workers' personal data and privacy has been the focus of much debate in the world of labor law in Japan. Due to the rapid advancement of computerization, this topic has arisen much concern among the general populace.

This article describes the current Japanese situation related to the protection of workers' personal data and privacy.

The first section of this article addresses the statutory regulation of personal information pertaining to employees in the labor market. For years, the long-term employment system has been characterized by the collection of a significant amount of information regarding applicants during the hiring process. The scope of information gathered about job applicants during the hiring process, however, seems to be narrowing by the enact legislations designed to protect personal information.

The second section examines personal information contained in medical records. The Industrial Safety and Health Law requires employers to provide and implement health examinations because corporations, not individual employees, are responsible for the health management of the latter. This system should be revised in the viewpoint of the protection of workers' privacy. The health information about employees should be disclosed only to the individual not to corporations.

The third section analyzes the issue pertaining to employers' monitoring their employees. Although the development of monitoring devises makes much easier for employers to promote the efficiency of labor, it gives adverse impacts on workers' privacy. Privacy in the workplace should be protected.

SUMMARY

Legal Construction for Protection of Employees' "Whistleblowing": In Connection with the Recent Enactment of Public Interests Disclosure Protection Law

Fumito KOMIYA

The Diet has recently enacted the Public Interests Disclosure Protection Law which protects an employee from his employer's retaliatory action for disclosing the company's wrong for public interests. However, the PIDPL imposes heavy requirements on the employee to receive such protection. Thus, there is some fear from the employees' side that the PIDPL might make it more difficult for an employee to obtain judicial protection than before. For, the rule has been firmly established by courts that the employer's dismissal and disciplinary action are void because of abuse of the employer's right, where it is found to be without any rational basis and not to be permissible with regard to social norms, having regard to the circumstances in the case. In fact, trade unionists have been well protected from their employers' improper disciplinary action because of their public interest disclosure. However, such protection partly stems from their collective rights to organisation. So, under the abusive right framework, it has not yet been made clear what judicial standards are applied to protect individual employees from his employer's improper disciplinary action for public interests disclosure not done as a union activity. This article infers the appropriate rules and standards to be applied to disciplinary action from analysing past judicial cases and, on the premise to adopt such standards, indicates from what view-point the PIDPL should be amended at the prescribed review. The headings of contents in this article are as follows:

SUMMARY

Ⅰ Introduction

Ⅱ Legal Justification for Protection of Employees' Whistleblowing

Ⅲ Judicial Standards to be applied
   1 Subjects of Disclosure and Public Interests
   2 Purpose for Public Interests
   3 Truth or Reasonableness to Believe True
   4 Necessity of Internal Disclosures
   5 Disclosures to Outsiders
   6 Anonymous Disclosures
   7 Acquisition and Disclosure of Confidential Information

Ⅳ Merits and Demerits of the PIDPL

Ⅴ Concluding Remarks

編 集 後 記

◇ 本号は，2004年10月24日に日本大学で開催された日本労働法学会第108回大会におけるシンポジウム「情報と労働法」の報告論文を中心に編集されている。懇親会での挨拶にもあったように，「情報」が労働法学会のテーマとなることは，一昔前であれば想像もつかなかったことであろう。

◇ 本号では，学会誌編集委員会による特別企画として，「法科大学院における労働法教育」をテーマとする座談会を掲載した。法科大学院における労働法教育がどうなっているのかは，多くの学会員にとっても大きな関心事のはずであるが，これまでは必ずしも具体的な情報や労働法教育の実情が伝わってこなかった。この企画が少しでも学会員のお役に立てば幸いである。

◇ 私事であるが，本号をもって編集委員長の職を退くことになる。100号から105号まで，ちょうど節目の時期に編集を担当し，学会誌の体裁を一新するなどの試みもしてみた。学会誌編集にあたっては，編集委員，査読委員長をはじめ，多くの方々にご協力いただいた。この場を借りて，改めて感謝申し上げる。

◇ 本号の編集に当たっては，法律文化社編集部の秋山泰さんにたいへんお世話になった。また，これまで学会誌の編集にご尽力いただいた田多井妃文さんは，2004年に同社を退職されたが，これまでの学会誌編集へのご協力に対して心からお礼申し上げたい。　　　　　　　　　　　　　　　　　　（盛誠吾／記）

《学会誌編集委員会》
盛誠吾（委員長），島田陽一，相澤美智子，緒方桂子，表田充生，川田琢之，
奥野寿，佐藤敬二，武井寛，中内哲，中川純，原昌登，米津孝司

情報と労働法　　　　　　　　　　　　日本労働法学会誌105号

　2005年5月10日　印　刷
　2005年5月20日　発　行

　　　　　　　　　　　　編　集　者　日 本 労 働 法 学 会
　　　　　　　　　　　　発　行　者

印刷所　株式会社　共同印刷工業　〒615-0064 京都市右京区西院久田町78
　　　　　　　　　　　　　　　　　電　話（075)313-1010

発売元　株式会社　法律文化社　〒603-8053 京都市北区上賀茂岩ヶ垣内町71
　　　　　　　　　　　　　　　電　話（075)791-7131
　　　　　　　　　　　　　　　Ｆ Ａ Ｘ（075)721-8400

2005 ⓒ 日本労働法学会　Printed in Japan
装丁　白沢　正
ISBN4-589-02845-X